中山大学历史地理研究中心
南岭历史地理丛书

于薇　谢湜　主编

第四辑

SPM
南方出版传媒
广东人民出版社
·广州·

图书在版编目（CIP）数据

南岭历史地理研究. 第四辑/吴滔，于薇，谢湜主编. —
广州：广东人民出版社，2021.10
ISBN 978 - 7 - 218 - 15180 - 9

Ⅰ.①南⋯　Ⅱ.①吴⋯②于⋯③谢⋯　Ⅲ.①南岭—历史
地理—研究　Ⅳ.①K928.3

中国版本图书馆 CIP 数据核字（2021）第 156371 号

NAN LING LI SHI DI LI YAN JIU DI SI JI
南岭历史地理研究·第四辑

吴滔　于薇　谢湜　主编

出　版　人：肖风华

责任编辑：钱　丰
装帧设计：厶　介
责任技编：吴彦斌
出版发行：广东人民出版社
地　　址：广东省广州市海珠区新港西路 204 号 2 号楼
　　　　　（邮政编码：510300）
电　　话：（020）85716809（总编室）
传　　真：（020）85716872
网　　址：http://www.gdpph.com
印　　刷：广东鹏腾宇文化创新有限公司
开　　本：889 毫米×1194 毫米　1/32
印　　张：9.25　字　数：200 千
版　　次：2021 年 10 月第 1 版
印　　次：2021 年 10 月第 1 次印刷
定　　价：42.00 元

如发现印装质量问题，影响阅读，请与出版社（020 -85716809）联系调换。
售书热线：（020）85716826

　　本书受中山大学院系学科建设项目高水平学术著作出版计划、中共中央组织部"首批青年拔尖人才支持计划"资助项目"南岭地区政治地理与民族文化的历史人类学研究"和教育部人文社会科学重点研究基地重大项目（批准号15JJD770020）"明清南岭山地的聚落与族群研究"资助

丛书学术顾问

葛剑雄　唐晓峰　刘志伟
郭声波　陈春声　辛德勇

丛书编辑委员会

吴　滔　于　薇　谢　湜

天地所以隔外内

刘志伟

　　我生在南岭，长在岭南，对南岭有一种特殊的情感。我从事研究和教学时脑子里冒出的很多问题意识和学术观点，也得益于在这片山地的生活经验。因此，当我看到身边几位从事历史地理研究的年轻同事要在南岭做一番研究，自然要凑过去探头窥望一番。尽管坊间有"观棋不语"的规诫，但观棋之人总是自己沉溺局中，虽不能左右棋局，却欲言难止，观战一轮，忍不住就要发一点议论，希望不会被棋局中人轰走。

一

　　所谓的南岭，一般认为是"五岭"的别称。在我的印象中，历史文献上多见的名称是"五岭"，而当代更习用"南岭"之名。按照比较通行的说法，"五岭"由大庾岭、骑田岭、都庞岭、萌渚岭、越城岭五座山岭组成。不过，这五座山岭其实并不是一个整体上延绵相连的山脉，而是由湖南、江西进入岭南地区的五座峻岭为主体构成的山脉的合称。这几座山岭大致上呈东北—西南走向，再东西一列排开，连成一个独特的山脉系列。在历史上，关于"五岭"的说法并不一致，如屈大均所言，"大抵五岭不一，五岭之外，其高而横绝南北者皆五岭，不可得而名也"。[①] 历来关于"五岭"的不同的理解，恰恰表明了在众人观念中，"五岭"只是一个笼统的名称，泛指湖南、江西与两广之间这片山地。"其高而横绝南北者"这层含义，并不是"五岭"二字在字面上的意义所能涵盖的。今日人们多用南岭而少用五岭之名，庶几亦为此故。

古人以"五"来指称这个山地，很可能与秦分兵五路入岭南的历史有关。顾祖禹在《读史方舆纪要》中，罗列了文献上关于"五岭"的不同说法，其中引宋人周去非的见解颇值得注意。周去非《岭外代答》云："自秦世有五岭之说，皆指山名之。考之，乃入岭之途五耳，非必山也。自福建之汀，入广东之循、梅，一也；自江西之南安，踰大庾入南雄，二也；自湖南之郴入连，三也；自道入广西之贺，四也；自全入静江，五也。乃若漳、潮一路，非古入岭之驿，不当备五岭之数。桂林城北二里，有一坵，高数尺，植碑其上曰'桂岭'。及访其实，乃贺州实有桂岭县，正为入岭之驿。全、桂之间，皆是平陆，初无所谓岭者，正秦汉用师南越所由之道。桂岭当在临贺，而全、桂之间，实五岭之一途也。"[②] 这个说法，毫无疑问与今天习用的"五岭"定义不符。我们没有必要纠缠

---

① 屈大均：《广东新语》卷三《山语》，中华书局，1985 年，第 69 页。
② 周去非著，杨武泉校注：《岭外代答校注》，中华书局，1999 年，第 11 页。

于这个说法有多少合理性或正确性，作为地理概念的五岭，当然应该是"指山名之"，周去非以"入岭之途五"理解之，可谓别有深意。我们所以重其说，乃由此得知北人之观"五岭"，以"中国"出岭外为视角，此为理解"五岭"或"南岭"作为一种地理概念的文化意涵之关键。在这样一种观念之下，南岭作为一个地理区域的范围，当不应因五岭间各不相连而坏其完整之体，亦不必以五岭本身山脉延绵之界域为局限。由周去非之说所得广义之南岭概念，向东伸展与武夷相接，向西接云贵高原，向南延绵与九连山一体，向北则同罗霄山脉相连。此种认识，与南岭在文化意义上的区域概念相通。我所理解之"南岭"，亦当为此广义之域。

从"中国"出岭外的角度看，南岭为"中国"出岭外之天然屏障，这恐怕从来不存在歧见。两粤既为"岭外"，被中土之人目为蛮夷化外之地，数千年来未有真正改变，《水经注》言："古人云：五岭者，天地以隔内外（会贞按：《汉书·严助传》载淮南王安上书，谏伐南越，曰：越与中国异，限以高山，人迹所绝，天地所以隔外内也）。况绵途于海表，顾九岭而弥邈，非复行路之径阻，信幽荒之冥域者矣。"[1] 岭北与岭南，无论气候风俗语言人群，自古至今，均有明显差异，此乃不待详论而明之常识。其分隔之屏障，自然是层峰叠嶂之南岭群山。

---

① 郦道元注，杨守敬纂，熊会贞疏：《水经注疏》（下册），江苏古籍出版社，1989年，第2998页。

然而，屏障未必是天堑，南岭山地的地形构造，特别是由多个较小规模的山脉东西并行排列的格局，崇山峻岭之间又分布着多处相对平衍的丘陵，形成多处岭北岭南间交通之孔道。最重要的是，在南岭北部，通往长江的有湘江流域的湘水、潇水、耒水，赣江流域的贡水、桃江、章水；在南岭南部，西江流域的桂江、贺江，北江流域的连江、武水、浈水，东江流域的寻乌水、定南水、韩江流域的石窟水、汀江等等多个水系，直接把南岭接到南海。这些长江流域与岭南的南海周边地区连接起来大致呈南北走向的水道，均深入到南岭腹地，而且岭南岭北之间的水道在山脉间交错，彼此相隔的分水岭上的陆路交通相对便捷。如果我们相信行政区的边界划分多是基于交通条件形成的话，还可以看到，在全州、郴州、赣州、汀州等段都存在省的界域与流域界域犬牙交错的情况，这也多少反映出南岭地区的地理特点，这种交通条件，使得南岭这个南北相隔的天然屏障，同时也成为南北人群交往和商品流通的孔道。顾祖禹《读史方舆纪要》中就有多处描述了南岭作为分隔岭外屏蔽的同时，也是南北往来门户的状况。

必须强调的是，经由南岭山地的南北交通，并非简单地只是把同一经济体系中的两个地区联系起来，更是连接环南海地区和中国大陆两个世界性区域的纽带。明人王临亨在《粤剑篇》中记录行经南岭的经历感受时说："二日早发南安，平旦度梅岭。其阴，石径蛇行，屈曲而多委；其阳，峭壁林立，深秀而多致。要皆平坦靡咫尺，险隘足困客趾者。忆余尝由金华过括苍，度一岭，高险倍之，而以僻，故其名不传。此岭独以横截南北，为百粤数千里咽喉，犀象、珠翠、乌绵、白氎之属，日夜辇而北以供中国用，大庾之名遂满天下。山河大地亦自有幸不幸耶！"① 这段话非常贴切地道出了南岭的特殊地理角色。在中国版图上有很多山脉或山区也都是沟通南北东西的咽喉，而经由穿越南岭的交通孔道运送的商品不仅数量规模庞大，而且这种流通是南海与内陆之间的物资流动、人员交往以及由此产生的文化交流。在这样一种宏观交通格局下，南岭内部山岭间还有一个纵横棋布的交通网络。如屈大均下面这段议论所描述：

> 予尝谓：昔称五岭以人迹所绝，车马不通，天地所以隔内外，故尉佗绝新道，拒三关，而盗兵即不得至。今梅岭之旁，连峰迭嶂间，小陉纷纭，束马悬车，纵横可度，虽使千夫捍关，万人乘塞而潜袭之师已至雄州城下，又况郴之腊岭与连之星子朱冈，皆可以联镳径入乎。②

这种情形，在整个南岭山地皆然。如此地理大势，伴生着一种重要的地形地貌特点，在万山中分布着无数的大大小小的盆地或平岗。这些盆地土壤肥沃，水源丰足，具有良好的生态条件，可以容纳很多人口居住、垦殖。至于小盆地、嵊峒和平岗，在南岭地区更是星罗棋布，加上山岭间大小河溪蜿蜒穿流

---

① 王临亨：《粤剑编》卷之四《志游览》、《贤博编》、《粤剑编》、《原李耳载》合刊本，中华书局，1987年，第96页。
② 屈大均：《广东新语》卷三《山语》，第67页。

形成的河谷，具有良好的水源和土壤条件，可以为相当规模的人口提供适宜生存的生态空间，南岭山地由此成为大量人口以聚居或散居形态栖息之地。从局部看，这些人群的栖息之地与外界为山岭阻隔，但从南岭山地的整体来看，这又是一个由四通八达的交通线和商品集散地构成的具有整体性的区域体系。

二

我们把南岭视为一个作为学术研究对象的整体性区域，首先要面对的，是以往学界形成作为研究与分析单位的种种区域概念。无论是以行政区还是以经济区、文化区来划分的区域，南岭都处在这些区域的分界交叠的位置。就行政区而言，南岭连接着湘赣粤桂闽数省；以学界熟知的施坚雅提出的经济大区划分来说，南岭的南北分别属长江中游区域与岭南区域，东西则连接着东南沿海与云贵高原。施坚雅的区域划分，建立在由人们的交易活动形成的市场网络层级体系之上，大区以在市场层级体系中高层次市场中心所在的江河流域和盆地为核心，周边则由大河流域的分水岭构成各大区的边缘。显然，如果把南岭视为一个整体性的"区域"，在概念上与施坚雅的市场体系模型下的"区域"截然不同。

然而，施坚雅基于市场层级体系建立的区域模型，对于以区域研究方法来认识中国历史的意义，不在于其区域划分在形式上有多少合理性和多大的适用性。学界的关注多放在他的市场和区域模型的抽象结构形式上，而忽视了他构建中国区域体系的方法在认识论上的启示。我认为，施坚雅建立的分析模型对我们的启发，不应该只局限在从市场行为出发去建立区域层级体系的方法，无需生硬地把他所建立的区域模型直接套用到所有的研究之中，从施坚雅的建立中国区域体系的方法，舍弃了从王朝国家政治版图或行政辖区出发的逻辑，提供了一个从人的行为出发去解释和定义区域的范例。用他自己的话说，他所建立的区域模型，"是一个地方和区域历史的网状交叠层级体系（an internested hierarchy），这些地方和区域的范围分别以人之互动的空间形构（the spatial patterning of human interaction）为依据。"他作为分析出发点的"人"，是具有经济理性的人。如果我们在这个层面延续施坚雅的逻辑，以"人之互动的空间形构"为理解区域的方法，扩展研究视野，从人的非经济理性行为和经济理性行为交织的各种历史活动着眼，就不难明白，国家权力的扩张与抵抗、人口的空间流动、生态的适应与改造，族群的文化互动等等的历史过程，可以形构出不同的"网状交叠层级体系"。

在这样的认识下，南岭虽然在施坚雅模式中处于几个经济大区的边缘，区域内几乎没有真正的区域中心城市，套用不了施坚雅的市场网络的层级结构，但在这个边缘地带的山岭中生活的人群，在山地生存和族群交往中长期持续的文化互动，令南岭整合为一个具有某种地理和文化上的整体性的区域。这个区域南北沟通海陆华夷，东西串联汉壮瑶畲，四周与几个经济大区相接，局部的封闭性与整体的开放性并存，构成南岭作为一个整体性区域的特质。

这样一种关于南岭区域的观念，可以联系到费孝通先生提出的中华民族多元一体格局下"南岭走廊"的概念。20 世纪 80 年代初，费先生提出中华民族的分布地域可分为北部草原区、东北高山森林区、青藏高原区、云贵高原区、沿海地区和中原地区以及藏彝走廊、西北民族走廊和南岭走廊。费先生提出这个由六个区域板块和三个民族走廊构成的空间格局，虽然是从民族分布着眼，以已经形成的民族单位为基础划分的，但是他强调这些民族分布的形成，是经历了多种人群的接触、混杂、联结和融合的过程，你来我去，我来你去，我中有你，你中有我，形成了以民族分布呈现出来的区域。表面上看，民族走廊的空间模式与施坚雅的区域模式截然不同，但这样一种从人群的互动形成空间认知的取向，从人的行为出发去建构区域范畴，与施坚雅的区域模型在认识论上其实也可以相通，只是施坚雅主要从人的经济理性行为出发，而费孝通则主要从人的文化认同形成。我们可视为中国社会与历史的区域研究的两种可以互补的区域空间认知范式。

承接着施坚雅与费孝通提出的区域模型在认识论上的逻辑，我们把南岭视为一个具有某种整体性的研究区域，就不必建立另一种区域模型去取代他们的区域理论，而可以在他们的模型基础上，叠加上从人们的不同行为和活动出发构成的地图，从这些不同的空间图层之间的叠合与互动入手展开研究。我们需要建立的空间构想，不是一个单一图层的区域地图，而是由多层地图叠合互相渗透与干扰形成的区域图层。

通过具体的研究实践体现出这种追求的一个范例，是梁肇庭教授在客家研究中建立的空间概念。① 他从施坚雅的区域理论出发，导出了一个与施坚雅的区域划分不同的客家区域，这个区域，大致相当于二百年前惠州丰湖书院山长徐旭曾所描述的范围："西起大庾，东至闽汀，纵横蜿蜒，山之南，山之北，皆属之。即今之福建汀州各属，江西之南安、赣州、宁都各属，广东之南雄、韶州、连州、惠州、嘉应各属，及潮州之大埔、丰顺、广州之龙门各属"② 这个区域大致覆盖了南岭中部、东部及其与武夷山脉连接的地区和向北延伸到罗霄山脉的山地。不过，至少在 18 世纪以后，客家人和客家话的分布一直延伸到了大庾岭以西至广西东北部地区，也就是说，实际上客家方言群的分布覆盖了以广义南岭为核心并向东北延伸的山地区域。梁肇庭的客家研究颠覆了罗香林关于客家源流的成说，把客家源流和客家族群意识形成过程，置于施坚雅模式下的区域体系的空间过程去解释。他从施坚雅建立的大区模型出发，将"客家"的历史同施坚雅的大经济区域的周期发展联系起来。在施坚雅的区域体系中，大区划分主要是以江河流域和盆地为基础的，而形成客家共同体所覆盖的山地则在几个大流域的分水岭之间，亦即不同大区的边缘。梁肇庭教授以"客家"为一个"整体"的研究对象，尽管他的讨论本意是要

① 见 Leong, Sow - Theng, *Migration and Ethnicity in Chinese History: Hakkas, Pengmin and Their Neighbors.* , Stanford: Stanford University Press, 1997.

② 罗香林:《客家史料汇编》，香港中国学社，1965 年，第 298 页。徐氏这里以行政区列出的地域范围西至连州，但以地理标识列出的则云"西起大庾"，故这里说的大庾应该是泛指五岭。

发挥施坚雅的区域体系理论，但实际上已经勾勒出一个叠加在施坚雅的区域地图之上的区域图层，这个区域跨在以流域和低地为核心的大区之间。在这个区域里，生活在跨区域边缘地带的山岭中的人群，在与各大区的核心地带互动过程中形成自己的互动空间与文化认同。在此基础上，这些人群整合为一个有很强认同感的族群，在空间上也形成一个具有自身特质的人文地理学意义的区域。不难看出，由这种论述的逻辑发挥下去，就有可能导出一种以南岭山区地貌为基础，由山地与谷底间的人口流动、国家扩张、族群互动和文化认同形成的区域概念，进而建立一个由多种网络错综叠合的空间模型，并由其交织互动过程去演绎区域的历史节奏，拓展和深化施坚雅建立的以区域周期解释中国历史的解释。

梁肇庭教授在客家研究中采取的这样一种从跨区域边界人群的流动和互动去解释区域认同形成的分析方法，是在既有的区域知识架构下从边缘与中心的互动过程来展开的。如果说这实际上还没有真正走出既有的区域研究的"核心—边缘"分析模式的话，荷兰阿姆斯特丹大学的历史学家 Willem van Schendel 教授近年来提出的"Zomia"的地理概念，推进了在学术研究领域中关于"区域"的认知。Schendel 教授提出，"区域"是一种把特定社会空间以及特定的分析规模具象化和自然化的地理隐喻，区域研究在产生出为人们所了解的特定地理单位的同时，也制造了学术视野之外的地理单位。区域研究的特定结构，形成一种区域的中心与边缘的认知模式，从而在认知上形成一个特定区域与特定的知识类型的周缘地带。以往，这种处在各区域之间的边界地区常常只被视为中心的边缘，没有以其独特的学术价值进入研究者的视野。然而，当我们要分析跨境流动的时候，以国家或区域作为研究单位就受限于规模的不适应，除了流动本身不会局限在这样的规模之外，在流动规则方面的竞争状态也一直持续不断地影响着地理单位规模的变动，并改变其相对的重要性，甚或创造出全新的地理单位。于是，"过程地理学"在边界地区最能够得到显现，研究者由此得以跳出区域的规模，发展出一种新的区域空间的概念。他把在第二次世界大战以后形成的东亚、东南亚、南亚和中亚几个区域之间的边界相连地区命名为"Zomia"，建立起一种由几个区域的边界地区相连而成，以区域间的政治过程以及跨区域的人群、物资、知识的流动构建的知域。[1]

这样一种由跨区域的边界及其中的人的活动与流动去建立地区空间概念的历史人类学研究取向，我相信可以在南岭研究的实践中得到很好的体现。前面我指出了南岭山地既是天地所以隔内外的分界，又是沟通长江流域和珠江流域的通道，这个区域间的人群和物资以及文化与知识的跨境流动，是形成南岭社会与文化特质的基本动力，也是研究者认识南岭历史与社会的着眼点。在这样一种视角下，南岭就不仅简单地是同一政治体系中的两个地方性区域之间的边界，而是一个多类型和多层次的空间流动交叠形成的区域。南岭以南，是环南海区域的北

---

[1]　Willem van Schendel, "Grographies of knowing, grographies of ignorance: jumping scale in Southeast Asia", in *Environment and Planning D*, Volume20: 6, PP. 647-668

部，流入南海的东西北三江以及邻近几条江河把南岭山脉延伸至海岸的一片陆地与南海海域连成一个地理上具有整体性的区域。这个地理板块在自然地理，生态环境、交通条件、人群流动与分布等方面属于学界称之为"亚洲地中海"这个跨国区域。而南岭以北，在漫长的历史时期属于中华帝国版图的核心区，由南岭流出的多条江河把南岭与在长江中下游地区的湖区连接起来，成为"九州"的组成部分，南岭由此与帝国核心区连成一个整体。虽然秦始皇和汉武帝成功地把把岭南纳入帝国版图，环南海地区的北部（甚至部分的西部）地区由此也成为帝国版图内的边缘地区，但在相当长的历史时期，南岭兼具帝国边缘与环南海边缘地区的角色一直延续着。在南岭以南地区，环南海周边的文化渊源延绵长久，人群和文化也一直没有脱离环南海区域的深层影响。刘安《淮南子·原道训》云："九疑之南，陆事寡而水事众，于是民人被发文身，以像鳞虫；短绻不绔，以便涉游；短袂攘卷，以便刺舟。"这类描述清晰地表述了南岭以南虽然已经纳入汉朝版图，但生活在这里的人群相对于南岭以北的人来说仍属异类。又《史记·货殖列传》记："番禺亦其一都会也，珠玑、犀、玳瑁、果、布之凑"，则显示出岭南对于中国的意义在于提供中原地区所缺而王朝国家所需的南海周边地区独特物产。因此，如果我们从界域与流动的角度去研究南岭，首先要在由环南海地区为核心的"亚洲地中海"与由黄河长江流域为核心的中华帝国两个世界性区域互动的层面上把握。所谓"天地所以隔内外"，就是站在"中国"中心的角度看，这两个区域的边界，分隔了"内"

与"外"地区，这个内外之间的人与物的流动，构成了南岭历史的基调，南岭地区的文化特性、社会形态、族群互动、政治格局、经济活动，缀成一个个色彩斑斓的乐章，而南岭之所以能够构成一个作为研究单位的区域，也是在这个基调下演绎出来的。

三

在这样一种理念下，我们研究的出发点，首先是跨越这个边界活动的人。出入于南岭山地的，既有持续不断从"中国"向南迁移的人，也有环南海圈里流动着的形形色色的人。他们在南岭的进进出出，或应对生存和竞争压力在山地间移动，以及由此引出不同人群之间的互动，展开了南岭历史的长卷，这一幕幕历史形塑出南岭的社会构造与文化特质。另一方面，作为帝国边缘的南岭，其历史始终在帝国扩张的大背景下展开。这个"帝国"，既是一种政治力量的延伸，王朝国家通过设立军事与行政机构，向南岭伸进，在这个区域建立国家统治的秩序，同时也是一种"文明"的渗透，通过文字与教化的推广来实现。这个人群流动和国家扩张交织的历史过程，在由南岭连接起来的两个区域体系之间的物资和知识的流动中展开。

以往对于边缘地区的历史认识，是王朝国家历史主导下，由中心向边缘张望的观察，因而在人们熟悉的宏大历史叙事中，南岭的历史几乎是完全没有位置的，最多也只是一种边缘对中心的配合或回响。然而，当我们以这种跨界区域作为研究的单位，就可以期望从这种连接多层区域的边缘地区的历史中引出一些新学术关怀，提出新的问题，发展出新的研究路径，并获得有自身学术价值的历史认识。由于我们对南岭历史的研究还刚刚开始，现在要讨论这个方向可能发展出哪些新的方向，还为时过早，这里就我对南岭历史的一些皮毛认识，提出一些最浅薄的想法。

既然南岭的历史是由进出于南岭山地的人群的活动构成，那么，这些不同文化背景的人群，在这片跨区域的山地通过怎样的行为机制形成本地的区域社会与文化，是南岭历史研究的一个基本问题。在这一点上，台湾研究的经验或许是有益的。台湾人类学者以台湾汉人社会为对象的研究，提出了理解区域社会的三种理论假设：第一种是强调历史文化传统重要性的假设和解释；第二种是环境适应的假设和解释；第三种是族群互动与文化接触的假设与解释。[1] 庄英章教授在讨论台湾的客家学建构时，明确提醒要走出种族中心论的视野，从族群互动、认同与文化实作的角度，尤其是采取贯时性的历史社会变迁的角度来研究。[2] 在漫长的历史中，来自不同地区的人持续地进入南岭山地，并且频繁地在山地间的流动，是南岭历史的一个主题，以往的历史观常常把这种人群的移动视作移民史和开发

---

[1]　参见庄英章：《汉人社会研究的若干省思》，《台湾"中央研究院"民族学研究所辑刊》第 80 期，第 27—35 页。

[2]　庄英章：《试论客家学的建构：族群互动、认同与文化实作》，《广西民族学院学报》（哲学社会科学版）第 24 卷第 4 期，2002 年 7 月。

史的课题。毫无疑问，由人的流动和流动的人的活动构成的历史，的确可以从移民的角度来观察，但我们更值得去深入探究的，不应该只停留在人的空间移动上，这些人来源的复杂性及其文化传统的多元化、移动时间的持续性和周期性、多种方向甚至看似无序的流动路径、在不同历史时刻外来者与相对而言的土著之间的互动，以及在这些过程中文化认同形成机制等等，都可以令我们超越移民史的视角，转向为由人与物以及文化的流动和互动去建立关于区域社会建构的认识。在一个以户籍制度作为王朝国家统治体制基础的社会体系中，那些持续不断地进入南岭的人口，原来已经是国家编户的，与其说是移民，不如说是逃户；而随着南海北部各河口三角洲和在山区间的河谷盆地被王朝国家深度渗入，那些南岭的山地自然成为那些自居化外的蛮僚最后栖息的家园。于是，山地人往往不是沿着江河流域，而是沿着山岭高地或在山崮间移动。他们的流动方向大多是散漫且多向度的，有的甚至是在山地间的无序流动，有从山地之外向山地流动，也有走出山地向外移动。这些本来在历史文化传统上有很大差异性的人群，在流动中彼此之间发生频密的互动。在同一种生态处境中，这种流动和互动的过程，逐渐酿成了文化上的共同性，也形成了新的分类。南岭山区中正在消失中的方言岛现象，以及我称之为南岭山地普通话的"客家话"的形成和空间扩展，就是这个事实的一种折射。

要更加深入了解这个过程，我们需要在山地生态环境及其对山民生存方式的影响，山地人群应对王朝国家统治的策略及其行动，还有山地的市场体系以及人的市场活动等方面进行深入研究。以市场活动为例，如果套用施坚雅的市场模式来看，南岭山地的市场，在层级结构上比较单一，稀疏的市场中心所覆盖的市场区范围远比平原地区的广大，甚至还往往同时兼具了从基层市场到中间市场和中心市场的功能，并且直接同更大的区域性市场联结起来，这导致了山地居民相对于平原地区的乡民有更广阔的市场活动空间。这对于山地人群的族群性和文化认同的形成，是非常重要的一种机制。至于这样一个本地的物产（尤其是矿产）以及本地市场的交换流通，与南岭作为前面所说的跨区域市场流通的通道之间的关系，我们所知甚少，但可以想象，跨区域的物资流动和人的交往，把不同的人群源源不绝带入南岭山地的同时，也必然拉动更大规模的区域范围的文化交流。

虽然目前南岭地区的考古发现和社会调查的成果还有点零碎，但已经让我们可以看出多元文化的长期影响。考古学者卜工先生从考古学的角度讨论岭南的文明进程时，概括地告诉我们，先秦时代，南岭以南有独立的考古学文化，与南岭以北地区截然区分，所以苏秉琦先生曾说"岭南有自己的夏商周"。卜工先生认为，在石器时代，南岭以南地区的考古学文化具有相对独立和稳定发展时期，有一个"珠江的大传统"，在文化渊源与传统与南岭以北的中国迥然有别。这个"珠江的大传统"在珠江下游、粤北山地和沿海地区，有着文化面貌的一致性，也存在他表达为"南北对话"、"海陆有别"的多样性。后来，南岭以北的文化不断通过南岭进入珠江流域，"距今

6000 年前后，湖南安乡汤家岗遗址的彩陶由湘水走灵渠而入西江，然后一路南下……开始动摇了珠江的大传统"；"距今5000 年前后，江西清江流域的樊城堆等遗址以三足盘鼎代表的遗存与浙江好川墓地以陶鬶、玉琮为代表的遗存重组后翻越大庾岭梅关进入广东，取大珠江传统而代之，以石硖文化的崭新面貌独立于粤北山地"；"距今 3500 年以后，福建九龙江流域以虎林山遗址为代表的遗存不断地由东而西渗透岭南"。①考古学者的这些意见，在具体的表述上不管是否精确，都可以让我们看到南岭作为南北通道，在文化传播、流动以及交互影响过程中的角色，而石硖文化的例子也显示出多元文化传统在南岭这个通道上重新整合形成新的文化类型的可能性。

在文字传统方面，我们今天在南岭人群中可以看到的各种与文字传统多重相关的文化遗存，例如瑶族畲族的盘王传说、过山榜、家先崇拜与祭祀、师公的仪式、亲属称谓以及婚姻形态、家族制度、聚落和建筑的风水传统、以客家话为主体的汉语方言、女书文字，乃至汉文书写的契约文书、族谱、碑刻等等，都是不同的文字传统持续不断在这里渗透，并与非文字传统交融整合的结果。特别要强调的是，我们在这些文化遗存中看到的文字传统，并非单一的是王朝国家和儒学传统的士大夫推广教化的过程，在日常生活中的本地文化传统中，文字的应用和传播，对南岭山地社会产生更长期持续深入的影响，显然

---

① 卜工：《岭南文明进程的考古学观察》，《历史人类学学刊》第 3 卷第 2 期（2005 年），第 1—23 页。

来自佛教和道教以及各种民间宗教传统的传播和扎根。

当然，南岭北部的王朝国家及其文化长期持续的渗入、控制和整合，国家制度的存在和王朝历史的节奏，对南岭社会、文化与历史有着最深远的影响。与南岭西北更广袤的山地相比，这里自从纳入中国版图之后，就不再是被视为王朝的边疆。虽然南岭东西两翼在相当长的时期里，也处在国家控制相当薄弱的状态，但由于越过南岭直接达到的桂林—广州的地带在王朝体系中长期具有很强的核心性，穿越五岭南北的交通相对而言也相当便捷，历代王朝都在南岭地区设立州县直接管辖，所以，中国的王朝国家的存在，是研究南岭社会文化历史时首先要确定的事实。正是这个事实，与南岭以南地区在地理上属于环南海区域的事实叠合在一起，使得国家在南岭的存在以及国家力量在南岭社会的整合过程及其影响都表现出复杂性和独特性。

在南岭及其以南地区，一方面是中原王朝在广州、桂林这样的都会建立起王朝政治控制的区域中心，沿着主要交通路线，国家也很早就设立州县管治；另一方面，在中心城市以外的地区，长期居住的人口大多数是本地土著蛮僚。这样一种国家沿着交通线设立行政中心，而政治权力又不能真正覆盖地理版图上的大部分的平面空间的情况，在王朝时期持续了相当长的时间。南岭交通线的变化以及户籍人口分布的改变，可以反映出这种状态下的国家存在及其历史动态。例如由中原入南岭的主要交通线从汉代的灵渠到唐代以后的大庾岭的转移，就显示出南岭与国家历史动态的联系；从南岭向南延伸的山地，控制着沟通岭南东西部的大藤峡和罗旁地区在明朝中叶受到王朝异乎寻常的重视，是王朝政治控制转变的一种反映；在南岭中部的粤北地区的户籍人口，从宋代以前为岭南人口密度最高的地区到明以后变成人口最为稀疏的地区，也是王朝国家的空间格局改变的结果，更隐含着国家在地方社会的存在形态在明代中期以后发生重大转变的意义；明朝中期以后国家在南岭的存在最重要的转变，则突出体现在南赣巡抚的设立以及在这个区域的政治版图的显著改变上。仅从这些既有的历史认识，我们已经可以看到王朝国家扩张历史在南岭区域社会整合过程中的角色，国家的历史毫无疑问是南岭研究中的一个基本向度。

如果我们把这样一种国家历史的向度，拉回到南岭当地发生的历史的视角，也许最为引人瞩目的事实，是长期持续的叛乱传统和族群分类形成。叛乱和族群问题，是南岭中最为外界关注的历史，文献上有关南岭的资料，几乎绝大部分都是关于这两个题材的记载。我们可以相信，叛乱和族群互动，是形塑南岭社会文化特质最重要的机制之一。在南岭地区叛乱与族群的历史中，很鲜明地反映出南岭作为中国的王朝国家和环南海地区的跨界角色，凸显着这两个区域政治与文化互动的特质。例如，在南岭以南地区的叛乱势力，往往是山盗海寇一体，海寇上山或山盗下海，成为很多大规模叛乱的活动方式；在官府的眼中和文字书写的历史记载里，这些叛乱往往都打上族群的标记；在一些人的观念上，甚至逐渐形成上山为瑶，入水为疍的分类成见。这些现象，都体现了南岭跨区界域的特色。叛乱作为对国家政治权力的反抗，而族群则往往是一种对主流文化认同的抗拒，两者交织的关系，不可避免地总是我们观察南岭历史的主要内容。讨论到这一点，也许我们可以把南岭研究联系到近年来学界关于前述 Schendel 教授称为 "Zomia" 地区的研究时提出一个热门话题，就是从山地人群 "逃离国家" 的选择去解释像 "Zomia" 这类跨界边缘地区的历史与社会形态。在这个问题上，我有一些不成熟的想法，借这个机会再多谈几句。

<h2 style="text-align:center">四</h2>

"逃离国家" 的话题，是由 James C. Scott 教授在关于 Zomia 地区历史的研究中提出的。作为一种关于地域空间的研究，Scott 引入垂直空间视角去观察 Zomia 地区的政治和社会结构与历史过程，他由个人及群体的能动性去解释高地社会的政治体制，把作为历史行动者的山地人群的 "无国家" 政治选择作为理解高地人群的生存条件、生产与生计方式、价值体系和社会结构的出发点，建立一种关于山地区域历史结构的解释模式，颠覆了既有的国家史观。[1] Scott 的著作用了一个颇具刺激性的标题——《不被统治的艺术：高地东南亚无国家主义者的历史》作为书名，鲜明地表达了其颠覆 "国家史观" 的

---

[1] James C. Scott，*The Art of Not Being Governed：An Anarchist History of Upland Southeast Asia*，New Haven：Yale University Press，2009. 我对 Scott 的著作的理解，从何翠萍等的《论 James Scott 高地东南亚新命名 Zomia 的意义与未来》(《历史人类学学刊》，第九卷第一期，2011 年 4 月，第 77—100 页) 一文得到很多启发，谨此致谢！

用心，从高地人群的立场和能动选择去论述高地社会与政体发展的历史。这个标题在表达学术主张与理论特色上是非常成功的，但是也造成了一些误读，最常见的是以为他讲述的是一个非国家化的历史和没有国家统治的区域和社会形态。其实，他从高地人群逃离国家的选择出发的讨论，非但不是呈现一个无国家的历史过程，相反恰恰是由"国家效应"出发的一种分析立场，只是这种国家效应不是从国家扩张与人群的被动应对来说明，而是把高地人群的逃离国家作为一种主动选择和立场坚持乃至意识形态建构来分析国家效应在 Zomia 区域历史中的展开。我以为，这种立场在方法论意义上，不只适用 Zomia 地区，也适用于其他国家建构已经广泛渗入的地区，例如我们在这里讨论的南岭山地。这个地区虽然也存在国家体系持续面对挑战的空间，也存在从没有中断的逃离国家的政治选择，但如果我们不是把南岭山地的国家存在只理解为一般意义上的政治统治体制，而更多把国家存在看成是一个多层的权力和文化体系，那么可以认为，南岭地区长期以来一直是在国家体系下创造自身的历史与文化的。

毫无疑问，南岭在空间上不在 Scott 所圈划的"Zomia"范围，但其山岭与 Zomia 地区直接相连接，是中国西南山地向东延伸出来的一条"陆梁"（借用辛德勇的说法）。不过，这片山地的人群，与 Zomia 地区的人群有非常紧密的联系，民族语言学家把岭南地区土著的语言归入苗瑶语系或壮侗语系，尤其是在南岭山地中的瑶人，一般认为属于广泛分布在 Zomia 区域中的勉语人群。然而，与 Zomia 地区最明显的不同，是这个区域从秦汉以后一直在中国历代王朝设立州县直接管治之下。前面讲到的南岭在地理上同时兼具"天地所以隔外内"与"为百粤数千里咽喉"的双重角色，使其在中国的王朝国家体系中具有重要的位置。在这个意义上，南岭也许是一个可与 Zomia 比较，并由此推进关于山地社会与国家扩张历史认识的理论建构的一个实验场。

南岭山地中人群的生存情况和国家存在状态，乍看起来有很多与 Zomia 相类似的现象，南岭及其周边连绵的崇山峻岭，在相当漫长的历史时期，也是大量如 Scott 所见的选择"不被统治"的人群逃离国家的藏身之地。王阳明曾经描述这片山地是"政教不及，人迹罕到。"明代嘉靖《韶州府志》说这里的"山谷之民，至今有老死而不见官府者，大抵土旷民稀，流移杂处"。[①] 明代江西巡抚陈有年描述粤东北与赣南之间的山地人群时说："广东惠州之和平、龙川、兴宁，与潮州之程乡、平远，与赣州定南、龙南、长宁诸邑，犬牙相入其间，皆旧巢遗种，习染未除，平居负山阻峒，骄悍自恣，一有罪衅，官司绳之稍急，则呼叫踯躅而起。"[②] 类似的记载，在明清时期的文献中俯拾皆是。这些文献中所指的"旧巢遗种"和"流移杂处"两类人，用现代的语言来表述，大致可以简单理解为当地的土著和外来的移民，这些人相对于作为王朝编户的

---

① 嘉靖《韶州府志》卷一《风俗》,《广东历代方志集成·韶州府部一》, 岭南美术出版社, 2007 年, 第 15—16 页。

② 陈有年:《陈恭介公文集》卷四《奏疏》,《邻境宿寇荡平议处地方善后事宜疏》,《续修四库全书·1352·集部》, 上海古籍出版社, 1995 年, 第 678 页。

"民"来说，可以认为不在王朝国家直接统治之下。

然而，如果只是简单地将南岭山地的人群视为逃离国家统治的人，潜在地隐含着南岭历史的解释只是围绕在"逃离"与"加入"国家，或国家"退出"与"扩张"的循环中兜转。这样一个反复拉锯过程的事实，虽然是我们研究中不可避免要面对的议题，但只在这个议题中纠缠，就可能限制着我们对南岭山地社会的认识，而我们对山地区域动态过程的研究也难以在更宏观的层次上对中国历史进程的解释作出贡献。

历史文献中关于南岭山地的人群的指称，无论是"旧巢遗种"还是"流移杂处"，最习见的是与"盗"、"贼"、"寇"这类概念相提并论，南岭因此历来被视为盗贼渊薮。这些盗贼的构成，用明嘉靖年间谈恺纂《虔台续志》中的说法：是"瑶僮潲焉，渔疍伏焉，逋亡集焉，盗所由出也"。在这里，我们看到当时的国家官员标签和定义异己时习用的两种话语，"瑶僮渔疍"属于人群和文化分类的话语，"逋亡"与"盗寇"则属于王朝国家政治范畴的话语。在官员们书写的文件中，所谓"旧巢遗种"是在前一种话语下使用的概念，所谓"流移杂处"的人群则是在后一种话语下使用的概念。这两种概念在明清文献中，几乎理所当然地与"盗贼"相提并论，而"盗贼"之名，更鲜明地是一种基于王朝统治的合法性与道德价值的话语。从这几套概念的交错叠用的文字记录和历史记忆出发，可以是理解和解释这个区域历史文化过程的一个切入点。

在中国文人的观念和表述中，惯用族类的概念来区分和标签在文化上和身份上不属于王朝编户（即所谓的"民"）的人群，用汉字书写的文献，都把南岭以及岭南地区的人统称为"蛮"，并分别用多种族类名称来标识之，这些名称主要有"瑶"、"僮"、"僚"、"俚"、"蛋"、"倀"、"岐"等。按比较通行的说法，现广泛分布在南岭地区的"瑶"，是原居湖广溪峒间的蛮夷，后逾岭而居溪峒；其他诸蛮则是旧越人诸种。①不过，这些族类名称，并非这些人群的自称，而是古代外来读书人用来指认当地土著的他称，每一种名称也没有精严的定义，同一名称所指的可能是不同的人群，同一人群也可能用不同的族称。当代的学者若拘泥于把这些族称与现代民族识别划定的民族分类等同起来，甚至沿袭过去的读书人和统治者的话语，把使用文字的人贴在不使用文字的人身上的这些分类的标签，认作有不同文化本质的人群的分类，即使提出看似纷纭的解说，仍不免胶柱鼓瑟。如果我们不是执著于这些标签的种族属性和文化本质，而是着眼于这些标签在操控汉字书写的读书人观念中的文化和社会意涵的话，就可能发现，文献中出现的族群名称的差异，隐含着南岭及岭南地区土著人群与王朝国家关系的微妙改变。

南岭山地的土著，早期的文件中多称"僚"与"俚"，清代以后则渐渐少见以至消失。对南岭的瑶族有深入研究的李默先生在讨论广东的瑶族源流时曾经提出，瑶族中包括了古代广

---

① 参见黄佐《（嘉靖）广东通志》卷六十七《外志四·夷情中·瑶僮》，《广东历代方志集成·省部四》，岭南美术出版社，2007年，第1759—1771页。

东的俚僚。他列举了大量文献，显示出宋代以前的文献用
"俚僚"指称的"岭南原民"（李默先生用语），明清之后逐
渐多用"瑶僮"之名，他把这个变化称之为"瑶化"。[①] 虽然
他的讨论关注的仍然是族属和族类源流变化的问题，但从他的
揭示的事实，看到这个"瑶化"过程，与其说是一个族群融
合衍变更替的过程，不如说是一个在文献书写上呈现的"瑶
化"过程。这个过程所表达的，是王朝国家对本地土著族群
的观感和认知变化，这种变化反映出国家政治控制和文化扩
张、土著人群的身份与角色的演变以及相关的社会变迁的历
史。在文字书写上以"瑶"、"僮"、"疍"的名称取代"俚
僚"来指称本地的人群，既不属于国家编户的"民"，又与古
代的"俚、僚"有所区别，他们在文化上可能仍属化外，但
在身份上已纳入王朝统治的秩序之内。因此，如果只囿于从
"逃离"还是"进入"国家的二分法来分析南岭山地的人群，
是不足以由族群标签与身份的改变去解读这个区域的社会过
程的。

明清时期文献中所见南岭山地中在州县编户之外的人群，
主体是分布在山岭溪峒中的瑶人。关于这些瑶人的文化与社
会，崇祯《博罗县志》有这样一段简要的描述："椎结跣足，
随山领处，刀耕火种，采实猎毛，食尽一山则他徙，粤人以山
林中结竹木障覆居息为峯，故称瑶所止曰峯。自信为狗王后，

---

① 李默：《广东瑶族与百越族（俚僚）的关系》，《中南民族学院学报》1986 年增刊，第
115—125 页。

家有画像，犬首人服，岁时祝祭。其姓为盘蓝雷钟，苟自相婚姻，土人与邻者亦不与通婚。瑶有长、有丁，国初设抚瑶土官领之，俾略输山赋，赋论刀为准，羁縻而已。今瑶官多纳授，从他邑来兼摄，亦不常置。"这段描述的后半段，清楚地显示出瑶人并不是在国家之外的，但前半段所讲的瑶人生存状态，也会令我们联想到 Scott 所谓的"逃跑农业"（escape agriculture）和"逃跑社会结构"（escape Social Structure）。这些居住在溪峒之中的过山瑶，在过去也多依赖打猎和采集块根植物为主要食物来源，即所谓的"采实猎毛"，用我们在南岭山地调查时听到当地瑶人的说法，他们过去是靠着一把锄头挖蕨根为食，在山岭间不断地迁移。他们每到一个山头，都是用一把锄头，挖蕨根作食物为生，"食尽一山则他徙"，一地的蕨根挖完了，就到另一个山岭去，仍然是挖蕨根为生，一代一代在不同的山岭上流动。这种不断迁居的生存方式决定了他们的家庭形式，现在七八十岁一代的瑶人，能够追溯的祖先一般不会超过三代，加上过山瑶的双系继嗣的亲属制度，令到他们不太可能形成超出家庭规模的继嗣群体组织。因此，过山瑶的社会基本上是一种家屋社会，以核心家庭为基础，没有形成基于血缘继嗣分支的家族组织。

然而，在文献上"瑶僮"的名称逐渐取代"俚僚"的名称，隐含着这些人群同国家发生关系的转变。李默先生考辨瑶名时除确认"瑶"名是他称外，更指出"瑶"这个名称有特定的涵义。他用宋明时期的资料阐发宋人周去非《岭外代答》中谓"瑶人者，言其执徭役于中国也"一语。他认为宋代曾下令在岭南招土人营田，"俚僚营田而为瑶"；元代则营田屯戍之蛮僚是为瑶人；明代有瑶兵制，岭南俚僚之裔又化为瑶；因此嘉庆《广西通志》释"瑶"谓："瑶者，徭也。粤右土著，先时就抚，籍其户口，以充徭役，故曰瑶。"[1] 由此可见，"瑶"的名称，在汉字书写的语境下，其实是一个同王朝国家体制相联系的符号。从这个解释出发，我们可以说，南方的蛮夷在宋明以后多以"瑶"称，也就是所谓的"瑶化"，其实是南岭土著溪峒之人（俚僚）被拉入王朝统治下的国家体系的过程。

这一看法，看起来与惯常的认识相悖。一些文献记载提到瑶人时，常有"不事赋役"、"免其徭役"的说法，以致一般都相信"瑶"之名来自"莫瑶"之意。但其实，只有已经处在王朝统治体系之中，"免其徭役"才是一种有意义的优待。而且瑶人得此优待，是以其承担其他义务为条件的，如充当峒丁瑶兵、承种瑶田、贡纳方物等。明代瑶人中"有力者从藩司纳银若干，给劄为瑶官，诸瑶听其约束"，也是瑶人在国家体系中的一种方式。[2] 更值得一提的是，在南岭地区，很多自称是汉人的外来者为获得合法的土地所有权，获得合法的编户身份和定居权力，常常都会用顶承瑶田瑶粮的方式作为门径。很显然，把被称为"瑶"的人群简单视为"不被统治"的人

① 李默：《韶州瑶人：粤北瑶族社会发展跟踪调查》，中山大学出版社，2004年，第49—54页。
② 王临亨：《粤剑编》卷之二《志风土》，《贤博编》、《粤剑编》，《原李耳载》合刊本，中华书局，1987年，第76页。

群，是不能解释这个族群与王朝国家的复杂关系，也容易导致对山地瑶人社会的误解。在这个意义上，南岭这样的山地区域与 Scott 所描述的 Zomia 地区，在性质上有根本的区别。

与 Scott 关于 Zomia 的讨论中揭示的情况相似，南岭山地中的确有相当大量的人是从国家统治体系中逃出来的。明清时期的文献很清楚记载，在山地中那些被称为"瑶"的人，也有相当大的数量是从州县编户中逃离出来的。在相当长的历史时期，南岭山地，历来都是逃离国家的人藏匿之区，"外为流寇窃入之门，而内为穷寇逋逃之路"[1] 这些逃进山中脱离政府直接管治的人，在官员和文人的笔下，常常被认作蛮。元代的时候，有云"广东一道，为海上雄藩。南距海，北抵庾岭，东接闽，西连雷化，地方数千里，户口数十万，瑶僚半之。近年以来，民化瑶僚之俗者又半，视礼乐者为迂阔，弄刀兵如儿嬉。苟抚字无方，则啸山林，泛江海，相胥起而为盗。"[2] 到明清时期，如清人吴震方《岭南杂记》所说："明通志凡山寇皆谓之僚，盖山寇亡命乌合，未必种传，无从究考"。清初屈大均也非常明白地指出，瑶人中，"其非盘姓者，初本汉人，以避赋役，潜窜其中，习与性成，遂为真僮。"

在这个意义上，宋明以后南岭山地中的所谓"瑶化"，除了古代"俚僚"转变为"瑶"之外，还有另一个意义，就是

① 陈有年：《陈恭介公文集》卷四《奏疏》，《邻境宿寇荡平议处地方善后事宜疏》，《续修四库全书·1352·集部》，上海古籍出版社，1995 年，第 682 页。
② 刘鹗：《惟实集》卷三，《广东宣慰司同知德政碑》，《景印文渊阁四库全书·集部一四五·别集类》，台湾商务印书馆，1986 年，第 1206—310 页。

原来的州县编户逃避州县赋役，逃入山中成为"瑶"。在官方眼中和士人的笔下，贴上"瑶"、"僚"、"畬"、"疍"这类标签的南岭山地的人群，相当大量是本地和周边地区逃脱州县编户身份的人。可以说，在文字记录中使用的"瑶疍"一类名称，包含了"流移"、"遁逃"的意义，从王朝国家的角度看，他们的"无籍"身份，自然也是一种逃离。在南岭山地中的"旧巢遗种"与"流移杂处"纠杂在一起，构成了一种逃离国家的状态。

不过，南岭山地人群这种逃离国家的行为，在王朝国家的统治格局下形成独特的政治形式和社会状态。自秦军分五路通过南岭进入岭南地区之后，历代王朝一直在这个地区设立州县实施直接的统治。我们在前面指出过，南岭一方面是中国南北相隔的天然屏障，同时又是中国通往南海的孔道。这样一种特殊的地理角色，令到历代王朝一直非常重视控制这个地区，延续了两千多年的直接统治。但是，直到明代中期以前，中央王朝在南岭地区设立的州县治所，大多是在交通要道上的河谷盆地，稀疏地成点状形态分布，州县的行政辖区非常辽阔，山岭之间的相当广大地区，包括许许多多的河谷盆地在内，大部分实际上长期是"政教不及"之地。元代时官拜江西行省参政、征讨南岭峒僚被执身亡的刘鹗曾这样描述南岭中的人群："五岭，大庾其一也，岭之南九十里为南雄府治在焉。群山环揖，两江合流，居民繁伙，真壮郡也。属邑惟保昌、始兴负郭，始兴去城百二十里而远，僻在万山间，与韶之翁源、赣之龙南、信丰相接，溪峒险恶，草木茂密，又与他郡不侔。故其人为僚，暴如虎狼，至如寻常，百姓渐摩熏染，亦复狼子野心，不可以仁义化也。"① 明代福建按察司兵备金事胡琏亦言："两省居民，相距所属县治各有五日之程，名虽分设都图，实则不闻政教。"② 明代两广都御史吴桂芳等曾上疏论曰："广中一县，常五六百里，缓则不驯，急则啸聚，未可归之山川与有司绥抚失策也。"③ 在这种政区格局下，南岭地区州县辖属的编户人数是非常稀少的，大部分人口都不隶州县管治。明代嘉靖年间广东布政司辖下南岭地区 15 个州县在籍户数一共只有三万五千多户，其中最极端的例子如大庾岭南麓的南雄府保昌始兴两县在嘉靖二十一年最低时只有 502 户。南岭山地中的人群看起来不在王朝国家的直接统治之下，主要表现在他们不在政府户籍体制下，也就是身份上不是王朝编户。

然而，身份上不是国家编户是否就意味着他们处于王朝国家统治之外，是否意味着他们有独立的社会系统呢？这牵涉更多很复杂的问题，也许正是我们在未来的南岭研究中的继续努力探讨的问题。这里可以顺着这个话题简单直接提出的问题是，这些人群在南岭山地中以什么为生？他们的生计和生存空间是怎样一种结构？他们的生活方式形成了一些怎样的社会结构？这是我们了解南岭社会的基本问题。虽然在官方文献的笔下，南岭中的人群大多为盗寇山贼，似乎主要以劫掠为生，但

① 刘鹗：《惟实集》卷二，《南雄府判项达卿平寇诗序》，《景印文渊阁四库全书·集部一四五·别集类》，台湾商务印书馆，1986 年，第 1206－305—1206－306 页。
② 王守仁：《添设和平县治疏》，《王阳明全集》卷 11，上海古籍出版社，1992 年。
③ 万历《永安县志》卷一《建置志》，《广东历代方志集成·惠州府部十一》，岭南美术出版社，2007 年，第 68 页。

实际上，我很难想象在这么大片的山地中的大部分人口可以长期靠劫掠为生。在文献记载和实地考察中，我们都可以看到，南岭山地其实是一片资源丰富、物产繁盛的土地。首先很多人进入山地，或开垦，或佃种，从事农业生产。例如在闽粤交界地区的白叶坂，"有田，半系贼开垦，半系窝主陈弼家业，系贼者赖以自赡，系陈弼者辽远不能自耕，往往招募流徙耕种。夫流徙者，平素习非之人也。业主利其代耕，而不问来历；流移者乐有所托而因肆其狂图，是前田盗之招也。"明中叶时，在南岭腹地的乐昌县，"邑东西近山，其地僻旷，流民聚居于中，始以佃耕为主，久之人日益众"。① 南岭山地中不仅有非常多水源丰富，土地肥沃的被称为"洞"的小盆地或山溪谷地，而且还有很多小的丘陵台地，可以开垦为水田和梯田，在这样的生态条件下，农业耕作在南岭山地中也是主要的生计模式。在这种农耕经济的体系中，土地的权利和经营方式，都是我们在认识山地社会时不可忽视的。

除了农耕之外，南岭山地矿产资源十分丰富，明代以后，这里的矿冶开采吸纳了大量的流移人口聚集。例如在赣粤交界的长宁县，"原为旧巢新抚之区，铁冶鼓铸，动集万计，往往夜聚晓散，椎埋为奸，"② 除了矿山聚集大量人口之外，南岭作为"独以横截南北，为百粤数千里咽喉"之区，穿越南岭

---

① 康熙五年《乐昌县志》卷五《武备志》，《广东历代方志集成·韶州府部五》，岭南美术出版社，2007年，第40页。
② 陈有年：《陈恭介公文集》卷四《奏疏》，《邻境宿寇荡平议处地方善后事宜疏》，《续修四库全书·1352·集部》，第679页。

的商路上日夜络绎不绝的货物运输，也吸纳聚集了千千万万的流移人口。例如"负山阻险，逋逃攸萃"① 的和平县，地处南岭山地深处，但因在江广之交，"计有明建治垂百余年，文物日盛，货殖日多，熙攘日众，久以成为大道"。"上下往来，无论鱼盐茶油，与一切杂货，争由是路。且番舶洋货以及山珍海错，无不出乎其途。"于是，和平县的人口"半借肩挑糊口，养活几万余家，全赖过客生活"。总之，大量人口聚集到南岭山地，虽然在官员们看来，是"招致四方无籍，隐匿远近妖邪"，但"避役逃民并百工技艺游食之人杂处于内"的最主要动力和契机，是南岭山地的开发，包括山地的垦殖、矿冶以及商业贸易的繁盛，构成一种巨大的吸纳空间能力，把千千万万的外来流移人口拉进到南岭山区。因此，我们在南岭山区看到的从王朝国家直接管治的体制逃离出来的人群，其实是生活在一个更大的经济体系之中，在结构上仍然是在国家体系之内，是王朝国家整体性的经济与社会体系的组成部分。

此外，对岭南山地人群的社会组织、信仰、仪式、婚姻以及亲属制度的研究，更可以令我们看到，这个地区在文化上与更大的文化系统之间长久的整合过程及其机制。例如我们前面已经提过的文字传统的深度影响、仪式专家的传统、客家语的普及等等，都体现出对这个地区及其人群的社会与文化，不可能脱离大的文化系统去理解。南岭山地的历史运动，一定要走

---

① 周维东：《洪公祠碑记》、朱超玟：《重建九子岗茶亭记》，乾隆《和平县志》卷八《艺文》，《广东历代方志集成·惠州府部十九》，岭南美术出版社，2007 年，第 318、336页。

出逃离还是拉入国家的循环，放到一个更宏大的场景和更复杂的脉络下去认识。

观棋之人拉拉杂杂发了一番议论，只要不动手动脚去搅局，其实是无关紧要的。棋怎么下，下出什么名堂来，还是静观棋局的进展吧！我们的南岭历史研究才刚开始，一群年轻的学者已经做出了可观的成绩。这篇所谓的"序"，只不过是大戏开始前的一轮锣钹鼓乐而已，当大幕拉开，剧情将会一场比一场精彩，丽情迷入，笃思萦怀的人们，就会把序场的铙鼓嘲轰遗忘。这是我的期待。

2015 年 9 月 28 日搁笔于台大宿舍

目 录

明代中后期兵制与阳山杀手的土著化 ……………… 吴　滔 1

明代两广地区的达官军：以《武职选簿》为中心的考察
……………………………………… 宋永志 30

明清都柳江下游地区"峒地"村寨演变历程与信仰空间建构
………………………………………… 黄　瑜 56

明清时期军屯制度对南岭山地乡村聚落变迁的影响
　　——以蓝山县南部村落为例
……………………… 欧阳琳浩　谢　湜　梁育填 117

祭簿与房的运作
　　——以清代广东乐昌楼下邓氏为中心 ……… 李晓龙 134

山林开发与宗族社会之建构
　　——湖南永明县黄甲岭欧阳氏的宗族管理模式
………………………………………… 田思晨 164

生态变迁、族群关系与国家认同
　　——晚清"客家"族群认同建构的历史背景
………………………………………… 黄志繁 192

垃圾食品、社会阶层与民族表述置换
　　——基于南岭民族走廊四村的田野调查分析
………………………………………… 谭同学 237

明代中后期兵制与阳山杀手的土著化

吴　滔

近年来，有关明代卫所制度的研究方兴未艾，涌现出一批有相当分量的学术成果。然而，作为明代兵制重要组成部分的民兵、募兵的研究，却长期处于不甚景气的状态。不仅如此，自梁方仲的《明代的民兵》[①]一文问世以来，围绕民兵、募兵性质的讨论一直难成共识。于志嘉综合日本学者川越泰博、山根幸夫等人的观点，将民兵的徭役性质视为区分"募兵制"下的兵与民兵的重要标志，进而否定部分学者所提出的民兵为募兵之初级形式的推论；[②]从另一方面看，募兵制研究中重视"南倭北虏"的倾向，更强化了募兵和民兵是两种截然不同兵种的认识。[③]若将这一观点发挥到极致，募兵和民兵的关系又常常被简化为中央与地方的关系。虽然从兵饷供应的角度，以上说法或有其合理性，但一旦跳出北部边防和东南海防的体

① 梁方仲：《明代的民兵》，《中国社会经济史集刊》1936年第5卷第2期，收入氏著：《明清赋税与社会经济》，中华书局，2008年，第563—589页。
② 于志嘉：《卫所、军户与军役——以明清江西地区为中心的研究》，北京大学出版社，2010年，第67页。
③ 吴晗：《明代的军兵》，《中国社会经济史集刊》1936年第5卷第2期，收入氏著：《读史劄记》，生活·读书·新知三联书店，1956年，第92—141页。

制，募兵和民兵之间的关系又变得暧昧不清，体现出制度运作的复杂性和区域差异性。

明中叶以降，随着营兵制（或称镇戍制、营哨制）的逐渐兴起，在全国范围内出现了募兵与卫所军甚至包括民兵在内的多兵种合流之势。[1] 然而，在兵源多元化错综复杂的格局中，不同地域中营兵的构成亦呈现出巨大的差别。于志嘉曾经指出，在明末江西的兵营中民兵占据数量上的优势。[2] 而地处湖广与两广交界的南岭山地，则出现了"打手"、"杀手"等特殊兵种。对于这类兵种的归属，学术界存在着一定程度上的分歧。梁方仲将之归为民壮（民兵之一种），[3] 陈宝良则认为，打手、杀手虽属民壮，却隶属于各将军营或哨堡，与民兵初设主旨大异，颇具专业军兵的特色，他把这一现象归纳为"民兵的军兵化"。[4] 数年前，笔者在从事的一项有关湖南永明县（今江永县）的专题研究中，将正德嘉靖以后活跃在当地的"阳山杀手"定位为募兵，似有学理上的草率。[5] 在近期的两次田野调查中，笔者在该县的岩寺营、鸡嘴营、石枧等村落意外地发现了一些碑刻和族谱，若结合之前搜集到的一些地方志书及其他相关文献，不仅可以探寻出"阳山杀手"及其后代土著化的痕迹，而且有助于厘清明代中后期兵制改革中的某些谜团，进而对明清兵制的延续性问题发表自己的见解。

---

[1] 参见王莉：《明代营兵制初探》，《北京师范大学学报》1991年第2期；范中义：《论明朝军制的演变》，《中国史研究》1998年第2期；肖立军：《明代省镇营兵制与地方秩序》，天津古籍出版社，2010年。
[2] 于志嘉：《卫所、军户与军役——以明清江西地区为中心的研究》，第68页。
[3] 梁方仲：《明代的民兵》，第578页。
[4] 陈宝良：《明代的民兵与乡兵》，《中国史研究》1994年第1期。
[5] 吴滔：《县所两相报纳：湖南永明县"四大民瑶"的生存策略》，《历史研究》2014年第5期。

一、营哨体制下的杀手工食

诚如笔者前揭研究中所指出的，明初在湖广永州府永明县境内的桃川、枇杷二所的军士自永乐以后大量逃亡，正统至弘治间虽屡行清勾之举，然收效甚微，于是有正嘉年间的军制改革。① 自后，永州府的军事防御系统不再局泥于既有的卫所体系，而是以永州卫和宁远卫为基础，在府境特别是南境与两广交界处大量设置营哨，"以州治边近山猺，易为民害，分拨永州卫军人，于要害哨守，又召募民间壮丁，谓之杀手，错杂军中，建立营房"，② 形成了"卫所森布，屯戍络绎，营堡错峙"的复杂格局。③ 永明县共设营十六，其中教场、鹅山、潘家、斗崀、岩口、靖西 6 营属永明县，石碌、镇峡关、土寨、小水、苦子、茶磊、养牛崀、杨柳、义山、兴武 10 营属桃川所，各营分配旗军若干名至数百名不等，杀手若干名。其中，桃川所属营堡和永明县所属之靖西营由永州、宁远二卫分拨指挥、千百户等营官进行统辖。④

在营兵制里，由卫所官调任为营官是颇为普遍的现象，但营官本身并不世袭，由卫所官转任者，其武职仍在原卫所世袭；与此相应，由卫所调出之旗军，在营为兵，统辖、使用、

---

① 吴滔：《县所两相报纳：湖南永明县"四大民瑶"的生存策略》，《历史研究》2014 年第 5 期。
② 康熙《永州府志》卷 14《武备志·防守》，《日本藏中国罕见地方志丛刊》，书目文献出版社，1992 年影印本，第 376 页。
③ 隆庆《永州府志》卷 11《兵戎志》《四库全书存目丛书》，齐鲁书社，1996 年影印本，史部第 201 册，第 690 页。
④ 隆庆《永州府志》卷 11《兵戎志·防守》，第 692、693 页。

饷给等亦均不同于卫所军，但若回原卫，则仍为卫所旗军编制。① 除了卫所军官和旗军之外，永明营哨体制中还有"杀手"这一特殊兵种。从材料的字面意思看，杀手的来源为"民间壮丁"，那么，"民间壮丁"是否可以直接理解成"民壮"呢？实际情况显然没有如此简单。据隆庆《永州府志》卷十一《兵戎志·防守》记载：

> 各营有管营官，有旗军，其雇募阳山杀手工食，俱出永宁二卫所屯粮征银及各州县扣除放役民壮银支给，每人每年银七两二钱者不支口粮，四两五两者月支口粮四斗五升，以补其数，各于该州县仓关支。②

首先，这里的"杀手"，并非出自本地，而是出自邻近的广东阳山县；其次，杀手的工食"俱出永宁二卫所屯粮征银及各州县扣除放役民壮银支给"，也就是说杀手的薪饷供应并不是只来自州县民壮银这一个渠道，还包括卫所屯田折银。这两点，均在不同程度上颠覆了以往学界将"杀手"定位成"民壮"的既有认识。对于前者，虽然杀手不同于卫所军，不世袭军籍，也毋需终身服役，但从异地雇募，显然不能算作力役，而与以抽编民丁为特征的民兵制有异；对于后者，"杀手"由地方政府与卫所联合召募，既与州县原有的民兵制藕断丝连，也显示出南方地区的营兵制在军饷供给上自筹经费的灵活机制，和学界所熟悉的完全由国家支饷的募兵制以及深受

---

① 参见王莉：《明代营兵制初探》，《北京师范大学学报》1991 年第 2 期；毛佩琦、王莉：《中国全史·中国明代军事史》，人民出版社，1994 年，第 32 页。
② 隆庆《永州府志》卷 11《兵戎志·防守》，第 692 页。

衙役化困扰的民兵制不甚合拍。

由此，厘清"杀手"供应与民壮之间的关系，应是解决问题的关键之所在。从隆庆间永州知府史朝富的一篇有关"杀手工食"的议论中，或可窥探一二：

> 看得杀手工食扣诸民壮，而民壮实取诸猺户。缘民壮额有各项差役，其势不能多减，于是每名之中量扣工食。每一次议添杀手，则一次加扣民壮工食，至有一名民壮工食不及三五两者，而其实未尝减也，不过取诸猺户赔贴，转与民壮上纳，是民壮有扣减之名，而无扣减之实，猺户无加赋之名，而有加赋之实也。况展转经收，吏书勒揸，虽杀手亦不得实惠到手矣。①

姑且不究民壮与瑶户的关系，如材料所示，当时永州府的民壮已由金编改为折纳工食价银，应无异议。这背后所对应的制度变化是，民壮原由自身充当，现改为可以出银雇人替代。雇募方式或由应募者自行下乡向应出资者收取，或由官府统一征收银两，募人应役，定期发给工食。② 永州府各州县采取的显然是后一种雇募方式。在这种体制之下，掌握在官府手中的民壮银可以顺理成章地成为雇募杀手的启动资金，故才有"杀手工食扣诸民壮"之实。然而，此时的民壮银征收有一定的随意性，并未完全实现定额化，由此造成的直接后果是，随着雇募杀手的需求不断增加，民壮银的开支也会相应增长。更要命的是，为确保州县百姓完成其他杂役，地方官员以减轻民

---

① 隆庆《永州府志》卷11《兵戎志·防守》，第694、695页。
② 梁方仲：《明代的民兵》，第582页。

壮负担作为幌子，采取所谓"量扣工食"的优待政策，把民壮银不足的巨大漏洞转由瑶户来填补。之所以将民壮工食银强加诸瑶户身上，其中牵扯到瑶户与卫所、州县错综复杂的利益纠葛，笔者已另撰专文，此处不表。①

另须指出，杀手的工食银并非简单地由本府本县对口支援，跨府跨县的协济亦非罕见。永明县养牛营的杀手工食银每年一百四十四两，原本即由衡州府安仁县协济。后来出于征收上的难度，奉文掣回，改于永州府属县内派补，"除宁远、永明二县前银已多不派外，道州加银八十两，零陵二十两，祁阳十四两，东安、江华各十五两"。②

民壮银没有定额化的另一恶果是，即便它从瑶户手中征收上来，由于没有建立起相应的监督机制，极易被胥吏阶层侵吞，以致"杀手因工食给领不时，啸呼而去，一遇有警，遂至仓惶"。③ 为了消除这些不确定因素，史朝富在全府范围内推行了在当时颇为流行的"通县丁粮均派"法，具体做法如下：

> 一概征银，不问县之大小，每民壮百人中，减去二十人，通以通县丁粮均派，明给由票，开注银数，俱官为雇募，不得如前私自包写倍收。④

概括说来，就是先把某县的民壮数额按照 100 人为一单

---

① 请参阅吴滔：《县所两相报纳：湖南永明县"四大民瑶"的生存策略》，《历史研究》2014 年第 5 期。
② 隆庆《永州府志》卷 11《兵戎志·防守》，第 694 页。
③ 隆庆《永州府志》卷 11《兵戎志·防守》，第 694 页。
④ 隆庆《永州府志》卷 11《兵戎志·防守》，第 694 页。

元，分割成若干单元，平均每单元减去 20 人后，再以剩下的民壮数额为基数，在全县的丁粮总额中进行均派。从此以后，民壮工食随丁粮带征，虽然名义上仍称作"放役民壮银"，但已与力役渐无直接关系。这一改革措施，非常符合一条鞭法改革的精神，并在一定程度上杜绝了胥吏阶层"私自包写倍收"的弊端，但也同时标志着民壮的提供"逐渐无复兵役的意味在内，而仅为有产阶级对政府的一种租税上的负担"。[1] 无论如何，民壮的折银及其随后的定额化为营兵制中职业雇佣军的产生提供了必要的土壤。

另据与史朝富同时代的德安府推官查铎透露，开注银数的"由票"即是官府颁给纳粮户的易知由单，易知由单上的具体包括"某户丁粮若干，民壮银若干，杀手银若干，四季征收，官收官放"等项内容，[2] 将民壮银和杀手银分列，似有将两者分别会计的意味，如果真是这样，雇募杀手的专项资金除了民壮银，应该还包含杀手银。有关民壮银的情况，文献记载相对比较清楚，据康熙《永州府志》引旧志称，永州府"七州县原额一千四百六十一人，谓之民壮，每名工食银七两二钱，每年约共银一万六百六十二两二钱，皆于条鞭银内按季支给，以备差遣"。[3] 相比之下，杀手银的来源及其性质，目前并无更详细的文献线索，但几乎可以肯定的是，如果它的确存在过，应该比民壮银更直接地运用于杀手的雇募上。

要之，随着民壮的折银及其定额化，永州府营哨制度中杀手的雇募逐渐有了一笔相对固定的资金来源。从性质上看，阳

---

① 梁方仲：《明代的民兵》，第 583 页。
② 隆庆《永州府志》卷 11《兵戎志·防守》，第 695 页。
③ 康熙《永州府志》卷 14《武备志·民兵》，第 388 页。

山杀手是职业雇佣军，形似于募兵，但其口粮、饷银并不来自中央，而多由州县民壮直接供给，又与民兵系统有千丝万缕的联系。若结合明代军制从兵农合一到兵农分离的大趋势，笔者认为，明中叶以降，在以地方自筹经费为主的南方部分地区，募兵与民兵已渐有合流之势。从这个意义上说，梁方仲将打手、杀手等归为民壮，应是性质已由佥编向雇募转变之后的民壮，与陈宝良所说的"民兵的军兵化"并无本质区别。

特别需要指出的是，以上对永州营哨制中杀手兵种的讨论，并不能完全涵盖南岭地域之所有情形，特别在那些没有出现异地雇募的地区，民兵系统往往会保留原来人丁佥编时期的部分特征，与募兵供给体制的重合度较弱。以阳山杀手的来源地广东阳山县为例，当地的阳山营自成化年间即已雇募打手三百余名，这些打手"糜食官饷，分发山隘暨江道各营堡防守"，供给机制与前述湖南永州府阳山杀手相类，除此而外，还有"排门子弟兵三百名"，性质上应属民壮，"无事力田，有警荷戈，不给工食，不听征调"，仍保持着强烈的"寓兵于农"的色彩。① 湖南衡州府之临武县自嘉靖末年起，曾出现过一个特殊兵种——"艾兵"，系乡民艾朝仁为抵御苗瑶之乱结百余名丁壮子弟而设。这些子弟兵后被官府收编，有着独立的番号——"艾兵杀手"，其军饷由官府专门"增设粮糈给之"，名曰"艾饷"。② 除了"艾兵杀手"，临武县另设有普通杀手、打手数百名，后者与前者最大的不同在于，"杀手、打手亦土

① 顺治《阳山县志》卷3《政务志二·武备》，《中国地方志集成·广东府县志辑》，江苏古籍出版社，2003年影印本，第14册，第57、58页。
② 康熙《临武县志》卷11《人物志·义行》《国家图书馆藏地方志珍本丛刊》，天津古籍出版社，2016年影印本，第665册，第50—51页。

兵也，艾兵杀手则领饷如官军矣"。① 在给养乃至军备取给上，
普通的杀手、打手与艾兵杀手显然走的是不同的财政渠道，进
言之，相对于职业军人，他们只能算作"非经制"的民兵而
已。不过，正如前辈学者所认为的，正德嘉靖年间，恰是民兵
衰落募兵流行的关键时期，② 伴随着这一交替过程，募兵甚或
民兵均不再固守依附本土的原则，调发他处的事例变得越来越
多。除了本文所涉及的"阳山杀手"之外，万历年间，临武
县的田心堡曾招募蓝山杀手 25 名，禾仓堡桂阳、蓝山、宁远
杀手各 10 名。③ 其中，禾仓堡"旧系衡州所官轮守，知县陈
贵科重，改本县县丞镇守"，④ 中间虽出现过反复，但起初仍
采取摘拨卫所官员统领从异地调发过来杀手的管理方式，这种
营兵制所特有的军队编制方法，与州县将民壮管理归诸佐贰官
或巡捕官的一般情形之间存在着不小的差异。

从纯粹士兵管理的角度着眼，明中叶以降兵源多元化，并
未根治之前军户世袭制下军士大量逃亡的弊端，一旦军饷装备
没有着落，很难保证外调募兵不会逃回原籍。史朝富针对民壮
银的定额化及官收官给改革，就是直接针对阳山杀手因工食不
给返回原籍的预防措施。他的目标非常明确，是想通过一系列
的改革，使"杀手皆将利工食之有资，携妻子而同来，久之，
渐成土著之民"。⑤ 要实现这一目标，光打民壮银的主意显然

① 同治《桂阳直隶州志》卷 14《兵制》，《中国地方志集成·湖南府县志辑》，江苏古籍出版社，2002 年影印本，第 32 册，第 237 页。
② 参见梁方仲：《明代的民兵》，第 573 页；于志嘉：《卫所、军户与军役——以明清江西地区为中心的研究》，第 350 页。
③ 万历《衡州府志》卷 13《武备·民兵》，万历二十一年刻本，第 23 页。
④ 康熙《临武县志》卷 9《武备志·土兵》，《故宫珍本丛刊·湖南府州县志》，海南出版社，2001 年影印本，第 6 册，第 396 页。
⑤ 隆庆《永州府志》卷 11《兵戎志·防守》，第 694 页。

还不够。雇募阳山杀手自始至终都有卫所的份，"永宁二卫所屯粮征银"与民壮银一样，均是杀手工食银的重要组成部分，甚至调发到营堡的卫所军也可能从中分一杯羹。然而，卫所方面的难处在于，军士积年逃亡，军屯废弛，使"军民岁办之粮有限"，不得不"权于民壮内扣减，以派杀手工食，候屯田尽清，子粒数定，另行改议施行"。①

有鉴于此，隆庆二年，永州府组织了大规模的清查屯田活动，由知事官吴鉥主持，在账面上可谓成绩卓著，先后"清出屯田一千五百余分②"。这些田绝大多数均在永明县境内，参与清查工作的德安府推官查铎本欲将这些田"召取余丁佃种，承顶正军"，无奈"枇杷等所余丁甚少，且地方风气不同，不无安土重迁，至今尚未尽佃，令无行"。他马上考虑到阳山杀手的工食一直没有着落，于是动议将这些屯田拨给杀手之有家室者，以抵工食："其各杀手无室家者，给以工食，其有室家者，即给以前田，令其佃种，免其子粒，责令防守，庶彼利其产业，保其室家，自尽力备御，各县之工食可省，而地方之保障有赖矣。"③

史朝富和查铎双管齐下，他们的初衷均是为了更好地解决阳山杀手的工食问题，然由此产生的诸种后果却远不止于此。其中，最值得瞻望的一种历史可能性或许是，原本没有长居打算的阳山杀手们是否会真的利用优待政策携眷在当地落地生根？在今天的江永县是否还能找到杀手的后代吗？

---

① 隆庆《永州府志》卷11《兵戎志·防守》，第695页。
② 据道光《永州府志》卷8《武备志·明屯田考》（第523页）："明初屯田，每军受田五十亩为一分"。
③ 康熙《永州府志》卷14《武备志·屯田》，第382页。

二、杀手的踪迹

在阅读过隆庆《永州府志》和康熙《永州府志》等文献之后，以上念头的确曾在笔者的头脑中一闪而过，但出于多年田野调查形成的对民间文献获取的"悲观主义"态度，加上学术界对募兵、民兵等兵种"非世袭化"的既有定位，这种多少不太"靠谱"的猜测很快就被扼杀在摇篮之中。直到在江永县桃川镇岩寺营村意外发现了一块天启年间的碑刻，才重新勾起笔者探寻阳山杀手踪迹的冲动。这块碑被竖立在村后半月岩的杨公庙中。半月岩数百米见方，在康熙《永明县志》中已有关于该岩穴的记载："在县南五十里，地名绿碧町，宛然半月，广大光明，岩下有阶级，上建大雄殿"。① 整个岩穴也被当地人称作"杨公庙"，里面除了9块横七竖八的碑铭，还架着几口棺材，甚至连个神像也没有，更别说什么大雄殿。其中最吸引眼球的一块碑就是天启三年的明碑。题名及主要内容皆清晰可见，碑额上书"雄福杨公庙记"六个大字，碑文如下：

> 杨都冯都，乃东粤武将勇士也。虽丧其元，而刚风毅气犹凛凛然，扫荡狼烟，威灵显赫，皇以功封通天护国行兵得道都督之神。凡庙堂血食，忠魂不泯，英气长存。嘉靖间，永明界近边，民遭夷变，奉院道明文召来灭寇。神

---

① 康熙四十八年《永明县志》卷1《山川·岩》，《中国地方志集成·湖南府县志辑》，江苏古籍出版社，2002年影印本，第49册，第20页。

助寇除，民安边静，住居岩穴，立籍承差，创立行祠。保
方敬之如在，感而遂通，叨神庇佑，祭户蕃昌。近因庙宇
低浅，今敢鼎新，劝首一言，众姓□从各喜。天启三年孟
冬月，奂工大造，栋宇美轮，真足以妥神灵镇边陲也。是
为记。

陆地散人赵国祯舍
户长陈梁欧住居十七都雄福岩众等立石

题名（略）

皆大明天启三年孟冬月吉旦重修，蓝邑匠人邓应和刊刻[1]

　　碑文中"东粤武将勇士"、"嘉靖间，永明界近边，民遭
夷变，奉院道明文召耒灭寇"等信息，让人不由得想起其与
"阳山杀手"的关联。据隆庆《永州府志》记载，阳山杀手派
到永明的时间恰好是正德十三年至嘉靖三十五年间，[2] 如果不
是时间上的巧合，那么，"杨都冯都"到底是不是传说中的阳
山杀手呢？带着几分试运气的心态，笔者翻看了各种版本的
《阳山县志》，竟然在乾隆版的县志中找到了一些较为直接的
证据：

　　杨公庙，或称杨公祠，或称三忠祠。
　　三忠祠，一在县东半里关帝庙东，康熙十八年修；一
在大青蓝上排；一在岭背塘阜，嘉靖二年建，万历二年
修，康熙三十八年重修，雍正十三年又修；一在杜步，正
德十五年建，嘉靖四十七年修，雍正元年又修。

<hr>

[1]　天启三年《雄福杨公庙记》，现存于湖南省江永县桃川镇岩寺营村半月岩。
[2]　隆庆《永州府志》卷11《兵戎志·防守》，第693页。

　　都爷庙，……庙中所祀为冯杨欧夏四公，杨欧夏者，即三忠祠之三忠，冯则邑人，亦有功于邑者。①

　　即便是望文生义，乾隆《阳山县志》中的"杨公"、"杨欧夏"、"冯姓邑人"，与江永半月岩《雄福杨公庙记》中提到的"杨都冯都"之间可能存在的某种关联，也已隐然若揭。或许可以进一步推论，位于永明县半月岩中的杨公庙，不过是广东阳山县杨公庙（或三忠庙）体系的"行祠"之一。接下来需要提供的关键证据链或许是，碑中所称作为"东粤武将勇士"且有"威灵显赫"、"神助寇除"神迹的杨都冯都，到底是否在阳山因战功卓著被封为"通天护国行兵得道都督之神"呢？阳山县知县万光谦在编修乾隆《阳山县志》时，曾抄录野庙之碑至二百余通，其中"多鄙俚无文，不可解读"，所取者惟《杜阜三忠祠正德十五年碑》、《黄家陂一甲杨都祠碑》等数块而已。② 非常巧合的是，由他摘录者正好有以上两块碑，内中所载内容与《雄福杨公庙记》竟基本吻合：

　　杜阜三忠祠正德十五年碑云："天顺间，阳山为流贼所扰，杨欧夏三公奉命出师，至七拱桥立营，贼皆顺服，乡堡获安。三年，解营去，又曰潮等为神矣。"
　　黄家陂一甲杨都祠碑云："杨欧夏公一居参将，二任指挥，成化年间遇蛮窃发，兴仁义之师，效力于通儒之境，皇上勅封征蛮大将军，立祠曰中军祠云云。时嘉靖四

---

① 乾隆《阳山县志》卷18《名胜志三·祠庙》《国家图书馆藏地方志珍本丛刊》，天津古籍出版社，2016年影印本，第720册，第67—69页、第78—79页。
② 乾隆《阳山县志》卷18《名胜志三·祠庙》，第80页。

十一年也。"①

虽然万光谦宣称："三公者，固有德于阳邑者也，但其官
与名俱不可考"，②可是，天顺、成化间阳山动乱频仍却绝非
虚言，先是"天顺八年，流贼劫城，焚烧杀掠一空"，接着
"成化六年，贼寇通儒乡，杀参将杨衢"。③被杀的参将杨衢是
否就是杨欧夏公中的"杨"，没有直接佐证。县人冯公倒是有
其原型，道光《阳山县志》疑之为冯国宾，并在人物志中为
冯立传：

> 冯国宾，县人，身长力大，募充千夫长，守高寨营，
> 隆庆五年，广贼陈龙洲寇岭东，国宾独飞双刀入阵，杀贼
> 数十人，斩贼首陈龙田，贼大败。国宾追贼，深入，被刺
> 死。有司请优给其子，立庙祀之。④

从冯国宾的身份看来，他很有可能是前述阳山营雇募打手
中的一名头目。阳山营雇募打手之例始于成化年间，当时两广
总督韩雍曾施行编伍之制："设把总千户一员，哨官二员，旗
总八名，队长三十二名"。⑤冯国宾所任"千长"之职或许有
些水分，但它却与"参将"、"指挥"等一样，同属营兵制的
标准战斗序列。《雄福杨公庙记》将杨公、冯公奉为"东粤武

① 乾隆《阳山县志》卷18《名胜志三·祠庙》，第79页。
② 乾隆《阳山县志》卷18《名胜志三·祠庙》，第79页。
③ 顺治《阳山县志》卷8《杂志·纪变》，第126页。
④ 道光《阳山县志》卷十《人物·明》，《广东历代方志集成·韶州府部》，岭南美术出版社，2009年影印本，第15册，第537页。
⑤ 顺治《阳山县志》卷3《政务志二·武备》，第57页。

将勇士"，或应置于明中叶以后营哨体制的背景下进行理解。

杨欧夏三公等在平乱后因屡立军功被勅封之事，虽未见实录、会典记录，没得到官方的正式认可，但其被乡人立庙崇奉，"为祈报而举，与披荔带萝含睇宜笑者异矣"。① 嘉靖初，逢广东提学副使魏校大毁淫祠，杨公、三忠、都爷等村野小庙当属被毁之列，却几经风雨，流传至清代，甚至被移植到邻省，不能说不是一个奇迹。道光九年，庠生周大圭路过岩寺营村时，就曾听村人讲述杨公的辉煌事迹："杨公为前朝名将，先祖来此，庙与立焉为灵显。"②

将原乡的信仰、方言移植到新的定居点，既是一种值得关注的文化现象，也是追踪移民"基因"的重要线索之一。照此思路顺藤摸瓜，笔者又在江永县粗石江镇的鸡嘴营村发现了另外一座杨公庙。这座杨公庙多年前业已倒塌，原存的建庙碑记也不知所终。但在该村的新编《梁氏族谱》还是发现了一些有价值的线索，该谱根据碑文及前辈所述讲了如下的故事：

> 明朝期间，梁有珠、妻钱桥月等前辈由原名广东阳山县珠［玑］巷割麻冲（现名未考证）入住湖南永明县桃川石枧村居住，当时梁应凤（明朝十六年九月十三日生）任师范生高级军事教员兼永明县义勇队长，安厝于石枧鹅营。梁应锡、梁君相由石枧入住鸡嘴营，并且当时属军家到来。康熙丁巳四年入庙（杨公庙），（注：北宋杨继业之子杨六郎期间留守关卡，敬俸杨公），祠庙中安有"邓、邵、龙、梁"四姓香钵，当时皇上御赐庙匾为"结

---

① 乾隆《阳山县志》卷18《名胜志三·祠庙》，第64—65页。
② 道光九年《重修杨公碑记》，现存于湖南省江永县桃川镇岩寺营村半月岩。

公好义"。之所谓当时湖南永州府永明县十八督的五营（鹅营、岩子营、牯子营、鸡嘴营、石螺营）四所中一营，负责上管桃川洞，下管鱼尾桥①之重任。②

既然未入国家祀典，将杨公视作"杨令公"，与早先附着在其身上的"征蛮大将军"、"通天护国行兵得道都督之神"之类的虚拟封号并无本质区别，有关杨公庙更为重要的信息，乃是祠庙中安放着"邓、邵、龙、梁"四姓香钵。不光在鸡嘴营，岩寺营的冯、陈、钱、卢、邵五姓，同样把杨公、冯公奉为他们共同的祖先。石枧村虽未发现杨公庙的遗存，但徐、张二姓与其他七姓，共九姓，同立"九股祠堂"，③表现出与岩寺营、鸡嘴营"众姓供奉一祖"类似的社会组织机理。在一块光绪二十九年《重修杨公祠题名记》中，岩寺营五姓后裔甚至将杨、冯二公的"伟大功绩"与伏波将军马援相比拟：

> 吾祖杨公冯公，明季之候〔侯〕爵耳。没后屡着灵迹，历受勅封。夫亦因生前能率其天纵之性，故特称为神者也。想当日，伐曹逆，扫罗山，平郑邑，无非率其智勇之性。故历明迄今将数百载，上而通都大邑，下至僻壤穷乡，公之庙食每在焉。……吾族之祀公，岂曰阿其祖考哉？考古名将为神者，我南邦惟汉伏波一人，赫赫在人耳目。窃谓公才可与并，而节将过之。可见川岳之钟灵无

---

① 按：鱼尾桥位于湖南江永县与广西恭城县交界的龙虎关附近。
② 梁彬主编：《湖南永州府永明县十八督梁氏族谱》，第1页。
③ 鸡嘴营·石枧村张姓族谱编委：《张姓族谱》，1986年重修版第8页。

方，岂必大邦有才哉！①

在众姓共奉一祖的背后，凝聚的是“阳山杀手”的集体记忆，而所谓“五营四所”则是“杀手后裔”们对于聚居地的一种共同的文化认同。《梁氏族谱》中鹅营、岩子营、牯子营、鸡嘴营、石螺营 5 营，除了鹅营之外，另外 4 营在隆庆《永州府志》或康熙《永州府志》中均有直接或间接的记载：

> 石碟，在永川乡鸡嘴岭，正德十三年建，管营永州卫千户一员，旗军四十四人，杀手十人，人五两。
>
> 苦子，在崇福乡牛豈岭，嘉靖三十五年建，管营官即小水营官，分拨旗军二百四人，杀手十五人，人五两。
>
> 杨柳，即碌碧岭营，在崇福乡两江口，嘉靖二十九年建，管营宁远卫百户一员，旗军三十二人，杀手十五人，人五两。②
>
> 鸡嘴营，在永明西六十里。③

别名“碌碧岭营”的杨柳营，应该即半月岩之所在绿碧町，之所以改称岩寺营（岩子营），恐与“半月岩”、“杨公庙”、“大雄殿”等景观有关。牯子营就是位于崇福乡牛豈岭的苦子营，鸡嘴营、石枧村张姓族谱编委会共同编辑的《张姓族谱》又称之为“古子营”，并将其位置定于石枧村附近，似乎与《梁氏族谱》中所讲之同在石枧村的鹅营有所重叠。

① 光绪二十九年《重修杨公祠题名记》，现存于湖南省江永县桃川镇岩寺营村半月岩。
② 隆庆《永州府志》卷 11《兵戎志 · 防守》，第 693 页。
③ 康熙《永州府志》卷 14《武备志 · 民兵》，第 386 页。

然从隆庆《永州府志》、康熙《永州府志》所记明正嘉年间在永明县所布16个营哨的方位看来，多位于湖南、广西交界处的关隘附近，直接扎营在村落里的情况非常罕见，由此一村对应多营的现象当不难理解。譬如，岩寺营村除了对应于杨柳营外，也对应于乂山营，此营"在永明西南四十里崇福乡牛栏乂山口，嘉靖十五年建，杀手十五人"，① 它与岩寺营的关系，在该村乾隆十五年《重建青龙寺碑记》中有直接体现："湖南永明县旧军把守乂山营，离城五十里，……土名半月岩大雄殿，岩前有建阶，佛在观"。② 另有迹象表明，阳山杀手来到永明以后，并没有画地为牢，而是表现出非常强的流动性。他们的移动线路并不限于永明县16营，邻近的江华县白芒等营也有他们的足迹。例如，岩寺营《芦氏族谱》载："吾始祖开历源明朝嘉静［靖］年间三月在广东阳山县，天下混沌，职伯长卢法观、妻陈氏冬妹夫妻行军到湖南江华界，把守白马［芒］营，扫荡贼寇，又移营到永明县居住。"③《石枧村张姓族谱源由》亦称：其先祖张天桂先是驻军（江华）白马［芒］营，攻克凤凰关之后，驻扎土寨营，之后嘉靖十二年，"道庆公搬迁鸡嘴营，传到子寿公，于明代末期万历年间搬迁古子营（现石枧村）"。④ 前述梁姓的一支，也曾由石枧迁居鸡嘴营。

对应于张姓族人的流动线路，他们对"五营四所"的解释与梁姓也不完全一致。在张姓的解释体系里，五营为"土寨营、鸡嘴营、白马营、古子营、岩寺营"，四所为"桃川

---

① 康熙《永州府志》卷14《武备志·民兵》，第385页。
② 乾隆十五年《重建青龙寺碑记》，现存于湖南省江永县桃川镇岩寺营村村前田埂上。
③ 《芦氏族谱（启忠房）》，公元一九八零年庚申岁清明录抄本，第1页。
④ 鸡嘴营·石枧村张姓族谱编委：《张姓族谱》，第14页。

所、枇杷所、嘉隆所、白象所"。① 先说五营，相比梁姓的说法，减去了与苦子营重叠的鹅营、与鸡嘴营重叠的石螺营，增加了与张姓祖先记忆密切相关的土寨营和白芒营。白芒营位于江华县，张姓族谱将土寨营定位于粗石江镇八十工村，隆庆《永州府志》中，也有关于土寨营记载："土寨，在永川乡古凋猺口，嘉靖二十七年建，管营官即镇峡关百户，分拨旗军八人，杀手十九人"。② 至此，隆庆《永州府志》中所列桃川所管辖 10 个营哨中，共有 5 个与"阳山杀手"产生了交集，分别是石碛、土寨、苦子、杨柳、乂山，与我们在江永县田野调查中岩寺营、石枧、鸡嘴营三村获得的信息基本吻合。10 个营哨共招募杀手 246 名，上述 5 营在其中并不占优势，只有 74 名，占总数的 30%。若是算上永明县属的 6 个营哨所雇募杀手 151 名，石碛等 5 营仅占 18.6%。③ 不排除明正德至嘉靖年间在永明县设立的 16 个营哨都曾有过阳山杀手的踪迹，但随着岁月流逝，由于种种机缘，只剩下这 5 个营附近有杀手的后代落地生根，传承着明代营堡制度的集体记忆。

令人欣慰的是，人群"文化基因"的传递，绝不仅限于碑铭遗迹和口传历史的层面，语言的惯性同样可以提供确实而有力的证据。语言学家的最新研究成果显示，江永境内的主要方言是西南官话和湘南土话，但也有少量粤语，"分布在江永县粗石江镇鸡嘴营村和桃川镇石枧村"。④ 正在编撰中的石枧《冯氏家谱》也特别强调：冯姓"同广东过来的张、徐、梁、

---

① 鸡嘴营·石枧村张姓族谱编委：《张姓族谱》，《前言》第 1 页。
② 隆庆《永州府志》卷 11《兵戎志·防守》，第 693 页。
③ 隆庆《永州府志》卷 11《兵戎志·防守》，第 693 页。
④ 唐伶：《永州南部土话语音研究》，北京语言大学出版社，2010 年，第 6 页。

陈姓一起生活，全村人口，共有一仟二佰余人。几百年来，一直说本地不懂的广东阳山话。"① 方言是移民文化认同的深层积淀，也是追寻阳山杀手踪迹的"休止符"。

四所中，桃川、枇杷二所确是洪武末岁设立于永明县南境的守御千户所无疑。据道光《永明县志》记载：白象，"明置巡司，嘉靖间［汰］，国朝康熙二十二年，设营，拨把总一员分防"，② 用明代的巡检司和清代的分防把总营比附卫所，似亦无可厚非。至于嘉隆所，则没有任何制度和文献依据，或为阳山杀手及其后代对营哨体制之外的军事设施了解不够所致。

三、渐成土著之民

在前引天启三年《雄福杨公庙记》中，保存有少许文字，透露出阳山杀手于嘉靖年间甫入永明时"住居岩穴"的景象，这与隆庆《永州府志》中所显示的情况基本相符。初到永明人生地不熟的阳山杀手们没有做长期滞留的心理准备，也没有带家属，毋须固定居室，只能暂时栖身岩穴，一旦工食不给，他们就"啸呼而去"。直到隆庆年间查铎提议，将故军屯田"拨给杀手之有家室者，令其佃种，免纳子粒，以抵工食"，③才使这一面貌得以改观。目前尚未找到有关杀手佃种的任何材料，但他们在明末已"立籍承差"，渐成土著之民，当无可辩驳。

① 《冯氏家谱（草稿）》，不分页。
② 道光《永明县志》卷2《疆界志·墟镇》，民国二十一年铅印本，第7页。
③ 隆庆《永州府志》卷11《兵戎志·防守》，第694页。

在以上优厚条件下，进入永州南部的阳山杀手，并未至嘉靖末岁即戛然而止。随着军事需求和日常调动，仍不断有他们的后继者陆陆续续来到永明。石枧村冯氏即是他们中的一员：

> 明万历年间，湖桂边境匪贼蜂起，群雄相争。我祖响
> 应号召，从广东阳山奉旨听候调［遣］到广西贺州同湖
> 南永州交界一带出兵征剿，先后扎营几十个。后在广西富
> 川与湖南江永桃川交界处的主要关隘千年边关凤凰关住
> 守，立村石枧村。①

选择临时佃种还是正式入籍，乃是杀手所面临的两种性质截然不同的生存方式。前者无需在当地落籍，仍可保持异地调发的募兵身份，后者则意味着要在当地服役当差。从《雄福杨公庙记》的记载看来，至少在天启三年前，居住在永明县十七都雄福岩（即半月岩）的陈、梁、欧、邵、冯等姓，已经以"陈梁欧"为户头在当地立籍。杀手虽有军人身份，但毋须世袭军籍，故陈梁欧的户籍更有可能为民籍，这在岩寺营《芦氏族谱》中有直接印证：

> 吾始祖……镇守雅茅洞乂山营，以后平复为民，立宅
> 十七区地面雄福岩寺营，立户本人陈梁欧。②

既然入了民籍，就得编入永明县原来的里甲体系之中，在《雄福杨公庙记》的捐款题名中有"地方保长陈梁欧"、"头甲

---

① 《冯氏家谱（草稿）》，不分页。
② 《芦氏族谱（启忠房）》，公元一九八零年庚申岁清明录抄本，第1页。

欧应保"、"总甲陈子忠"、"小甲陈绍选"、"甲首欧国祯"等标明了当地基层编户体制名色的人名，或可显示阳山杀手在岩寺营入籍当差的早期状况。入清以后，居住在岩寺营的杀手后代们已经搬出岩穴，陆续在半月岩前的空地上建屋立户，到了民国初年，"聚族而居于其下，距明至今，数百余载"。①

此外，碑记和族谱中出现的"陈梁欧"，并非实名，而是居住在岩寺营诸姓的联合户头，直至清乾隆四十九年，诸姓仍以"陈梁欧"为户名纳粮当差，与本甲何姓订立合同。② 从天启三年至乾隆四十九年，前后经历了明清鼎革、康熙年间的军制改革、土地清丈等重大历史事件，③ 长达160余年，形成于明末的"超级稳定结构"不可能完全不走样。至乾隆年间，掩盖了相当长一段时间的岩寺营诸姓居住地和立籍地分离的矛盾，逐渐开始激化起来。天启三年《雄福杨公庙记》并未说明"陈梁欧户"的立籍地点，给人的直观印象是，诸姓在永明县十七都雄福岩就地立籍当差。然而，乾隆初年的两块碑均显示，始祖的入籍地为十区八单，而非十七都（区）：

> 湖南永明县旧军把守乂山营，离城五十里，始祖附入十区八单。④

乾隆十五年《重建青龙寺碑记》则更进一步交代："始祖

① 民国十一年《重修城墙记》，现存于湖南省江永县桃川镇岩寺营村半月岩。
② 乾隆四十九年《重修杨公庙记》，现存于湖南省江永县桃川镇岩寺营村半月岩。
③ 参见吴滔：《县所两相报netic：湖南永明县"四大民瑶"的生存策略》，《历史研究》2014年第5期。
④ 乾隆十二年《重建福隆庵碑》（残），现存于湖南省江永县桃川镇岩寺营村柴屋后。

附入拾区八单为民陈梁欧，纳粮当差，另买民地（下残）"。①
康熙初年，永明县"领乡七，凡十七里"，其中十都位于县城
西厢允平乡，十七都位于县西南崇福乡。② 至康熙四十一年，
"都又兼号为区"。光绪《永明县志》的作者认为：之所以将
"都"改称为"区"，系"如江南之制说者，以为赵申乔巡抚
偏沅时所改，申乔吴人，推吴法于湘说，固近之。然各州县又
未悉以都为区，则亦未见其必然也。意吴越人知县者所更，致
乡俗俱从新称。"③ 以此类推，"都"以下的单位"甲"，也相
应改作"单"，"单"的含义或是对应于江南赋役环节中"由
单"或"滚单"等名色，但新瓶仍装旧酒，只需将其理解为
一个纯粹的赋役单位即可。无论如何，乾隆初年的两块碑记，
给我们提供了一条非常重要的信息，即明末岩寺营诸姓的入籍
地很可能不在居住地雄福岩，而是对应于十区八单这一赋役单
位。乾隆十五年碑中"另买民地"等字样，似乎更昭示着中
国传统社会晚期"飞洒诡寄"的现象并非罕见。

十区和十七区不相毗邻，中间隔十二、十三、十四、十
五、十六区。居住地和立籍地分离，造成的直接后果乃是一身
两役，既要在居住地服役，也要在户籍地服役。为此，"陈梁
欧户"不得不与泽陶何姓签订一个专门针对赋役负担的合同：

　　始祖嘉靖厝来住居十七区岩穴，立籍永明界十区八
　　单。于乾隆四十九年，户丁陈梁欧等情愿帮助本甲泽陶何

---

① 乾隆十五年《重建青龙寺碑记》，现存于湖南省江永县桃川镇岩寺营村村前田埂上。
② 康熙四年《永州府志》卷2《地理志·乡》，第46页；另据该志记载，永明县的十七里
　之"里"，与"都"同义。
③ 光绪《永明县志》卷4《地理志四·都里》，《中国地方志集成·湖南府县志辑》，江苏
　古籍出版社，2002年影印本，第49册，第256—258页。

姓保甲长壹千文，制十年所帮六年，大小差役本甲何姓承当，不干户下人等之事。式家议立，永远子孙。不得增减与十七区大小杂役，不得连累岩寺村等。壹身难当式役，题名勒石为记。①

首先，需要指出的是，这段文字已非合同的原始状态，而是被附在《重修杨公庙记》中的一段节录，后几句话似乎存在明显的漏字减字现象，读起来有点费解，让人无从准确判断材料核心环节——"本甲"到底对应的是户籍地，还是居住地。幸好《芦氏家谱》明确交代了"陈梁欧"与"泽陶何姓"的关系："陈梁欧入泽陶何家十都八单内"，并抄录了与碑文中赋役合同略有不同的另一版本：

> 奇姓竹林兄弟约议：保长在何家永远不当，情原帮保，三年两帮，二家并无异言。今人心不古，所立凭纸壹张，永远子孙为据。
> 存照。②

通过对两个版本的参酌互勘，合同的原始面貌大致可以复原清楚：由于户籍地和居住地的不一致，以"陈梁欧"为户主的岩寺营诸姓村民既要在十区当保甲长，还要在十七区服各种杂役，造成事实上的"一身二役"。为此，他们与居住在十区（八单）的泽陶何家商议，每十年定期出一千文钱给何家，由何家帮助"陈梁欧"户承担本甲六年的大小差役，即所谓

① 乾隆四十九年《重修杨公庙记》，现存于湖南省江永县桃川镇岩寺营村半月岩。
② 《芦氏族谱（启忠房）》，公元一九八零年庚申岁清明录，第1页。

"三年两帮"。自此以后,"陈梁欧"户不再担任十区八单的保甲长,只需专心应付十七区居住地的大小杂役即可。

在困扰多年的"一身两役"的问题得到解决后,居住在岩寺营的杀手后代们,除了信仰、语言等保持一定独特性外,生计方式渐与周边村民无异,土著化的进程有了更实质性的突破。从乾隆末岁开始,永明县进入大规模开发的阶段,明代还是"营戍重叠"的五营四所之地,亦未能幸免,由于"生猺占山开垦,水源短缩,腴田变瘠",① 资源争夺愈演愈烈。同光年间,岩寺营接连发生两起与周边村落争讼案件,皆直接涉及资源争夺。先是同治十二年"争夺牧牛之路案",岩寺营村钱章勋与邻村黄开基"田土〔毗〕连,邻近居住",黄开基有一块田,"由朝天桥路下,至白泥湾及八工坝、马颈牛田",此田春秋夏三季种植粮作,惟冬季荒芜,可作便道,一直是钱章勋等人往大洞放牛必经之路。同治十二年冬季,黄开基等在放牛道路上栽种杂粮,不准各户牛行。钱章勋则坚持继续放牧,于是出现牛只践食谷物的情况。事发后,被黄开基等阻拦,告官索赔,并乘讼挖毁山下大地坝一道,古圳一条,此系钱章勋等"合林汲水之处"。钱章勋等显然不服,具控申诉。后经永明知县审理调解,责成黄开基等恢复牧牛之路及毁坏坝圳,以钱章勋获胜而告终。②

另一案件发生在光绪十七年。永明县岩寺营与广西富川县孟姓村落一直共用一座界山,岩寺营人唤作"狮公山",富川方面称为"马山"。岩寺营村与该山"相隔不过半里",村民

---

① 光绪《永明县志》卷7《地理志七·关垒》,第278页。
② 同治十二年《特授永州府永明县正堂示禁碑》,现存于湖南省江永县桃川镇岩寺营村半月岩。

常去富川界面拾穗，也两相无事。但自嘉庆间始，孟姓人一直想把该山用作坟地，并于光绪十六年十月，"出田两工半，归入伊孟姓祖祠，作为清明祭扫之用"。岩寺营村人对此举很不满意，直接把状告到富川县衙门，宣称：此山"系伊村来龙过脉之处，有碍伊等村坊，历系封禁，不准进葬。"最终，以岩寺营当堂缴出铜钱二十五千文的代价，换回了继续封禁的状态。双方算是打了个平手。①

岩寺营村以铜钱二十五千文赎回狮公山的封禁权，花的代价并不算小，且能当堂缴出，更显其财力之雄厚。相比同时期的其他"投资"，这区区二十五千文根本不算什么。光绪十一年及二十四年，该村先后两次修整青龙寺，增塑文昌、土主、关帝、三官、廿四诸天、十八罗汉诸神像，"丹青炳焕，金碧璀璨，俨然小西天境界"。仅光绪二十四年这一次就"计费百有余缗"，且"均本〔村〕诸信解囊乐舍，并未募及外境"。②另外，像咸同年间鼎建显闻庙、光绪十一年转移门楼至旧址、光绪二十二年增建显闻庙厢房、光绪二十九年重建杨公庙，村民均捐款踊跃，资费不菲。③ 民国十九年整修村前大路，更是"计费捐赀十万有余，并不募及外境"。④

小小一个村子，能够拥有如此财力，显然不是仅靠种田放牛就可以积累起来的。这还得从岩寺营的地理位置说起，该村

① 光绪十七年《补用军民直隶州富川县正堂甘结碑》，现存于湖南省江永县桃川镇岩寺营村半月岩。
② 光绪二十四年《增塑□□□圣碑》，现存于湖南省江永县桃川镇岩寺营村村前田埂上。
③ 《鼎建显闻庙碑》，现存于湖南省江永县桃川镇岩寺营村门楼下；《乙酉岁转移旧址碑》，现存于湖南省江永县桃川镇岩寺营村前田埂上；光绪二十二年《显闻庙厢房碑记》，存于湖南省江永县桃川镇岩寺营村田间；光绪二十九年《重修杨公祠题名记》，现存于湖南省江永县桃川镇岩寺营村半月岩。
④ 民国十九年《鼎建大路碑记》，现存于湖南省江永县桃川镇岩寺营村半月岩。

恰好位于潇贺古道的分支——牛巷道上。"牛巷一道，诚达三湘通两粤之要径，高车驷马之往来，不知几许"，① "实为出入往来之要冲，南通富邑，粤山与楚水交辉，西望雄关虎踞，与龙蟠并峙"，② 是沟通永明县城、上甘棠、夏层铺、勾蓝与富川县朝东、秀水等村镇的重要商路。岩寺营村正因地处牛巷道两省交界重要节点的位置，再往南就是广西富川县，具备巨大的商机，村民不免会卷入过境贸易的利益链条中。在巨大的利益驱动下，他们对道路、风水、门楼等景观格外讲究。光绪四年，部分村人误听风水先生的煽惑，改变了全村风水朝向，以致五年之内"凶祸频仍"。七年后，村人又将宅门朝向恢复原貌，③ 而民国十九年修造牛巷大路，也是直接针对 50 年前改换风水所付出的代价：

> 前清而后，误听庸术，注毁闾阎，勿切乾方兼兑，亦有柱造廊房艳塞路口，暗道通行，仍观满之不利。今也，或闭筑立成城，岂非移途之有造化也哉！④

不惜花费十万有余重整大路，既体现出牛巷大路对村民之重要，也从一个侧面折射出村民雄厚的财富积累。光绪间两修青龙寺，捐助者也绝非简单地为了佛堂善举，更是出于"宏利济广，福田将见，户比临淄，富同倚顿，贵并李膺，莫不由此基之"的功利目的。⑤

---

① 民国二十年《本地主人重修大路碑记》，现存湖南省江永县潇贺古道螺丝井。
② 民国十九年《重修牛巷上下大路题名碑记》，现存湖南省江永县潇贺古道螺丝井。
③ 光绪十一年《乙酉岁转移旧址碑》，现存于湖南省江永县桃川镇岩寺营村村前田埂上。
④ 民国十九年《鼎建大路碑记》，现存于湖南省江永县桃川镇岩寺营村半月岩。
⑤ 光绪二十四年《增塑□□□圣碑》，现存于湖南省江永县桃川镇岩寺营村村前田埂上。

相比于庙寺庵堂的大规模建设，岩寺营村的私塾学堂等基础教育设施却远远落伍了，直至道光十五年，该村才设立起一座专门供"属村之俊秀"读书之用的书室。① 然而，书室建立之后，该村子弟在科举上仍毫无建树，在晚清民国的众多捐款碑上，甚至连个生员的名字也没出现，只有一个叫冯日东的，自诩为"儒雅裔孙"，② 试图对祖辈的良苦用心有个交代。

鸡嘴营和石枧村与岩寺营有着类似的地理区位，都在永明通往广西的水陆要道上，是否也被同样带动入清中叶以后逐渐兴起的跨省贸易中，因资料所限，无从查考。但几乎可以肯定的是，明代设置营哨之处，均在湖南、广西交界处的关隘附近，也恰是清中期以后深入开发与商贸往来的热点区域。它们行政交界地的复杂处境，无疑为阳山杀手的土著化以及流动性带来了新的契机。

结　论

众所周知，明清兵制演化的总体趋势是从卫所制度向八旗绿营制度的转变。然而，这一转变并非是伴随着改朝换代的一蹴而就，而是经历了一个较长的历史过程。《清史稿·兵志二》称："绿营规制，始自前明"③，并非没有道理。清代绿营兵制的主要特征诸如兵农分离、非世袭化等等均可在明中叶以降营兵制的确立和完善过程中找到相应的痕迹。

---

① 道光十五年《鼎建书室碑记》，现存于湖南省江永县桃川镇岩寺营村柴屋内。
② 光绪二十九年《重修杨公祠题名记》，现存于湖南省江永县桃川镇岩寺营村半月岩。
③ 《清史稿》卷131《兵二·绿营》，中华书局，1998年，第14册，第3891页。

作为营兵制中的特殊兵种"杀手"、"打手"，曾在南岭地区普遍存在。它既不同于参与到北部边防和东南抗倭等军事行动中与"经制兵"几无二致的标兵、狼兵，也与纯粹从"寓兵于农"的民兵直接演化而来的乡兵、土兵有异。即便在这一特殊兵种内部，也非铁板一块，军饷供给上自筹经费的灵活机制，使"杀手"、"打手"兼具募兵和民壮的双重特征。明正德嘉靖年间，湖南永州府开始实行普遍的营哨制度，在化整为散的营哨体制下，主要分布在湖南、广西交界处的各营哨，至少由卫所官军和雇募杀手两个主要兵种构成。后者有相当一部分人来自广东阳山，而不是由本地征发的民壮，这群从异地雇募的军事人员流动性很大，随时有返回原籍的可能性。为了将这些兵农分离趋势下的新兵种长期滞留在当地，州县和卫所均相应采取了一些有针对性的举措。其中，把部分军屯田转拨给有家室的杀手的办法更为行之有效，它非常符合农耕社会"地著化"的精神，并最终促成一部分阳山杀手在当地入籍。入清以后，除了杨公信仰以及阳山土话等异质性文化要素继续得以保存外，阳山杀手的后代们已渐与本地人无甚区别。

无论如何，关于"五营四所"的历史叙事，至今仍顽强地保留在永明县的一些村落里。这既表明了明清之际营兵制曾经真切地扎根于当地，也可以认作为阳山杀手土著化之后对于自身身份的一种独特的集体记忆。如果将此现象置于明清兵制沿革的大背景下，或许可以进一步推断，作为清代绿营制最重要的原则之一的"兵皆土著"，亦很有可能脱胎于明代营哨体制下多兵种共存共融的弹性机制。

中山大学历史学系（珠海）

明代两广地区的达官军：
以《武职选簿》为中心的考察

宋永志

　　明代是各民族相互交融的重要时期。明代前中期，大批来自北方及西北地区的少数民族归附朝廷，其中既有战争中归降的故元官军，也有率部主动归附的少数民族首领，这些归附人被安置在各地军事卫所中，或被编入卫所，世袭军籍，或寄住卫所，带俸优养，一般称之为达官、达军。有关明代归附人的研究，成果丰硕，既有对朝廷安置政策的考察，关注达官在内地的分布及其社会身份的转变及其经济生活、婚姻关系等，[①]也有探讨达官军与今日回族之关系。[②] 本文在已有研究成果的基础上，将研究区域聚焦在明代两广地区，充分利用实录、地方志、尤其是《武职选簿》等文献资料，详细考察明代达官军在两广地区安置、参与军事活动以及被征调安插的历史过

[①] 相关论著较多，主要有顾诚：《谈明代的卫籍》，《北京师范大学学报》1989 年第 5 期；彭勇：《明代"达官"在内地卫所的分布及其社会生活》，《内蒙古社会科学》2003 年第 1 期，《论明代忠顺营官军的命运变迁》，《中州学刊》2009 年第 6 期；周松：《明朝北直隶"达官军"的土地占有及其影响》，《中国经济史研究》2011 年第 4 期；奇文瑛：《论明初卫所制度下归附人的安置与任用》，《民族研究》2012 年第 6 期等，不一一列举。
[②] 马明达：《明代广州的"达官兵"》，《回族研究》2005 年第 3 期。

程，并探讨达官军对两广地区社会及族群关系产生的影响，不当之处，祈请方家指正。

一、明初故元官军在两广地区的安置

明初，被安置在两广地区的归附人主要是故元降将及其部属。明朝建立后，大批故元官军先后归降。洪武二十年（1387）六月，盘踞在金山的北元将领纳哈出被宋国公冯胜、右副将军蓝玉所率明军包围，纳哈出投降，明军俘获四万多人，"并得其各爱马所部二十余万人、羊马、驴驼、辎重亘百余里"。① 洪武二十年九月，"纳哈出及诸王哥列沙、国公观童及故官帖木儿不花等至京。纳哈出入见，上抚慰甚至，赐以一品服，封为海西侯。……其所部官属悉赐衣服、冠带有差，第其高下，授以指挥、千、百户，俾各食其禄而不任事，分隶云南、两广、福建各都司以处之。"② 这是最早有关两广地区安置达官军的记录。这些纳哈出的部属归附后，被安置在云南、两广、福建各卫所，一方面可以有效削弱纳哈出的军事力量，防止其集结部属再次叛乱；另一方面将其部属授予军职，安置在地方卫所，也可以对其部属进行监督。

关于纳哈出部属在两广地区的安置情况，明代的官方资料中没有明确记载，无法考证。不过，洪武二十一年（1388）春正月，"鞑靼官军"姚曲里歹等在广西发生叛乱，"颍国公

① 《明太祖实录》卷182，洪武二十年六月丁未，台湾"中央研究院"历史语言研究所校印本，第2750页。
② 《明太祖实录》卷185，洪武二十年九月戊寅朔，第2775—2776页。

傅友德率辰、沅、贵州、普定等卫兵讨捕，寻平之"。① 这支叛乱的"鞑靼官军"是否就是安置在广西的纳哈出部属，明代文献中没有明确记载。不过，清人汪森在《粤西丛载》辑录了明代谢肇淛的《百粤风土记》中记载"洪武中，分置故元降将纳哈出、诸王哥烈沙及其官属于闽广，广西自是有达目"。② 因此，可以推测，这支叛乱的军队很可能就是投降不久就被朱元璋立刻派往广西安置的纳哈出部属。除了广西，奇文瑛先生根据云南卫所选簿中的记载考证了洪武二十一年云南右卫安置董哑哈帖木儿、六凉卫安置纳哈出属下头目魏把郎、永昌卫安置乔哈达孙等达官的情况。③ 此外，洪武二十九年（1396）三月，朝廷还下令给广东、贵州平越卫等地的"鞑靼军士"七百余户钞有差。④ 可见，洪武二十年朱元璋将纳哈出部属安置云南、两广、福建三地卫所的谕令得到了实施。不过，由于文献记载缺失，明初两广地区安置达官军的具体情况不甚清楚。奇文瑛先生认为由于达官军在明初经常被征调参与军事活动而导致伤亡，文献缺少有关达官军后人的记载，又加之频繁调动参与平定地方叛乱，因此，明初在两广等地区达官军的安置状况可能并未维持太久。⑤

的确，当我们考察明初两广地方社会形势时，从文献中经常可以看到两广地区土著民族发生动乱的记载，如洪武十九年（1386），广西"柳州府融县蛮贼五百余人群聚，剽劫

① 《明太祖实录》卷188，洪武二十一年春正月辛丑，第2816页。
② 汪森辑：《粤西丛载》卷24《蛮种土司·达目》，梅雪堂藏版。
③ 奇文瑛：《明代卫所归附人研究：以辽东和京畿卫所达官为中心》，中央民族大学出版社，2011年，第39页。
④ 《明太祖实录》卷245，洪武二十九年三月壬戌，第3553页。
⑤ 奇文瑛：《明代卫所归附人研究：以辽东和京畿卫所达官为中心》，第40页。

广西，布政使司右参政耿文彬率民兵会桂林右卫指挥韩观军
剿平之"。① 洪武三十一年（1398），广东肇庆府德庆州西山瑶
乱，"命指挥王浚等讨平之"。② 为平定动乱，除了两广卫所
军队被征调外，其他地区包括达官军在内的卫所军队也被派
往广西等地区，如洪武二十八年（1395），为讨平广西龙州
土官赵宗寿的叛乱，朝廷"诏发湖广、江西所属卫所马步官
军六万余及诸卫达达官军，各赍三月粮，期以秋初，俱赴广
西从大军征进龙州奉议等处"。③ 可见，明初两广地区不仅作
为安置故元官军的地区之一，也是其他卫所达官军参与军事活
动的地区。

二、《武职选簿》所见明中期两广地区的达官军

1. 明中期两广地区的局势与朝廷的应对

永乐、宣德年间，由于朝廷实施积极的优养政策，东北、
西北及北方的女真、鞑靼、回回等大批少数民族内迁归附，许
多人被安置在南北二京附近的卫所中，如锦衣卫、保定诸卫
等。④ 一方面朝廷优待这些归附的少数民族要耗费大量的财政
收入，另一方面，被安置的达官军经常违法犯罪，抢占土地、
劫掠民财等，尤其是在两京及京畿附近卫所安置大量达官军，
对京城安全构成了威胁。因此，两京及地方官员上书皇帝希望

---

① 《明太祖实录》卷 177，洪武十九年春正月己卯，第 2676 页。
② 嘉靖《德庆州志》卷 2《事纪》，嘉靖四十年刻本。
③ 《明太祖实录》卷 238，洪武二十八年夏四月乙巳，第 3473 页。
④ 奇文瑛：《论明初卫所制度下归附人的安置与任用》，《民族研究》2012 年第 6 期。

引起重视，如正统元年（1436）三月，湖广布政司检校程富上书说："今归顺达官人等日累月增，动以万计，固难阻向化之心，亦当防未然之患。乞敕兵部将新降附者量赐赍装，遣往江南卫所，既省京师之廪食，且杜华夏之厉阶矣。"[①] 而吏部主事李贤把问题考虑的更为严重，他认为京师附近达官军近万人，每月俸米耗费巨大，军民为将俸米运至京师付出巨大代价，而达官坐享俸禄，若省下供养达官的费用，则"可以全生民之命，可以赡边军之给，可以足京官之俸"。且"近日边尘数惊，而达官群聚京师，臣常恐惧而不安寝，伏愿陛下断自宸衷，为万世长久之计，乞敕兵部将达官渐次调除天下各都司卫所，彼势既分，必能各安其生，不惟省国家万万无之费，而又消其未萌之患矣。"[②] 可见，朝廷大臣对达官军日益增多所造成的负面影响已经有所防范。因此，明中期，两京卫所达官军被派往一些地区参与军事活动的情况逐渐增多。

明中期，由于两广地区社会形势的动荡，两广卫所军队不能应对，朝廷调集了南京、湖广等地卫所军队进入两广地区作战，其中一些卫所的达官军也被征调。自永乐朝开始，朝廷虽然对两广地区的土著民族采用积极的招抚政策，广西土官、广东瑶首纷纷前往都城朝贡归附，但两广地区土著民族叛服不常的局面依然是朝廷棘手的问题。如宣德五年（1430），广西浔州府大藤峡等地的瑶人凭借山险四处劫掠乡村，至正统元年，朝廷征剿大藤峡瑶人的官军出现不足的情况，总兵官、右都督山云上奏，要求"调广东都司官军二千人来听调"。[③] 正统末

---

① 《明英宗实录》卷 15，正统元年三月庚寅，第 297 页。
② 《明英宗实录》卷 25，正统元年十二月庚寅，第 510—513 页。
③ 《明英宗实录》卷 16，正统元年夏四月丙午，第 309 页。

年，广东地区又发生了黄萧养之乱，虽然很快平定，但由此引发的社会动荡一直持续。因此，为协调两广地区军务，景泰三年（1452），朝廷设立两广总督，以改变广西、广东两地总兵互不统属，互不应援的状况。① 据兵部在天顺元年（1457）的统计，自正统七年（1442）至景泰七年（1456），朝廷派往云南、广东等地的达官、达军共一千八百多人。天顺元年，英宗认为"此达官、达军多与朝廷效力，始因地方未宁，就留彼处住扎，听调杀贼，中间亦有不挈家室者，在彼年久，恐致失所，俱仍取回原安插地方，听其休息"。② 可见，达官军被征调他处作战，只是临时性的派遣。

天顺初年，英宗开始积极应对两广地区几乎失控的局势。镇守广东太监阮随上奏英宗，认为朝廷此前对两广地区用兵，效果却不明显，皆"缘地里辽远，且两广军马，不相统属，未易成功"。③ 此外，广西总兵官、安远侯柳溥"继山云之后，不能守其成规，过于宽纵，纪律不明，下不用命，遂致瑶僮相扇而起，日益滋蔓"。④ 天顺五年（1461）二月，朝廷命颜彪为征夷将军，并征调南京、江西及直隶九江等卫官军一万多人前往两广地区。同年四月又派游击将军、都督同知和勇统领两京达官、旗军九百五十余人前往两广，以都指挥杨麟、章能、廉忠会同总兵官颜彪计议调度。⑤ 其中廉忠作为南京抚管夷人都指挥同知率南京卫所中四百六十六位达官军前往两广地

---

① 《明英宗实录》卷218，景泰三年秋七月乙未，第4697—4698页。
② 《明英宗实录》卷280，天顺元年秋七月丁丑，第6012页。
③ 《明英宗实录》卷325，天顺五年二月丙申，第6719页。
④ 《明英宗实录》卷326，天顺五年三月癸丑，第6727页。
⑤ 《明英宗实录》卷327，天顺五年夏四月庚辰，第6738页。

区。^① 关于和勇率领的这批两京达官旗军的详细情况，尚未有专文论述。不过，2001 年由中国第一历史档案馆、辽宁省档案馆选编、广西师范大学出版社出版的《中国明代档案总汇》中收录的明代军事卫所档案《武职选簿》中记载了其中一些达官军的情况。

2. 天顺五年征进两广之达官军

现存明代档案《武职选簿》中记载了天顺五年被征调到两广地区参与军事行动的达官军，主要包括北京锦衣卫、南京锦衣卫、金吾右卫等卫所，下面按不同卫所分别论述这些达官的情况。

（1）北京锦衣卫。锦衣卫属亲军指挥使司管辖，是皇帝亲军之一，南北二京均设，也是安置达官的主要京卫之一。据《锦衣卫选簿》，天顺五年被征调到两广地区的锦衣卫达官有十四名。下举几例：

> 黑厮，迤北达子。父脱脱于宣德六年来归，锦衣卫带棒。黑厮袭职，天顺七年以两广功升都指挥佥事，更名王鉴。^②
> 王朵罗秃，辽东人，锦衣卫镇抚司正千户，天顺五年，两广功升指挥使。^③
> 金玉，原名亦不剌金，迤西人。天顺元年来降，六月

---

① 《明英宗实录》卷 327，天顺五年夏四月壬申，第 6736 页。
② 中国第一历史档案馆、辽宁省档案馆选编：《中国明代档案总汇》（第 49 册）《锦衣卫选簿》，"王炳"条，广西师范大学出版社，2001 年，第 329 页。
③ 《锦衣卫选簿》，"王定"条，第 334 页。

实授百户，送锦衣卫镇抚司带俸。天顺五年，两广获功升副千户。①

灰儿，迤北人，其父卜赛赤，宣德九年来降，功升副千户。灰儿承袭，天顺五年两广功，屡升指挥佥事，更名马俊。②

失剌纳，迤北人，正统三年来降，送锦衣卫镇抚司带管，屡升副千户。天顺五年，两广功。子伯孛罗承袭，改名白祥。③

打打龙答，迤北人，父鲁都里永乐八年招谕赴京升指挥佥事，九年送锦衣卫镇抚司带俸。打打龙答袭，天顺五年，两广功。成化元年两广功，二年升指挥使。④

阿木儿，山后达达人，父阿怜帖木儿永乐二十二年来降。阿木儿袭职，任锦衣卫镇抚司达官副千户，天顺五年两广功，天顺八年升正千户。⑤

此外还有马黑麻迭儿必失（迤北人）、小兰（迤北人）、忽剌忽里（山后人）、剌那孩、伯牙速郎（迤北人）、黑厮（迤北人）等达官。

（2）南京锦衣卫。南京锦衣卫也有十六位达官被调往两广地区，这些达官主要来自镇抚司，下举几列：

卜答赤，山后人。天顺二年调征，获功一级，由正千

① 《锦衣卫选簿》，"金栋"条，第334页。
② 《锦衣卫选簿》，"马铠"条，第368页。
③ 《锦衣卫选簿》，"白洵"条，第372页。
④ 《锦衣卫选簿》，"李杲"条，第402页。
⑤ 《锦衣卫选簿》，"平衢"条，第435页。

户升指挥佥事；天顺七年，据两广功劳，例升一级，由指挥同知升指挥使。其子陈永，成化二年，袭职带俸达官指挥使。①

宗失加兀力加，山后人，其父火脱赤，曾任辰州卫中所达官正千户。景泰六年，宗失加兀力加承袭，于两广获功，由带俸达官指挥佥事升指挥同知。②

把秃，山后人，其父控可采，宣德六年来降，升镇抚司实授百户。正统七年，征云南麓川有功，升副千户，故。把秃袭职，天顺五年，征两广，在广东高州阵亡。③

除此之外，《锦衣卫选簿》记录在天顺五年派往两广地区的达官如下表1所示。

表1：天顺五年征调两广地区南京锦衣卫达官表

姓名	籍贯	武职	功次	承袭
猛可帖木儿④	回回人	镇抚司带俸指挥佥事	天顺五年，征进两广阵亡，例升一级	一辈：猛可帖木儿 二辈：狗儿 三辈：俺克苦竹 四辈：也先脱罕 五辈：脱脱鸾 六辈：王国臣

① 《燕山左卫选簿》，"陈镗"条，第51册第345—346页。
② 《南京锦衣卫选簿》，"宗辅"条，第73册第10—11页。
③ 《南京锦衣卫选簿》，"马钦"条，第30页。
④ 《南京锦衣卫选簿》，"也先脱罕"条，第37页。有关猛可帖木儿阵亡及其子狗儿承袭情况，《明宪宗实录》卷11："（天顺八年十一月），命两广杀贼阵亡达官南京锦衣卫带俸指挥佥事猛可帖木儿子狗儿袭升指挥同知"。

续上表

姓名	籍贯	武职	功次	承袭
脱脱帖木儿①	达达人	镇抚司带俸副千户	天顺五年，征进两广阵亡，例升一级	一辈：脱脱帖木儿 二辈：脱脱苦竹 三辈：脱雄 四辈：脱辅
满得罗②	达达人	镇抚司	天顺五年，两广阵亡，例升一级	一辈：满得罗 二辈：扯住儿
轸克③	女直人	镇抚司镇抚	天顺七年，两广阵亡	轸克之子剠卜哈
革来干④	达达人	镇抚司带俸试百户	天顺七年，两广阵亡	一辈：革来干 二辈：丁住儿
卜儿罕丁⑤	回回人	镇抚司实授百户	天顺五年，两广等处有功	一辈：卜儿罕丁 二辈：者马七 三辈：哈密丁 四辈：喜剌儿丁 五辈：哈陆儿 六辈：韩辅
答剌苦咄⑥	山后人	镇抚司带俸达官所镇抚	天顺五年，征两广有功	一辈：答剌苦咄 二辈：猛可

---

① 《南京锦衣卫选簿》，"脱脱苦竹"条，第45页。
② 《南京锦衣卫选簿》，"脱脱帖木儿"条，第56页。
③ 《南京锦衣卫选簿》，"剠卜哈"条，第61页。
④ 《南京锦衣卫选簿》，"丁住儿"条，第62—63页。
⑤ 《南京锦衣卫选簿》，"韩辅"条，第68页。
⑥ 《南京锦衣卫选簿》，"乃儿不花"条，第73册第68—69页。

续上表

姓名	籍贯	武职	功次	承袭
掌都不花①	未知	镇抚司带管总旗	天顺五年，两广阵亡	一辈：掌都不花 二辈：谎牛儿
薛列②	女直人	镇抚司带管头目	天顺五年，两广阵亡	一辈：薛列 二辈：你塔答
尚都罕③	达达人	镇抚司	两广获功	一辈：尚都罕 二辈：斗保儿
锁坛写④	回回人	镇抚司带管头目	两广获功一级例升试所镇抚	一辈：锁坛写 二辈：火者火赤
乩烟虎力⑤	山后人	镇抚司带俸试所镇抚	两广获功	一辈：乩烟虎力 二辈：马儿罕

（3）金吾右卫。金吾右卫也是皇帝亲军卫之一，天顺五年被征调到两广地区的达官军多为山后人，明初其祖先多为归附充军，参与靖难之役立功后升任卫所军官。如以下几例：

> 李黑儿，山后人，其曾祖忽鲁克于洪武十七年归附充军，后在靖难之役中立功升正千户，其祖父鬼力赤承袭后为永清左卫指挥同知，洪武三十五年攻占南京之役立功后升任武成后卫指挥同知，后改任金吾右卫指挥同知，其父朵罗秃，其兄李广全在正统十四年土木之变后不知所踪，

---

① 《南京锦衣卫选簿》，"谎牛儿"条，第70页。
② 《南京锦衣卫选簿》，"你塔答"条，第71页
③ 《南京锦衣卫选簿》，"斗保儿"条，第71页。
④ 《南京锦衣卫选簿》，"火者火赤"条，第71—72页。
⑤ 《南京锦衣卫选簿》，"马儿罕"条，第72页。

由李黑儿承袭，天顺五年，李黑儿因两广功升任指挥使。①

王宣，山后人，其父阿儿脱于洪武二十二年归附充军，在靖难之役中屡次立功，升济州卫前所正千户，后改金吾右卫左所。永乐八年因功升指挥佥事。王宣天顺五年由两广功升指挥使。②

锁住马，山后人，其祖父不知歹，洪武年间归附充军在苏州卫，在靖难之役中立军功升任青州左卫副千户。其父回军，正统元年归附金吾右卫中所带俸。锁住马，天顺五年两广功升正千户，被赐姓钟。③

张成，山后人，祖父那哈来洪武二十四年归附，其父张呼伦赤参与靖难之役，功升金吾右卫前所百户，故。张成承袭，天顺五年两广功升副千户。④

以上根据《武职选簿》所统计的达官仅仅是前往两广地区达官军的很少一部分，由于资料的限制，暂还不能考证出其他卫所达官在两广的活动情况，不过根据以上三个卫所武官的资料也能大致看出这些达官的籍贯及其家族情况。

首先，这些达官来源较广，主要是迤北、山后、达达、回回和女直人，相当于今天的蒙古草原、西北、新疆及东北地区，这些地区也是明代归附人的主要来源地；其次，这些达官多以父辈武职承袭，父辈多在明初归附，有些参与靖难之役获

---

① 《金吾右卫选簿》，"李天赐"条，第50册第16页。
② 《金吾右卫选簿》，"王助"条，第38页。
③ 《金吾右卫选簿》，"钟学"条，第332页。
④ 《金吾右卫选簿》，"张成"条，第457页。

功，跻身武官行列，其承袭武职，或实授、或带俸，在参与两广军务后，大多因功升迁或阵亡后授予其子武职；最后，一些达官家族因两广功被赐汉姓或主动改姓，但也一些达官家族始终未改汉姓，保持其少数民族姓名特征。

有关这些达官军在两广地区活动的情况，史料记载不是很详细。天顺五年，颜彪所率大军进驻广西大藤峡之后，进剿龙山等处瑶人，并先后在广西浔州府、梧州府，广东廉州府、潮州府等处作战，"所向无（不）摧折"。① 天顺六年（1462）十二月，英宗鉴于两广地方稍宁，况地方烟瘴，官军不宜久留，便要求官军还京。② 但达官军还京不久，边报已至，广东雷、廉、高、肇四府被广西流贼劫掠，不得安宁，因此，天顺七年（1463）九月，英宗在得到巡抚广东右佥都御史叶盛再次征调达军进军两广的请求后予以拒绝，要求叶盛会同广西官军全力剿贼。③ 不久，巡按广东监察御史王朝远上奏说："广西流贼越过广东界，十郡疆域，残毁过半，田亩荒芜，遗骸遍野。……今贼徒日益延蔓，过广东者已至江西，在广西者又越湖广。……时副总兵范信亦会巡按三司等官奏称，贼党众强，又多乘马，我军单弱，反止步队，猝于平地遇贼，步不足以当骑，自来官军取胜，全藉达军骑射，乞调达军，委都指挥廉忠统领，仍乞照广西事例，选卫所旗军有丁力者优免余丁三名，令自备鞍马，协同达军征讨"。④ 成化元年（1465）元月，朝廷再次派遣官军前往两广地区，由中军都督同知赵辅佩征夷将

① 《明英宗实录》卷 340，天顺六年五月庚子，第 6908 页。
② 《明英宗实录》卷 347，天顺六年十二月丙寅，第 6692 页。
③ 《明英宗实录》卷 357，天顺七年九月壬午，第 7124 页。
④ 《明宪宗实录》卷 13，成化元年春正月甲子，第 280—281 页。

军印充总兵官，右都督和勇充游击将军，浙江布政司左参政韩雍升都察院左金都御史赞理军务，不久又派南京抚夷都指挥廉忠统领达官军四百六十人，协同都督和勇征两广。①

3. 成化元年征进两广之达官军

成化元年被征调前往两广的达官主要来自两京锦衣卫、保定诸卫所、鹰扬卫、金吾右卫等，《武职选簿》所载达官军见下表2。

表2　成化元年征进两广达官表

姓名	原籍	武职	功次	承袭
亦不剌金②	迤西人	天顺五年两广功升锦衣卫副千户	成化二年，两广斩首三颗，升正千户，成化十一年，改名金玉	一辈：亦不剌金 二辈：金铭
皂狗儿③	山后人	锦衣卫镇抚司流官指挥佥事	成化元年两广功升指挥使；成化五年，征两广浔州功升指挥佥事	父：猛可秃
勺罗该④	迤北人	锦衣卫指挥佥事	成化元年从征服两广，功升指挥同知。九年，改名孙贵	一辈：哈答孙 二辈：勺罗该 三辈：孙升

① 《明宪宗实录》卷14，成化元年二月己丑，第317页。
② 《锦衣卫选簿》，"金栋"条，第334页。
③ 《锦衣卫选簿》，"皂狗儿"条，第418页。
④ 《锦衣卫选簿》，"孙臣"条，第420—421页。

续上表

姓名	原籍	武职	功次	承袭
朵罗秃①	迤北人	锦衣卫副千户	成化二年两广功升正千户	一辈：朵罗秃 二辈：金玉 三辈：金福寿
革干孛罗②	迤北人	锦衣卫所镇抚	成化元年两广功升百户	一辈：革干孛罗 二辈：马英
阿讨剌③	哈密人	锦衣卫都指挥佥事	成化元年大藤峡功升都指挥同知	一辈：哈只阿力 二辈：阿讨剌
康洪④	达达人	锦衣卫所镇抚	成化元年两广功升实授百户，三年广西博白县有功，五年升副千户	一辈：帖木儿哈牙 二辈：尹弩台 三辈：康洪
忽剌兀歹⑤	达达人	南京锦衣卫镇抚司带管头目	成化元年两广阵亡	一辈：忽剌兀歹 二辈：朵罗台
脱完卜干⑥	达达人	南京锦衣卫镇抚司带管头目	成化元年两广阵亡	一辈：脱完卜干 二辈：那孩

---

① 《锦衣卫选簿》，"金福寿"条，第427页。
② 《锦衣卫选簿》，"马佑"条，第434页。
③ 《锦衣卫选簿》，"白廷圭"条，第449页。
④ 《锦衣卫选簿》，"康宝"条，第489页。
⑤ 《南京锦衣卫选簿》，"朵罗台"条，第73册第72页。
⑥ 《南京锦衣卫选簿》，"那孩"条，第72页。

续上表

姓名	原籍	武职	功次	承袭
歪剌舍①	达达人	南京锦衣卫镇抚司带俸头目	成化元年两广阵亡	一辈：歪剌舍 二辈：木奈
卜养秃者②	达达人	南京锦衣卫镇抚司带管头目	成化元年两广阵亡	一辈：卜养秃者 二辈：奴木儿
吉良兀③	未知	南京锦衣卫镇抚司带管头目	成化元年两广获功一级	一辈：吉良兀 二辈：广儿
王瑀④	山后人	保定左卫中所达官副千户	成化元年十一月因随都督同知赵辅、左金都御史韩雍等征剿两广功升正千户	一辈：里察儿 二辈：典歹失 三辈：王瑀
张全⑤	山后人	保定左卫左所安插达官	成化元年两广功升实授百户	一辈：张全 二辈：张永 三辈：张隆
者喇台⑥	塔滩人	保定左卫前所小旗	两广功升总旗	一辈：者喇台 二辈：石全

---

① 《南京锦衣卫选簿》，"木奈"条，第73页。
② 《南京锦衣卫选簿》，"奴木儿"条，第73页。
③ 《南京锦衣卫选簿》，"广儿"条，第73页。
④ 《保定左卫选簿》，"王永昌"条，第68册第267页。
⑤ 《保定左卫选簿》，"张勋"条，第278—279页。
⑥ 《保定左卫选簿》，"石纪"条，第316页。

续上表

姓名	原籍	武职	功次	承袭
嵬卜男忙哥儿①	山后塔滩人	保定左卫左所总旗	成化二年两广功升试百户	嵬卜男忙哥儿 杜宣
杨俊②	山后人	保定中卫前所	成化二年两广征进斩首五颗升小旗	一辈：忍布 二辈：杨俊
昔昔耳魂③	山后人	保定前卫后所	成化二年广东新兴县斩首一颗，升总旗	一辈：柴标直 二辈：昔昔耳魂 三辈：柴云
阿史都④	宜良县	鹰扬卫指挥金事	成化元年广西荔浦县斩首三颗，升指挥金事，成化十年，赐柯姓	一辈：阿剌不花 二辈：阿剌帖木儿 三辈：阿史都
吕铭⑤	山后应昌府人	金吾右卫指挥金事	成化元年两广大藤峡有功，成化二年升指挥同知	一辈：长吉 二辈：卜颜帖木儿 三辈：吕铭

　　上表中仅仅列出了二十位达官的姓名及履历，他们来自七个卫所，其中南北二京锦衣卫、鹰扬卫、金吾右卫均为皇帝亲军卫，而位于京畿战略要地的保定前、左、中三卫是明代安置

---

① 《保定左卫选簿》，"嵬卜男忙哥儿"条，第316页。
② 《保定中卫选簿》，"杨清明"条，第442页。
③ 《保定前卫选簿》，"柴官"条，第69册第87页。
④ 《鹰扬卫选簿》，"柯继宗"条，第74册第282页。
⑤ 《金吾右卫选簿》，"吕仁"条，第50册第41页。

达官的主要卫所，这些卫所官军曾多次被征调各地参与军事行动。这批达官以山后人、达达人为主，还有塔滩人，塔滩之地包括今天阴山山脉西段及宁夏贺兰山以北区域，是蒙古人在漠南活动的主要区域之一。[①] 而山后即燕山北部，草原之地，其民无异于蒙古人。迤西多指嘉峪关以外的吐鲁番、撒马尔罕及哈密、沙洲等西域之地。山后人、迤北人都是指阴山山脉以北的蒙古人。[②] 可见，这些达官军中蒙古人占多数。

如同天顺五年征进两广的达官军一样，这批达官军本是临时性调遣，但两广地区的形势却使他们长期驻留，首先是大藤峡瑶乱并为完全平息，达官军仍要继续征战。成化二年（1466）三月，赵辅、韩雍等人上奏说征进两广大军水陆并进，已经攻破广西大藤峡，并将大藤峡改为断藤峡，但皇帝考虑"山洞深峻，今虽平定，倘他日复聚，必为后患。……待两广盗贼悉平，地方宁静之日，即具奏班师"。[③] 因此，这批官军并未马上班师，此后，征进大军在广西郁林、博白，广东高州府阳江县等地作战，至成化二年四月"原调湖广、广西土兵寻已放还，汉达官军尚留境内，其未殄余贼，旋即戡定。"[④] 待到六月"两广贼寇平，命监督军务太监卢永，总兵官、都督同知赵辅班师，仍命太监陈瑄镇守广东，游击将军、右都督和勇统达军留广东驻扎，巡抚两广左佥都御史韩雍提督军务，抚剿残贼。"[⑤] 和勇所率达官军仍然留在广东继续作战。

由于远离安置卫所，许多达官军并无心思在两广地区长期

---

① 周松：《塔滩新考》，《中国边疆史地研究》2009 年第 4 期。

② 张鸿翔：《明代各民族人士入仕中原考》，中央民族大学出版社，1999 年。

③ 《明宪宗实录》卷 27，成化二年三月壬戌，第 542—544 页。

④ 《明宪宗实录》卷 29，成化二年夏四月乙丑，第 579 页。

⑤ 《明宪宗实录》卷 31，成化二年六月甲辰，第 613—614 页。

征战，希望早日班师。成化五年（1469）闰二月，鉴于两广局势稍宁，镇守广东太监陈瑄将达军思归的情况上奏皇帝，但皇帝认为"贼未尽宁，达军岂可分班？宜俱留听调，给与田屋、差人，并沿途应付口粮、脚力，送其家属完聚，令镇守等官加意抚恤之"。兵部官员则认为"达军家属，多在南、北直隶境内创买田屋，揆之人情，不能不安土重迁，乞遣官审问，其不愿者听；愿者亦乞量与绢布赏劳，以慰兵心"。①

　　另外一个转变是朝廷在广西梧州府设立两广总督府，此前设立于景泰三年（1452）的两广总督只是临时性职务，"事已即归，又非永设"。② 成化五年（1469）十一月，广东巡按监察御史龚晟、按察司佥事陶鲁等人上奏："两广事不协一，故盗日益炽，宜设大臣提督兼巡抚，而梧州界在两省之中宜开府焉。于是，起复雍为右都御史总督两广军务兼理巡抚，平江伯陈锐挂征蛮将军印充总兵官，与瑄开府于梧，两省巡抚都御史复革。自是而两广兵权悉归于三府矣。"③ 两广总督从此成为定职，全面负责两广地区军务。两广总督府下还设达官营，负责对征调达官军的管理和操练。不过，这批征进两广的达官军在成化七年（1471）还是被调回，起因是征进两广达官阿讨刺之母马氏等达官眷属"言其夫男从征克敌，驻扎广东，今越三年，艰苦万状，请还京以听调用"。④ 上表 2 中列有锦衣卫都指挥佥事、哈密人阿讨刺，是否是同一人尚不可考，而从上表 2 中所列达官及其后裔承袭情况可知，这批达官军应该被

---

① 《明宪宗实录》卷 64，成化五年闰二月丁卯，第 1301—1302 页。
② 刘尧海：《苍梧总督军门志》卷 1《开府》，万历年间刻本。
③ 《苍梧总督军门志》卷 1《开府》。
④ 《明宪宗实录》卷 92，成化七年六月庚申，第 1777 页。

调回原安置卫所。

三、从征调到驻留：达官军在两广卫所的分布

征进两广达官军被调回原卫后不久，成化七年（1471）十一月，总镇两广太监陈瑄上奏说：

> 两广自成化元年大军削平之后，奏留南、北二京达官，每遇征剿，藉其骑射之力，当先破敌。近日尽数取回休息，今两广猺、獞不时出没，有警恐致误事，乞将南北直隶、山东、浙江、福建等处各卫安插达官、旗舍、军余内调选与臣等调用。事下兵部议，谓宜于南京选调年力精壮、弓马熟闲者五十人，浙江一百人，福建并南直隶共五十余，许携家属赴两广安插随住。仍敕会同南京守备等官，并督同各该都司、卫所官依拟选调，给与军装、脚力，量为犒劳。仍严加钤束，送赴广东分投安插，听游击将军调度杀贼。①

此次到广东安插的达官共二百人，如果包括家属的话，人数更多，这批达官军主要来自南京、浙江、福建及南直隶等卫所。有关达官长期驻留安插广东事宜，早在成化二年官军平定大藤峡猺乱后不久，韩雍在一份处理善后的奏疏中对征进两广的四百余名达官军在广东的安置作出了安排，奏疏中说：

---

① 《明宪宗实录》卷97，成化七年冬十月丙戌，第1856页。

今看得调来随征南京达官都指挥使廉忠，所统达官都指挥你里哈答等四百余员名，见在广东地方截杀流贼，俱各弓马熟闲，又肯当先杀贼，今广东地方流贼虽已会兵剿灭，倘后或有生发侵犯，若留达官相兼官军截杀，必致贼徒闻风敛息，免致再劳动调官军征进。况前项达官安插在于南京，虚费廪粮，无益于事。合无将都指挥使廉忠并领达官你里哈答等四百余员名，俱存留于广东城安插居住。内廉忠仍于原带俸衙门带俸，达官都指挥于广东都司带俸，指挥等官于广州前卫带俸。俱着落广东三司等官，踏勘空闲地土，起盖房屋，拨与居住。内有家小者，乞敕南京守备官差官拨船，沿途应付行粮，下程起送，前来完聚。无家小者，着落三司设法措办官钱，代为聘娶。俱定与则例，按月厚其廪饩，供给下程柴草，冬夏给与绢布衣服靴帽。并着落廉忠加意抚治，不许剥削科害。但遇两广地方贼情警急，听调杀贼，有功照例升赏，诚为有意。①

韩雍在奏疏中不仅对达官军勇敢善战及对稳定两广局势的作用给予了很高的评价，对达官在广东卫所的安置也依据其职位而有所区别，还建议皇帝下令给广东地方官为达官在广东的

---

① 《苍梧总督军门志》卷 23《奏议一》。

生活给予充分照顾和优待。① 不过，《明宪宗实录》中却没有
这份奏疏的任何记载，而后世文献中和研究者多认为成化二年
达官军确实被安置驻留在广东。② 前文已述，达官军在成化二
年之后依然在两广各地征战，迟至成化七年才被调回原来安置
卫所，因此，成化二年达官军并未在广东都司及广州前卫安置
居住，而是迟至成化八年（1472），总镇两广太监陈瑄的意见
被采纳后，从南京、浙江、福建及南直隶等卫所再次征调的达
官军才长期驻留在广东，我们可以从以下一些卫所得到印证。

广东神电卫"达官营在神电卫西。成化八年，达人归附
安插于卫，年久故绝，见在达百户一员，有功达舍一名，无功
达舍二十四名"。③ 雷州卫"成化八年原调达官旗舍头目三十
员名，俱在城内西北隅安插。寻散，与府民杂处"。④ 廉州卫
达官大多也是成化八年调入，如辽阳人佟瑛，成化八年调入廉
州卫，任达官百户，后有功升署副千户；朵纶，成化八年从浙
江定海卫以达舍调入，以战功屡升总旗、试百户、实授百户、
副千户；哱啰，成化八年从高邮卫调入，征战有功屡次升迁，
到万历年间承袭四辈。⑤ 肇庆卫指挥使卜楼，哈密人，成化八

① 关于这份奏疏，朱鸿林教授通过对《平蛮录》（成化刻本，韩雍所著）、《苍梧总督军门
志》（万历本）、嘉靖《广西通志》、《粤西文载》等文献中的不同记载作了详细校勘考
订，奏疏中有关达官安置的内容《平蛮录》、《苍梧总督军门志》中的记载基本一致
（参见朱鸿林《文献足徵与文献阻徵：从韩雍处置大藤峡事宜的一封奏疏说起》，载《文
献》2010年第2期，第62—77页）。不过，黄佐《（嘉靖）广东通志》卷34《达官事
例》中详细记载有关这份奏疏经过皇帝以及兵部官员讨论决策的过程，皇帝同意了韩雍
等人的意见，兵部则会同广东三司官员拟定了安置达官的具体办法，但这份奏疏中所讲
的安置达官一事并未真正在成化二年实施。
② 道光《高要县志》卷9《经政略二》载："成化二年，都御史韩雍奏留回回官于广东。
于是，肇庆卫始有回回官。"一些研究论著中多引用此条材料以论证肇庆回族的来源。
③ 万历《高州府志》卷2《戎备》，明万历刻本。
④ 万历《雷州府志》卷12《达兵附》，明万历刻本。
⑤ 崇祯《廉州府志》卷6《经武志》，明崇祯刻本。

年其祖从浙江定海卫指挥使调入肇庆卫。① 肇庆卫德庆守御千户所在"成化八年，奉兵部叶郎中选调达官目舍共五十五员名前来，给与营房安插，陆续亡故。今见存指挥一员，百户一员，小旗二名，达头目二名，达舍八名。"② 成化八年，广州诸卫安置达官的情况不是很清楚，不过，广州前、后卫先后安置了来降的迤北蒙古人。如成化八年春正月"授来降虏人罕海为正千户，安置广州前卫。"③ 成化八年九月"北虏亭罗来降，贡马八十五匹，命为广州前卫副千户。"④ 成化九年（1473）五月"命来降迤北满都鲁太子平章哈失帖木儿为广东广州前卫正千户。"⑤ 成化九年冬十月"以降虏脱脱木儿、脱火台为广州后卫正千户，故察罕察儿子撒银帖木儿食百户俸，三人者皆迤北知院那孩部下平章也。"⑥ 到嘉靖年间，广州诸卫"见在食粮差调达官旗目二百八十五员名"。⑦

除了广东上述卫所外，广西桂林中、右二卫也是达官军较多的卫所。万历年间"桂林中、右二卫原额达官目军九十员名。见在达官目军妇婬幼共一百八十六名。中卫见在食粮达官一员，达总旗四名，达目五十四名，达军二名，达妇五口，老疾达目四名，达幼三十六名；右卫见在食粮达总旗三名，达小旗二名，达目四十二名，达军三名，达幼二十八名，达官幼舍一名，残疾达目一名。"⑧《桂林右卫选簿》正千户宛承祖条下

---

① 万历《肇庆府志》卷 15《兵防志一》，明万历刻本。
② 嘉靖《德庆州志》卷 13《兵戎》。
③《明宪宗实录》卷 100，成化八年春正月丙午，第 1937—1938 页。
④《明宪宗实录》卷 108，成化八年九月壬戌，第 2118 页。
⑤《明宪宗实录》卷 116，成化九年五月庚子，第 2245 页。
⑥《明宪宗实录》卷 121，成化九年冬十月己未朔，第 2334 页。
⑦ 嘉靖《广东通志初稿》卷 34《达舍》，明嘉靖刻本。
⑧ 万历《广西通志》卷 21《兵防志·达官头目》，明万历刻本。

记载："一辈宛者秃，达达人，正德四年（1509）获功由桂林右卫左所达实授总旗升试百户。嘉靖元年（1522），在广西桂林府古田县获功由达副千户升达正千户。二辈宛以勒，三辈宛承祖系桂林右卫左所故带俸达官正千户宛以勒嫡长男。"① 达官试百户哈只克，哈密回回人，正德十二年（1533）在广西荔浦获功，由桂林右卫中所达实授总旗升达试百户，其后裔哈金、哈国贤、哈忠华、哈应麒承袭不断，直到明末。②

这些被安置的达官军及其后裔在明代中后期不断被征调到两广地区作战，如正德初年，两广达官军被派往柳州府马平、洛容二县平定僮人的叛乱；③ 嘉靖四十二年（1563），两广达官军还被派往惠州、潮州等地与倭寇作战。④

从以上分析中可以看出两广地区达官军的分布呈现以下特点：一是达官军主要被安置在两广地区的首府或重要府县的卫所，如广州诸卫、肇庆卫，桂林中、右卫等卫所，这些卫所都位于两广最重要的城市中，可以为达官军提供较好的经济保障；二是广东西部沿海卫所也是重要的安置卫所。如神电卫、廉州卫、雷州卫。这些卫所虽位于广东，但地理位置靠近广西，一旦广西有军事行动，便于对达官军的调遣。

① 《桂林右卫选簿》，"宛承祖"条，第 58 册第 150 页。
② 《桂林右卫选簿》，"哈国贤"条，第 239 页。
③ 《明武宗实录》卷 40，正德三年秋七月己亥，第 936—937 页。
④ 《明世宗实录》卷 520，嘉靖四十二年四月乙亥，第 8523 页。

四、结语：达官军与明代两广地区族群关系

达官军是明代民族政策及军事制度下的特殊群体。朝廷本着怀柔远人的目的，积极接纳北方的少数民族，将其安置卫所，给予优厚待遇。但随着归附的少数民族数量的增加，尤其是在明中期先后发生土木堡之变、英宗复辟等重大政治事件之后，朝廷对于归附后的草原及西北少数民族有所忌惮。因此，朝廷利用他们善于骑射的军事优长，将他们不断被派往一些地方参与镇压地方社会的动乱，这样既稳定了地方社会的形势，也消除了达官军潜在的威胁。在这样的社会背景下，来自两京及其他卫所的达官军被征调到两广地区作战，这些达官军经历了从临时征调到长久驻留的过程，他们对两广地区的族群关系及社会产生了深刻的影响。

从族群关系来讲，明初以来朝廷对两广地区尚未归附的瑶、壮等土著民族采取了剿抚并用的策略，一方面将其纳入户籍里甲制度之中，使其成为国家编户或设立土官管理；另一方面，对于叛服不常的土著民族则派军队镇压。自永乐朝开始，两广地区的瑶、壮、畲等少数族群首领通过不断向朝廷纳贡表示对朝廷的归顺，尤其是在两广用兵频繁的英宗、宪宗时期，两广地区土官、瑶首前往京城朝贡也非常频繁。[①] 但对于引发社会危机的土著民族发动的动乱，朝廷还是采取较为严厉的处置措施。达官军在两广地区参与的军事活动，大大压缩了土著

---

① 宋永志：《明代广东瑶首朝贡探析》，《黑龙江民族丛刊》2016年第3期。

民族的活动空间，也影响了土著民族的地域分布，对地方社会产生了深刻的影响。

从达官军的构成来看，无论是征调或是驻留在两广的达官军主要以蒙古人为主，兼及回回人、女真人、哈密人、山后人等。一些达官军家族经历数代承袭，一些改为汉姓，从而淡化了其少数民族的身份；一些信仰宗教的少数民族则保留其宗教信仰，如嘉靖年间安置在广州左卫等卫所的达官军拥有三个礼拜寺，[1] 后来逐渐发展成为少数民族聚居的社区，对明清时地方的宗教生态和族群关系产生了深刻的影响。[2]

综上所述，通过对明代达官军在两广安插驻留的历史过程的考察，我们还可以进一步加深对明代卫所制度的理解，明代卫所制度虽然是一套军事制度，同时也可以看作是处理民族问题的一种制度和工具，明代统治者很好地利用了它。

广东省民族宗教研究院

---

[1]　嘉靖《广东通志初稿》卷 34《达舍》。
[2]　马强：《明清时期广州回族社区及其伊斯兰文化变迁》，《世界宗教研究》2004 年第 2 期。

明清都柳江下游地区"峒地"村寨演变历程与信仰空间建构*

黄　瑜

　　在中国乡村社会，信仰习俗和祭祀活动是普通民众日常生活的重要组成部分。把研究民间信仰祭祀活动作为理解乡村社会结构、地域支配关系和普通百姓生活的一种途径，已经越来越成为当前从事民间宗教研究、社会文化研究以及区域史研究的学者们的共识，不仅关注与民间信仰直接相关的思想内涵、仪式实践、神明形象、神庙体系等方面，也涉及与此相关联的家族组织、社区结构、社会文化、国家意识与观念等等多重面向，展现出民间信仰研究在揭示中国社会的内在秩序和运行"法则"方面，具有独特的价值和意义。[①]在历史学家与人类

＊　本文系国家社科基金青年项目"都柳江流域侗族民间历史文献的收集、整理与研究"
　　（项目编号：18CMZ016）、中国博士后科学基金第 64 批面上资助（一等）项目"清代以
　　来都柳江流域侗人'房族'组织研究"（资助编号：2018M640846）和中山大学历史人
　　类学研究中心承担教育部人文社科重点研究基地重大项目"山地、流域与族群社会：西
　　南民族地区的生态、文化多样性与社会变迁研究"（项目批准号：17JJD850004）的阶段
　　性研究成果。

① 将中国民间信仰作为具有普通民众视角的社会文化史学家与具有历史视野的人类学者共
　　同关注的重要研究对象，两本重要的论文选集著作可参看郑振满、陈春声主编《民间信
　　仰与社会空间》，福建人民出版社，2003 年；〔美〕韦思谛（Stephen C. Averill）编《中
　　国大众宗教》，陈仲丹译，江苏人民出版社，2006 年。

学研究者越来越关注以"大众"的实践活动为中心而展开的
社会文化现象作历时性过程之探求的同时，具有人文关怀的地
理学者也开始强调需要透过普通民众的日常生活去透视"人"
的实践活动对物质性"空间"的模塑与建构作用，并且指出
在社会形构过程中，应该思考"时间"与"空间"概念在不
同的历史与地理脉络中被塑造的方式。①然而，对于乡村中存
在的形态各异的祭祀场所与信仰空间本身的营建与变化过程，
以及其背后涉及的相关人、事、物等因素的思考，虽然目前已
经有一些相关的研究论著给予专门的关注与讨论，但仍然有进
一步探究的意义与空间。②

祭坛、庙宇、祠堂等这些中国乡村社会中常见的建筑景
观，既为身处其中的乡村民众提供祭祀实践活动的场所
（place），也作为一种与村落中与其他生产、生活空间相区别
的信仰空间（space）而被有意识、有目的地形塑与建构出来。
围绕着这些祭祀场所与信仰空间有着各种各样的传说、故事与
历史记忆的保存与书写，并且在不同的时间中上演着各种礼仪
实践活动，参与其中的各类人群展现出彼此之间的社会关系，
从而演绎出更为丰富而多层次的社会空间。那么，如何将这些
具体乡村聚落中于不同历史时期、因为不同原因和人群关系而
兴建起来的祭祀场所和其营造的信仰空间之变化过程，当作一
种可供解读和关联的"空间文本"，探讨这些祭祀场所的兴

---

① 相关研究论述参见〔美〕段义孚（Yi—Fu Tuan）：《经验透视中的空间与地方》，潘桂成
译，台北编译馆，1997；〔法〕亨利·列斐伏尔（Henri Lefebvre）：《空间政治学的反
思》，陈志梧译，包亚明主编《现代性与空间的生产》，上海教育出版社，1990年，第
59—75页；〔美〕大卫·哈维（David Harvey）：《时空之间——关于地理学想象的反
思》，王志弘译，包亚明主编《现代性与空间的生产》，第374—410页。
② 见劳格文、科大卫编：《中国乡村与墟镇神圣空间的建构》，社会科学文献出版社，2014
年。

建、信仰空间的营造与其背后所依存的村寨社会的历史进程之间的密切关系，是一个值得思索且饶有趣味的问题。笔者认为，祭祀场所其实是生活于其中的不同人群往来互动的中介与场域，在不同历史时期，乡村民众举行祭祀活动场所的营造与变化，折射出的是信仰人群主体之间在进行文化层面上的角逐与互动，透露出彼此之间的各种冲突或合作关系。某些个人或群体在不同历史时期建造祭祀场所、打造信仰空间，并且通过对其进行控制、管理与经营去影响其他群体在信仰体系和神灵观念上的集体认知与行为实践，而这些个人或群体围绕祭祀场所进行的管控活动又受到其身处的村寨社会在整个区域历史进程中更大影响的推动。

为了阐述对以上关系的思考，本文主要以坐落于西江上游的溶江和寻江交汇处旁山间"峒地"之中的"五百河里"村寨社区为例，通过考察村寨中供奉"三王"、关公、"萨"① 等神灵的祭祀场所的建构与变迁过程，以此来探讨这种围绕祭祀地点的村寨空间建构对地方人群的主体性身份认同以及文化权力形塑的作用，展现明代"怀远瑶乱"前后，都柳江下游流域与"瑶乱"有关的"峒"地村寨的重建与开发历程，以及不同族群之间的互动关系。

笔者以实地的田野调查和口述访谈，以及在村落中搜集到的家族文献为主要分析材料，重构当地村寨主要家族人群的迁移与发展过程，揭示影响都柳江下游地区"峒"地村寨的以信仰祭祀为中心的村寨空间形构的族群关系与历史因素，从而

---

① "萨"（sax）是当地人群对本土女性神灵的一种复合崇拜，"萨"在当地使用的"南侗"方言中是对"祖母（父之母）"的称呼，"萨堂"是祭祀这类女性神灵的祭祀场所。对"萨"崇拜的研究，详见后文分析。

探讨村寨民众的神灵观念和信仰体系的形成与变化如何受到不同权力主体和历史因素的影响与制约。本文将以信仰祭祀为中心空间建构置于村落发展的具体历史脉络中进行考察，将具体村寨中祭祀场所的兴建和信仰空间的营造，看作是一个被不同的族群主体在不同历史时期中反复形塑的文化实践过程，探究个人与群体在这一文化实践过程中如何建构起自己的主体性身份、认同与文化权力，而地域村寨社会观念又如何在这一过程中得以逐步形成。

一、"峒地"村寨的形成与发展

（一）地理环境和历史概况

　　和里、南寨位于溶江与寻江交汇旁的山间谷地之中，西面被青鹅岭（旧名天鹅岭）环抱，东面则背靠南寨岭，与老堡乡漾口村洋洞屯隔山相邻。整个聚落境内有两条由山间溪流汇流而成的小河，一条由东南流向西北名为王段河，另一条则由西流向东名为和里河，两条小河交汇后也流入寻、溶两江汇流之处的三江口。村落内分布着较为广阔的农田、耕地和山林，当地虽然海拔较高，稻米一年仅一熟，但相对地势较低，能够蓄积山间溪流，水利灌溉资源较为丰富，稻田之间散落着多处水塘，适合大量放养鱼鸭。村民长期以来还在山上大量种植茶子、桐子和杉木等传统经济作物，近年来也开始在山坡上大面积种植茶叶。这些山岭、河道、溪流、水塘的开发与利用，都与当地村民最基本的日常生产生活息息相关。

此外，由于寻、溶两江是三江县境内最主要的两条灌溉水源和航运河道，也是沟通湘黔桂三省的重要交通水道①，而这里正好位于两江交汇的水陆交通要道上，从寻、溶两江经水路而来的行旅、商贩或移民，可以在此处停船休息、获取补给、甚至买卖商品，大批量的商品和货物也可以在此停留、转运，改由陆路进入到沿岸以及山区的村寨中。因此，从明清以来，这里不仅被视为进入西江上游地区重要的水陆交通枢纽，而且作为商旅、货物的转运点，更成为峒地人群与山地人群沟通、往来甚至是冲突的交融地带。

从明代中期"怀远瑶乱"之后，这一地域就逐步发展形成和里②、南寨、欧阳、寨贡等四个自然村寨（详见图1）。明末清初以来，这些村寨中的各姓家族在信仰、婚姻、经济、公共建设、地方防卫等诸多方面都存在着复杂而多元的合作与竞争关系，因此逐步发展成为一个联系紧密的跨村落共同体，在当地民众中有"五百③和里"之称。

明代"怀远瑶乱"平定之后，在平乱主将郭应聘的奏议下，朝廷委派地方官员在当地瑶乱爆发的村寨实施"联束民瑶"政策。由于和里、南寨是当时"瑶乱"的主要爆发地，大量的当地"瑶寇"被剿杀或逃亡，因此"东岸、北岸应责之武生朱应旸，督内三甲之民承管河里、太平、南寨一带，外

---

① 从寻江由东北而上通林溪河可直通湖南通道、靖州一带，溶江则为贵州都柳江下游，向西溯流而上与贵州从江、榕江一带相连，向南顺流而下则汇入融江，南流入柳江后与红水河汇流为黔江，再在桂平与左江汇流入梧州，最后汇入西江干流。

② "和里"旧称"河里"，因民国十四年（1925）设团务总局于河里，团副徐楞以"河"字未协，更"河"为"和"，因此，民国十四年之前的官方文献都写"河里"，参见民国《三江县志》卷3《政治》，《中国方志丛书·华南地方》，台湾成文出版社，1946年影印本，第197页。

③ "五百"即五百户之意，目前该地区依然保持着580多户的人口规模。

三甲之民承管四港、东澪、波浪、塘堀一带……互相钤束，务保无虞。"① 由此可以推断，随着"联束民瑶"政策在地方上的展开，有相当一部分的"内三甲之民"去承管和里、太平、南寨一带的无主田产，并且搬迁进入该地居住且繁衍后代。由于"联束民瑶"政策是让具有正统性户籍身份的人群，去承管尚未被编入明王朝里甲户籍内人群的产业，因此这些能够被"民户"承管的产业必定是当时被剿杀或逃亡的"瑶寇"遗留下来的产业，而愿意前往"瑶窟"承管"瑶寇"产业的"民户"也应该是那些在原"三甲民"居住地没有足够田地可供耕种的人群。此外，"怀远瑶乱"平定之后，和里、南寨等村落也仍残留有相当数量的尚未逃亡、愿意归附朝廷的"瑶人"，所以郭应聘才会提出"联束民瑶"政策，使得"民"与"瑶"之间能够"互相钤束，务保无虞"。因此，明代的"瑶乱"及此后实施的"联束民瑶"政策，打破了当地原有的人群结构和分类模式，使得该地区在此后的人群迁移和聚落发展方面呈现出一种多元复杂的状况，并且在神圣祭祀空间的建构和信仰文化的模式上都逐步呈现出多层次和复合性的面貌。

（二）村寨的族群构成和发展脉络

和里旧称"河里"，在明代"怀远瑶乱"时便已经见著于官方文献记载，坐落于和里河的中游沿岸，目前主要由杨甲屯的杨氏和吴甲屯的吴氏两大姓氏人群组成，杂以伍氏、覃氏、程氏、陈氏等小姓家户。

和里杨氏于清道光年间开始兴建宗族组织，目前大概有

---

① 〔明〕郭应聘：《议怀永善后事宜疏》，《郭襄靖公遗集》卷4，《明别集丛刊》第三辑，黄山书社，2016年摹真本，第78页。

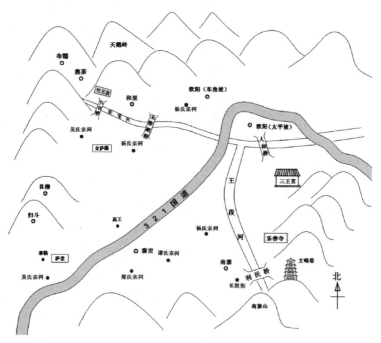

图 1　和里—南寨村落景观示意

40 户多户族人，该宗族内的主要成员与明代"怀远瑶乱"前
后的"瑶人"群体有着密切关系。明代平定"怀远瑶乱"之
后，地方官府曾设立六名土舍——名为"六刀瑶老"——以
管束诸瑶，而六名土舍之一的杨金亮就是当时和里的"瑶
老"。[①] 万历十九年（1591），苏朝阳任怀远县令时，还以其
"献地请城有功"，让其"世袭冠带"。[②] 土舍"瑶老"杨金亮

---

① 关于六名土舍的姓名和设立情况，详见（明）龚一清《善后六议》，民国《三江县志》，
第 574—580 页。

② "杨金亮，和里乡人，杨华太祖，献地请城有功，知县苏朝阳详请世袭冠带，事在明万
历十九年"，民国《三江县志》，封赠表，第 359 页。

的家族子弟也成为当地村寨最早接受儒学教育，掌握汉文书写能力的地方家族"士绅"。清代道光年间，和里"瑶老"杨金亮的裔孙杨华楼，就已经考取科举功名，成了柳州府的庠生，而杨华楼的子侄辈中，更是涌现出多名具有朝廷科举功名的新兴地方士绅，他们修缮祖先坟墓、排列字辈、撰修族谱，于清末民初兴建起宗族祠堂。

相比起和里杨氏的声名显赫，和里吴氏（30 户左右）的发展就显得平淡得多，出过一名清末地方团总及三名在当地任私塾先生的秀才。根据吴氏宗谱推算他们应该迟至光绪年间才开始组织宗族，修建宗族祠堂，目前主要分为四个分支公祖，除了家族人口的自然增殖之外，他们也通过吸收外来移居人群的方式来扩大宗族组织，如其中一支吴仁全公祖的后人是较晚迁居到和里的吴姓人群，由于与吴氏宗族中的塘边公组结拜为兄弟，2002 年才被正式吸收进入和里吴氏宗族。①

虽然和里杨氏和吴氏的口传记忆与文字记载，都显示出其宗族祖先是较早定居和里的本土人群之一，但是当地公认最早定居和里的"先民"是伍氏家族。该家族目前人口很少，只有一户家族后人，但是伍氏家族世世代代拥有祭祀与管理和里村中供奉"萨"的"金萨"（萨堂）的权力，在每年农历六月初六这一天举行祭"萨"仪式，邀请村中其他姓氏的亲友前来聚餐庆贺。杨氏和吴氏每年也都会定期举办"吃冬"（也称为"冬节"）活动，以此纪念家族祖先带领族人进入村寨定居，邀请亲朋好友前来聚餐，有所不同的是，杨氏的"吃冬"日是每年农历十一月初一，而吴氏的"吃冬"日是每年立冬

---

① 吴天良纂修《和里延陵堂吴氏宗谱》，第 43 页，和里村吴大贤藏。

后的第一天。和里村的覃氏、程氏、陈氏和伍氏等家族会被作为"客人"邀请参加"吃冬"活动，但覃氏、程氏和陈氏会在每年的农历七月十四日那天祭祀祖先和烧纸钱"送鬼"，并且回请杨、吴二氏中的亲朋好友前来聚餐庆祝。由此可以推知，在和里村寨居民的观念中，伍氏家族是目前村寨人群中最早定居此地的"先民"后代，杨氏和吴氏中的核心人群应该也是相继较早定居该地的原住人群之一（不排除某些后来迁入的人群，以改姓或联宗的方式依附到原住人群兴建的宗族当中），而覃氏、程氏和陈氏等家族则明显较晚迁居此地，是在族群划分和节庆习俗上仍然保持着自身特征的外来移民群体。

欧阳寨坐落于和里河的下游沿岸，该村主要以杨氏（45户）和曹氏（10多户）为主，杂以韦氏、龙氏、梁氏、陆氏等小户。

欧阳寨杨氏在民国年间兴建宗族，内部分为两大支系，一支名为"车角坡"族，一支名为"太平坡"族，均以其居住地为名。① 民国年间编纂《车角族识宗支谱》的收藏者杨德棽称：车角坡杨氏与太平坡杨氏为结拜兄弟关系，彼此之间不能通婚，清明节前一天共同到祠堂拜祭，但有各自的坟地，到坟地挂清时并不共同拜祭，而是各自前往自己的坟地祭拜。有趣的是，《车角族识宗支谱》内收录的一篇《新立宗支谱序》在叙述始迁祖情况时却提及，"车角坡"杨氏的始迁祖安华公与

---

① "民国二十一年，（车角坡族）承太平族相约，协力建筑宗祠三座，以酬先人恩德，费尽劳力人工，金钱不少，至民国二十八年，始告落成，取名曰同德堂，同年十一月廿一日入火，奉祖升龛"，杨日荫撰《新立宗支谱序》，民国三十年（1941）《车角族识宗支谱》，欧阳寨杨德棽藏。

和里杨氏始迁祖的安万公为兄弟关系①，但是后来两支杨氏不再维持所谓的"兄弟"关系，而是各自兴建宗族，彼此之间也可以通婚。清光绪年间，"车角坡"杨氏宗支下房第十四世出了个寿员杨荣槐②，由杨荣槐之子杨炳彰一代开始鼎建宗族，担任族长，建造宗族祠堂。③曹氏家族虽然目前只有十几户人，但关于其人群来源的叙述却与三江被称为六甲人④"十二大姓"之首的曹氏宗族有着密切关系。目前三江县内散居各村寨的曹氏人群以古宜大寨曹氏宗祠为中心，组成跨地域的联合宗族，共同追溯始祖为北宋嘉祐年间官拜总兵的曹槐公，欧阳寨曹氏家族将其始迁祖追溯到曹氏宗族第十四世的总成公，被认为是三江曹氏宗族总成公迁入欧阳寨的支脉，发展到如今已经是第二十八世。⑤如今曹氏家族后人毫不讳言其祖先为外来迁入者的身份，并且强调他们与散居三江境内各地的曹氏家族都有宗亲关系。

欧阳寨杨氏与和里杨氏一样，都是在每年农历十一月初一那天举办纪念家族祖先进寨的"吃冬"活动，这与《新立宗支谱序》一文中关于其始迁祖的追溯相呼应，欧阳寨杨氏宗

---

① "惟我杨姓，始祖安万、安华兄弟二人，即由泗江牙塘，伐木扎筏，渡河上岸，始入欧阳寨中，披荆斩棘，开基落业，昔因地宜人繁，我始祖安万、安华，表示分居各创基业，成立家庭团体，安万公率其亲属，迁往和里村居住，仅有我始祖安华公居在欧阳，并觅得车角坡"，见杨日荫撰《新立宗支谱序》。

② 见三王宫内碑刻，《光绪二十一年三王宫重修碑》，以及光绪年间立《欧阳甲捐钱》碑。

③ 见民国三十年（1941）《车角族识宗支谱》，欧阳寨杨德梿藏。

④ "六甲人"是指在清康熙十九年（1680）之后，怀远县地方官府设置的地方行政区划中所编的六个甲内居住的人群，他们与明代"怀远瑶乱"前后被称为"三甲民"的人群有关，他们拥有户籍和"民"人身份，被认为是与本地土著人群有别的"客居"人群，主要分布于溶江下游、寻江中、上游的沿岸村寨，见下辖的具体村寨可参见康熙《怀远县志》（手抄本，三江侗族自治县档案馆藏）第19—20页、嘉庆《怀远志书》（手抄本，三江侗族自治县档案馆藏）第26—29页、民国《三江县志》第209—218页。

⑤ 详见《古宜大寨寨诺曹氏宗谱》，1995年编纂，欧阳寨曹骏德藏。

族中的"车角坡"一支与和里寨杨氏宗族中的主要人群，应该都是明代"怀远瑶乱"之前就已经进入该地区的早期原住人群。欧阳寨中的其他姓氏家族没有"吃冬"的节庆活动，曹氏家族在每年春社日那天举行"吃社"活动，活动形式与"吃冬"类似，也是邀请亲朋好友前来聚餐庆贺，曹氏家族很有可能是"怀远瑶乱"之后才因为"联束民瑶"政策得以迁移进入欧阳寨居住的"三甲民"后代。明代"怀远瑶乱"中虽然没有名为"欧阳"的村寨，却有"太平"之名，而目前的"太平"一地就是"太平坡杨氏"族人的居住地，因此欧阳寨很可能是在"怀远瑶乱"之后，随着"车角坡"杨氏一支的发展和联合，以及"三甲民"曹氏的迁入才逐渐发展形成的村寨。

南寨则位于该区域另外一条重要河流王段河的中游沿岸，目前村内人群以上南甲杨氏（50多户）、下南甲杨氏（60多户）两大族姓为主，杂以欧氏、蒙氏、王氏、吴氏、叶氏、韦氏、庞氏等小姓家户。两个甲的杨氏人群彼此认同二者的祖先为兄弟，不但共同编纂宗谱，而且于光绪六年（1880）在南寨村内建造一座杨氏宗祠作为共同祭祀祖先的场所。据光绪年间《杨氏族谱》中收录的一份乾隆四十年（1775）所立的《管山场碑记》所述"溯源历代古传碑记流传，我杨姓原籍江西，始祖自老堡入杨洞山开业，次入南寨开基"，[1] 除了将始祖原籍追溯到江西之外，南寨杨氏人群曾经居住过的地方仅是一山之隔的老堡杨洞与南寨这两地。而且老堡杨洞（今老堡乡漾口村洋洞屯）一直被南寨杨氏视为祖居地，土改之前那

---

[1] 见光绪年间编纂《杨氏宗谱》，南寨杨盛玉藏。

里大部分的田地和山场都是属于南寨杨氏家族的，从别处迁移而来的许多外姓居民都依附于杨氏家族，成为其佃户为其种田。[①] 杨洞与明代“怀远瑶乱”中被当地“瑶寇”攻破的老堡仅一江之隔，平时两边有渡船往来，5—6 分钟即可乘船抵达对岸。而且根据官方史料记载，明代“怀远瑶乱”中的“瑶寇”与杨峝［洞］、和里、太平、南寨一带的本地人群都有着密切的关系。[②] 因此可以推测，目前定居于南寨的两支杨氏人群，大部分极有可能是明代“怀远瑶乱”之后从杨洞迁移到南寨居住的早期原住人群的后代。此外，南寨杨氏宗族在每年农历十一月初六日，也会隆重举办纪念家族祖先进寨的“吃冬”活动，显示出其与和里杨氏、吴氏，欧阳寨杨氏等人群均有着相同的族群习俗，而该村寨的其他小姓家族则只过农历七月十四日或八月十五日，作为区分族群身份的节庆活动。

寨贡紧邻南寨，两村中间以若干稻田为界，目前主要是梁氏（30 多户）、谭氏（20 多户）和吴氏（20 多户），与杨氏、覃氏、欧氏等小姓混居。据说寨贡最早主要是贾、王、彭等姓的“苗人”居住，后来其他的外姓人群逐渐迁居进入，“苗人”就渐渐搬迁到别处居住，所以寨贡目前是一个外姓杂居的村寨。寨贡内的梁氏、谭氏等家族，都追溯自己祖先外来迁

---

① 笔者前往老堡洋洞屯走访时发现，目前该村是典型的杂姓村，主要居住着王、覃、梁、潘等姓氏居民，除了王姓人数（20—30 户）较多之外，其他姓氏人口仅在几户至 10 多户，而且不会讲当地的南侗方言，只会讲官话（桂柳话），在民族身份上也全部都是汉族。

② “左哨把总李存忠兵冲其腹，右哨把总王槐兵沿涧直薄其后，贼遂大溃，弃金皷甲［胄］，越大粮岭，走官兵尽捣田寨、杨峝［洞］诸巢，追至县治。十五日，王世科报，遁贼北渡浔江，合太平、河里诸贼，集天鹅岭，锡乃以水兵截浔江，督诸路兵结舟尽渡，分哨前进。王世科率南丹兵，先过江抵南寨，贼从天鹅岭来冲，指挥江浚兵奋趋击之，枭被甲束带首二人，贼大败，奔聚腮江、独峝间。十九日，官兵乘胜追击，捣太平、河里，连破㮾口、蓬叶、三转、腮江、巴峝、猛团、七团诸巢，直抵靖州界，擒斩甚众。”详见（明）郭应聘《征复怀远》，《郭襄靖公遗集》卷 17，第 379 页。

入者的身份，并且纷纷于清末民初开始创建宗族，与外地村寨的同姓人群建立联宗关系、兴建祠堂。光绪六年，寨贡梁氏创建家祠名曰崇广堂，在兴建宗祠和纂修族谱的过程中，他们都得到了斗江梁氏的支持和帮助，并且与其建立联宗关系，奉斗江梁氏为始祖公襃长房保富公之后，自己则为次房保用公之后。[①] 寨贡谭氏宗祠于民国二十七年（1938）竣工，他们追溯自己的始祖曾经官居朝廷，后来弃职归田、潜隐乡间之间，始祖后代无法追溯，只知道从明朝以来，从江西发迹到粤、寄籍于庆远南丹，经历几代之后才有始迁祖谭明发上到怀远县丹阳洲，然后到白榍寨脉村，最后迁居寨贡，到民国时鼎建宗族时，已经有十多代人。[②] 村寨中的碑刻和宗族族谱均显示，寨贡谭氏在兴建宗族之前其实一直姓覃，在兴建宗族之后才将"覃"改为"谭"，说是为了恢复自己祖先因为逃难而改掉的姓氏。但是据《寨脉分支——寨贡谭氏宗支簿》[③] 显示，寨贡谭氏其实与和平乡寨脉村谭氏一直有联宗关系，并且还因此修改和续写了自己的宗支谱系，这让人不得不猜测其改姓之举是否与寨脉谭氏的联宗活动有关。寨贡村内的所有姓氏都不举行"吃冬"活动，只会以"客人"身份被和里、欧阳、南寨的杨、吴等姓人群邀请去赴宴，而他们通常都在农历七月十四日祭祀祖先，并邀请村内外的亲友前来做客。

通过对和里、欧阳、南寨、寨贡等四个村落中主要姓氏家族迁居和发展历程的追溯和比照，笔者得以对明代"怀远瑶乱"前后，"五百河里"所在地的族群结构的变化进行一个大

① 光绪年间修纂《梁氏宗谱》，三江县档案馆藏。
② 见民国三十二年（1943）《祠堂碑记》，立于寨贡谭氏宗祠内。
③ 见《寨脉分支——寨贡谭氏宗支簿》序言，2002 年 2 月续修，寨贡村民谭华铭藏。

致推断：和里的伍氏、杨氏、吴氏等家族，欧阳寨的"车角坡"杨氏和"太平坡"杨氏家族、以及南寨的上南甲杨氏和下南甲杨氏家族，应该是在"怀远瑶乱"之前就已经进入天鹅岭下的"峒地"居住的原住系家族人群，而欧阳寨的曹氏家族、寨贡的梁氏、谭氏、吴氏等家族，以及四个村落中的一些零散的小姓家户，则应该是在"怀远瑶乱"之后才逐步迁移进入该地定居的外来系家族人群。随着"瑶乱"之后外来移居人群的进入，必然会对村寨原有的社会结构和人群关系产生一定的冲击与影响，那么各村寨家族人群之间是如何调试彼此之间的关系，并且实现跨村落人群的重新整合与结群，最终形成后来当地村民观念中的"五百河里"这一地域村寨共同体呢？笔者发现，当地村寨的神灵祭祀场所与信仰空间的营造与变迁反映了这一地域范围中不同姓氏家族人群主体之间的互动与整合历程，从而展现了明代中期"怀远瑶乱"之后都柳江下游"峒地"村寨社会的再度开发与族群互动历史。

二、祭祀场所与信仰空间的营造与变迁

（一）三王宫：跨村寨人群的互动与整合

当地村落中最为宏大而精美的神明祭祀场所，就是建于和里河与王段河汇流之处旁山坡上的三王宫（见图1）。这里是和里、欧阳、南寨、寨贡四村民众共同祭祀土神"三王"的庙宇，三王宫建筑的位置不仅是流经当地的两条重要水源的交

汇之处，更是当地村落与外界交通的重要节点（见图2）。虽然"三王"在当地的信仰体系中是本土神明，但却由于在北宋时期得到朝廷皇帝的两次敕封而与王朝国家的政治权威象征有着密不可分的联系。① 因此，明代"怀远瑶乱"之后，县令苏朝阳将怀远县治由老堡迁到丹阳镇后的一个重要举措，就是于县城北门外洲头新建了一座三王庙，以示对当地民众信仰的认可与尊重。② 而被"瑶蛮"攻破的旧县城老堡隔江对岸，在此之前就一直建有供当地"土人"祭祀的三王庙，并且被地方官民认为十分灵验。③

　　和里、南寨三王宫创建的时间，地方志记载其建于明末清初④，当地民间也流传着关于三王宫是在明代"怀远瑶乱"之后，由于旧县城老堡附近的村寨人群被朝廷军队镇压而逃难至"五百河里"居住，而从原建于老堡对面"石门"边的三王庙迁建而来的说法。据当地碑刻记载，三王宫初建时规模很小，到了清乾隆年间，"诸父老"重建了正殿和二殿，这一时期的三王宫庙宇相对后世而言虽然相当简朴，但与当地传统的木结构建筑不同，已经是牢固的砖墙式建筑

---

① 北宋朝廷对立于柳州融江寨的三王庙"王口江神祠"进行过两次赐封："王口江神祠：在柳州融江寨，土人曰三王庙，神宗元丰七年八月，赐庙额顺应。徽宗崇宁四年，封一曰宁远王，二曰绥远王，三曰惠远王，庙中三神祖母，封灵佑夫人。"见（清）徐松辑《宋会要辑稿》，第820页。

② 雍正《广西通志》第2册卷42（凤凰出版社，2010年影印本，第67页）："三王庙，即夜郎王祠，在县北城外，明万［历］二十年知县苏朝阳建。"

③ 雍正《广西通志》（第300页）："大容江口，在老堡对面，两山对峙，有三王庙神最灵。"

④ 民国《三江县志》（第157页）："三王宫，在和里乡南寨，明末清初建，邑廪生杨植盛、庠生荣培元、杨华等，均撰有序。"

了。① 此外，当时的重建活动还得到附近平辽（今坪寮）对面的长安河口十多家商人的支持与参与，乾隆四十年他们集资定做了一口铜制大钟，捐赠并放置于三王宫内。②

图 2 和里三王宫和人和桥

虽然在此之前，三王宫就应该已经被当地原住人群作为祭祀本土神明"三王"的重要场所，然而其作为跨越村寨不同族群之间共同信仰的神明地位的确立其实也经过了一番波折，这其中折射出本地原住人群与外来"异姓"人群之间的斗争与力量角逐。随着明末清初外来人群的进入，三王宫周围坡地被某些"异姓"村民作为埋葬自己祖先的坟地，但这种进葬祖先的行为不但没有得到当地原住居民的认可，反而到了清代

---

① 同治七年（1868），杨植盛："自创庙伊始，历有年所矣，国初，诸父老重建正殿、二殿，俱砖墙，功程巩固，拮据犹存"，原碑无存，碑文由南寨杨盛玉抄录，见附录7同治七年《和里三王宫增修碑》。
② 杨文朴：《和里"三王宫""人和桥"的历史考证》，政协三江侗族自治县委员会编《三江文史资料》第6辑，内部印刷，2002年，第227—231页。

中期，在三王宫周围坡地进葬祖先坟墓的行为，越来越被当地村民视为是对他们公同信仰空间的一种侵犯。

乾隆五十九年（1794），和里、欧阳、南寨、寨贡等四村民众终于联合起来，采用"依古刻石，立碑限禁"的手段，对这一行为进行公开的明令禁止，当时所立的《限禁碑记》如下：

> 立限□河里、南寨、欧阳、寨贡村众议令当：
>
> 三王庙主，宪勒石永禁，□古神地，左右前后七坡，封堆十个，三王所管，并不许异姓一人侵占，逼近葬坟。因本年二月初二日祭神，得见新□封堆一个，众村连日查问不出，不知何人号堆。今众商议，依古刻石，立碑限禁，永远不许进葬，各将地名山向开列于左：
>
> 一限虎头坡三面峰午山子巳山亥二向封堆二个，□山□向封堆一个，□山酉向封堆一个；
>
> 一限新寨坡丑山未向封堆一个，□□限加□□□□向封堆一个；
>
> 一限高盘坡寅山申向封堆一个，限□庙□□山未向封堆一个；
>
> 一限欧阳寨于酉山卯向封堆一个，限龙王□酉山卯向封堆一个；
>
> 此坡神地，□来封限埋石号堆，不许一人侵占犯律，至今照旧刻碑，欲免永远我等后患也。
>
> 乾隆五十九年三月初三日吉立置①

---

① 见乾隆五十九年《限禁碑记》，立于三王宫内。

　　此碑刻反映出当时地方村寨中存在的两重矛盾：一是"三王"作为四个村寨人群共同遵奉的神明信仰与村内各家族祖先崇拜之间的矛盾，三王庙所建之地有"左右前后七坡"，内有"封堆十个"，表面在此之前其实当地已经存在"封堆进葬"的行为，而这些封堆却被认为是"三王所管"，可见这种在三王宫周边坡地进葬祖先的行为原来并没有立即被禁止，然而，随着"三王"在四个村寨民众信仰体系中地位的确立，其周围坡地就逐步被奉为"神地"，于是才有"封限埋石号堆"的规约；另一重矛盾是原住居民与"异姓"人群之间的矛盾，此时立碑限禁的导火索正是因为"本年二月初二日祭神，得见新□封堆一个"，却"众村连日查问不出，不知何人号堆"，于是勒石立碑"不许异姓一人侵占，逼近葬坟"。可见，当时围绕着三王庙周围坡地"封堆进葬"问题所产生的矛盾与纠纷，却正是促成河里、南寨、欧阳、寨贡等村的原住家族人群联合起来，将"异姓"家族人群的祖先坟墓限制于三王宫庙宇四周的"神地"之外，以此来保护原住人群在"三王"神明祭祀空间上的垄断权，并且进一步巩固"三王"崇拜在跨村寨信仰体系中的至高地位。该碑中"众村连日查问不出，不知何人号堆"一句，让我们充分感受到当时所谓的"异姓"人群在这场信仰空间争夺中所展现出来的弱势与屈从态度。因此，这场原住民与"异姓"移民之间信仰空间之争的结果，是以三王宫及其周围坡地为中心的祭祀场所，藉由公共规约的形式在四村范围内被正式确定下来，围绕着保护"三王"信仰空间所联合在一起的四寨各姓民众，也在日后逐步结成了一个跨村寨的"三王"祭祀圈。

　　那么，这些当时所谓的"异姓"人群主要指哪些人呢？

清雍正初年，中央王朝欲将都柳江上游当时"生苗"人群聚居、仍处于化外之地的"古州八万"纳入版图，由鄂尔泰调集贵州、广西两省官兵"剿抚生苗"，疏通萦绕"生苗区"的都柳江河道，使其与溶江上游汇合南流，直达广西怀远县界。[①] 鄂尔泰开辟古州"新疆"之后，都柳江至溶江河道通畅便捷，贵州与广西之间的河运贸易渐趋繁荣。到了乾隆年间，不但有大量福建、广东、湖南、江西等外省商人聚集于西江中上游的桂平、柳州、长安（今属融安县）等贸易集散地，更有不少流动性较强的小商贩溯融江而上，进入怀远境内的溶江和寻江流域经商往来。[②] 而和里、南寨正好位于两江交汇的水陆交通要道上，从寻、溶两江经水路而来的行旅、商贩或移民，可以在此处停船休息、获取补给、甚至买卖盐、米、杉木、土产、日用品等，外来的商品和物资也可以在此停留、转运，改由陆路进入到沿岸以及山区的村寨中。因此雍正年间以来，这里已经逐步成为进入西江上游地区相当重要的水陆交通枢纽之一，而且作为商旅、货物的转运点，更成为外来商民与"峒"地人群沟通往来甚至是冲突交融的地带。

乾隆五十二年（1787），由外来商人在三王宫内共同立下的一块碑刻，就显示了这种外来商民与原住人群之间存在着紧张关系，抄录如下：

> 从来上谕下遵，黎民之举，辨奸察诈，客路之逼，故儆恶释良，官司悉是父母，讼朝判父，旅客咸颂[皋]陶。兹

---

① 关于清初都柳江河道的疏通情况，详见陈贤波：《土司政治与族群历史——明代以后都柳江上游地区研究》，生活·读书·新知三联书店，2011年，第89—102页。

② 参见钟文典主编《广西近代圩镇研究》，第371—373页。

蒙县主奉行陆道□檄，奉督宪钧命，以救远贾，示令许各地
方刻碑，以□永远。我等均属异省远贾，曷可吝惜勒石之资，
由是各铺踊跃奉公，以成美举。今将助工芳名开列于后：

三利店吴复兴扬万顺吴万聚利助银一百六十文

悦□□　　　邓宜茂广合店义盛店

邓□□　　　宜盛店周源盛高三盛

永□□　　　元合店吴德顺万合店

同德店已上助银五百文

吴泽成邹文盛梁全利已上助银八十

梁求义吴怡利已上助银六十四文

岂

乾隆丁未岁季春吉旦立①

　　该碑刻是由 22 名商人（铺）集资共同竖立的，其原因是
"辨奸察诈，客路之逼"，由于当时地方官府为保护外来商民
的利益，允许他们刻碑示禁，于是这些"异省远贾"联合起
来集资立碑。虽然碑文中并没有详细描述外来商民与本地人群
之间的具体矛盾所在，但是笔者通过访谈发现，这种外来商民
与本地人群的矛盾与冲突，其实长时间流传在当地村民的口传
记忆之中。

　　当地老人口耳相传，清代初期，这里兴起了一条由广东商
人居住和贸易的长胜街，为了方便货物转运，广东商人还特意
在河岸边修建了专用码头，但由于广东商人与当地居民发生冲
突，当地人不再允许外来商贩在此经商，而且当地人也开始开

---

① 见乾隆五十二年（1787）商人立碑，该碑藏于三王宫内。

店经商，逐步取代外来商人的商业作用与地位。因此在清朝末年，广东商贩逐渐搬走，一部分搬到溶江上游的富禄，一部分则搬到了两江交汇下游的长安口。不过仍然有部分外来商民的后代仍然留在当地，如南寨的蒙氏家族、寨贡吴秀裕的太奶据说都是广东商人的后代。① 除了外地商贩之外，四个村寨中也都有部分于不同时期因某些原因迁入当地定居的外来小姓人群，尤其是寨贡村内目前的居民，都是从外地迁移到此定居的。可见，乾隆五十九年四村通过共立《限禁碑记》禁止在三王宫周围坡地葬坟的规约，表面上是一个保护三王宫祭祀场所、维护和强化"三王"信仰空间的行为，其背后实质折射出乾隆时期存在着的一个原住民与外来商贩、移民之间利益与矛盾的调和过程。

乾隆年间"立碑限葬"事件之后，三王宫在道光二十四年（1844）、同治七年（1868）和光绪二十一年（1895）之间得到了三次重要的重修。这三次重修活动充分反映了清代中后期近半个世纪里面，和里、南寨各大姓人群之间的竞争与合作关系，这其中牵涉到各姓氏人群内部宗族组织的发展，以及外部地域社会在经济、政治局势上的变化。

乾隆之后的第一次重修是在道光二十四年，据当时所立《增修碑记》记载，此次重修主要是将祭祀"三王"的三王庙和位于其右边的天帝相公庙合建，因此"创两廊，砌墙围抱，戏楼在上，大门居中"。② 此次增修基本上奠定了三王宫今天的建筑格局，"三王"与天帝相公各自供奉于一个独立的祭祀殿宇之中，"三王"神殿居左，天帝相公神殿居右，但是"三

① 据南寨杨盛玉、寨贡吴秀裕两位老人口述。
② 道光二十四年《增修碑记》，三王宫内碑刻。

王"神殿在空间上相对较大,而且整个庙宇最后定名为"三王宫"。因此可以看出,经过此次增修,其实是将原本独立祭祀的两个神祇在祭祀场所上整合于一处,并且使二者在信仰空间上有了主次之别,甚至有可能就此在当地村民的信仰空间体系中有了高低之分。从今天当地村民祭祀"三王"的神诞仪式活动也可以看出,天帝相公并没有自己的神诞,只有在举行"三王"神诞时,才能随之得供奉祭祀。而平时村民们到三王宫烧香祭拜,也都是先拜"三王",再拜天帝相公。

那么"天帝相公"是一个怎样的神祇,又主要由什么人群来祭祀供奉呢?根据《增修碑记》所言:"天帝相公,厥声赫赫,霖雨苍生,在上洋洋,光昭德泽"①,天帝相公应该是一个掌管雨露甘霖的神祇,与农业生产和收获有着某种联系。而乾隆时期的碑刻显示,当地村民是在农历二月初二祭祀"三王",时植开春之际,祭祀"三王"应该也是为了祈求风调雨顺,保佑农业生产之意。因此,二者在祭祀的象征意义上或许就存在着某种重叠、甚至冲突的可能性。而关于祭祀人群方面,笔者查阅民国时期编纂的《三江县志》,发现一个当时名为"民主相公"神祇的记载,如下:

> 民主相公:六甲人供奉于香火堂,三年或七年必于废历之十月宰牲祀之,集亲大嚼,名为"十月神",殊不知其所本,相传其祀神之黄豆,外姓忌食,则其祀亦由于迷信也。②

---

① 道光二十四年《增修碑记》,三王宫内碑刻。
② 民国《三江县志》,第 156 页。

　　"民主相公"一词中的"民主"，显然不可能是传统的称号，而是某个特定时期才出现的词汇，很难说是当时的祭祀者为了避免其被当作迷信活动禁止而做出的改动，或是地方志编纂者为了弱化其迷信色彩而做出了更改，笔者有理由相信，"天帝相公"与六甲人祭祀于香火堂上的"民主相公"很可能就是同一神祇。而且欧阳寨曹氏家族与作为六甲人大姓的曹氏宗族是有联宗关系的，因此"天帝相公"很有可能就是在明代"怀远瑶乱"之后，由于"联束民瑶"政策而得以迁移进入和里、南寨一地的"三甲民"曹氏家族带来的神祇。三王宫所建的山坡就位于欧阳寨内，而且离曹氏家族聚居的地带不远，通往三王宫人和桥前的道路其实就是在曹氏家族的控制之下。

　　目前，曹氏家族的主要成员就居住在靠近三王宫的 321 国道旁，他们享有对"三王"神诞活动期间，向前来此处摆摊买卖商品的摊贩收取一定费用的权利。在道光年间的重修活动中，欧阳寨曹氏家族的曹千保就是缘首之一，可见当时合建三王庙和天帝相公庙的建筑格局是得到曹氏家族成员认可的。二庙合建的结果，其实是天帝相公被放入了增修的三王宫的侧殿，在信仰空间上居于次要位置，在神明信仰体系中居于"三王"之下，但从另一方面也协调了天帝相公与"三王"之间信仰之争的矛盾，并且不仅提高了"三王"神明的地位，也一定程度地扩大了天帝相公的祭拜人群，从而保证了"三王"与天帝相公得以在当地长久供奉祭祀的地位，而且曹氏家族也很有可能从庙宇增修之后"三王"神诞活动所带来的商业利益中分得了不小的一杯羹。

此外，从道光、同治①、光绪②年间三次重修碑刻可以发现，和里杨氏、吴氏，欧阳寨杨氏和南寨杨氏等原住系家族人群中的士绅成员在这几次重修活动中扮演着重要角色。然而有意思的是，伴随着这一时期"三王"信仰能够超越祖先崇拜而成为联结跨越村寨不同来源的家族人群之间一个共同信仰纽带的过程，也正是这些原住系家族人群逐步走向宗族组织的过程。

其中，和里杨氏宗族组织的发展历程就颇具代表性。在清代道光年间三王宫重修之前的道光十七年（1837），和里杨氏后人就为明代在当地担任"六刀瑶老"之一的土舍杨金亮立了一块墓碑，奉其为太祖（见图3）。其中立碑奉祖之人就是当时鼎建和里杨氏宗族的"华"字辈和"植"字辈两代人，当时尤其以府庠生杨华楼、县庠生杨植莘和曾赴柳州府参加举人考试没有中举而被称为"不第秀才"的杨植敏为著。③然而细察杨氏宗族随之编纂出来的宗族谱系发现，其实该宗族正是由该地人群早期采用的兼具血缘与地缘关系的三个"兜"（doux④）组织发展和演变而来的。⑤而府庠生杨华楼、杨华

---

① 同治七年《和里三王宫增修碑》，原碑无存，碑文由南寨杨盛玉抄录收藏。
② 见三王宫内碑刻《光绪二十一年三王宫重修碑》（原碑无题，此题为笔者加）。
③ 杨植敏又被称为"亚华"，是溶江河流域著名的歌师，民间流传亚华家境较好，一生念读诗书，曾赴柳州府参加举人考试，因为各种原因没有中举，俗称"不第秀才"。于是他回乡上岑胖隐居山中，边种地、边唱歌，他所创编的歌曲很多，尤其是让世人广为传唱的有《劝世文》、《劝世歌》、耶歌（yeeh）、琵琶歌等。民国《三江县志》（第157页）中也有关于杨植敏编歌的相关记载："歌谣……侗歌多唐薛仁贵、宋狄青之史事，及河里杨植敏（俗称之为不第秀才）所作之劝世劝孝等歌、俉歌、盘古、此外之歌大都言情，亦有及于民间疾苦者。"
④ doux 在当地通行的南侗方言中是量词，意为群、伙之意，见欧亨元编著《侗汉词典》，民族出版社，2004年，第52页。在现有研究中，doux 的汉文音译有"兜"、"斗"、"抖"、"头"等几种，本书统一选取用"兜"。
⑤ 和里杨氏《"懿德堂"宗志簿》（1986年纂修），杨明格藏。

通、杨华卉，县庠生杨植茂和杨植萃、武生杨植嵩、廪生杨植盛等人又正是在道光二十四至二十五年之间重修三王宫时期表现十分突出的参与者。①

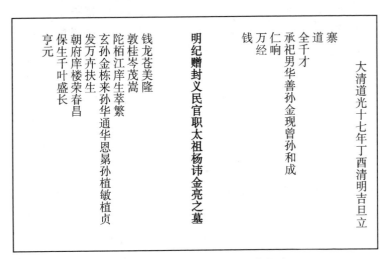

图3　和里杨氏家族太祖杨金亮墓碑

然而，和里杨氏宗族组织的建立并非一蹴而就，而是经历了从道光中期至光绪末年近四十年的时间。与此同时，咸丰至同治年间张秀眉领导贵州东南部"苗乱"爆发波及黔桂交界地区，建立宗族组织的和里杨氏成员在组织地方团练、抗击"匪乱"的过程中可谓功勋卓著。到了光绪年间，和里杨氏宗族成员中因考取科举、组织地方团练或进入地方官府担任胥吏，而获得地方功名头衔的人数更大大增加了，涌现出寿员杨金旺和杨植长、监生杨成名、武生杨成超、职员杨成材等多名

① 见三王宫内碑刻，道光二十四年《增修碑记》，《百世流芳碑》，道光二十五年《重修碑记》。

地方士绅。① 然而，土舍杨金亮家族后人在清代中后期积极兴建宗族组织的举动并不是个别现象，与之在地域上相毗邻的贵州黔东南地区的一些土司家族，早于清乾隆年间就纷纷开始通过兴建宗族祠堂、撰修宗族族谱、建立地域性宗族等文化策略与王朝国家展开互动，借助一套象征国家权威的宗族话语，以巩固自身在地方社会中的地位。②

南寨杨氏宗族组织的发展历程也与三王宫的几次重修活动相始终。据光绪六年纂修的《杨氏宗谱》中收录的乾隆四十年立《管山场碑记》云：

> 溯源历代古传碑记流传：我杨姓原籍江西省，始祖自老堡入杨洞山开业，次入南寨开基，自坪岭一山照下甫鲁盘界，越过上层到华料岭，直盘到麻石坡照包，上到岑祖岭老堡三王庙坡顶止，由能宜山到杨洞溪圳壪，上壪是杨姓，下壪别姓，由壪直随岭横上层到长冲坡止，归代溪到溪水口止，并涝口摊头闹鱼处，所归代壪以下，左边别姓，右边是杨姓。杂客岭檫一界，到斗鴬四坡头寨背止，由四坡头寨边上手第三冲，古来喊为杨家冲，沿河上到路塘溪口止。各管官山，永世流传。乾隆四十年润十月初十日，立有管山场碑记存传。③

从这一碑记，可以看出乾隆年间南寨杨氏与"别姓"、

---

① 见三王宫内碑刻《光绪二十一年三王宫重修碑》，以及光绪年间所立的《河鲤二甲捐钱碑》。

② 关于清代贵州黔东南地区土司家族建构宗族组织的状况，参见王勤美《清代黔东南亮寨龙氏土司家族的发展与演变》，《贵州大学学报》2016年第2期，第114—120页。

③ 南寨《杨氏宗谱》（清光绪六年纂修），南寨杨盛玉收藏。

"杂客"等外来人群之间，在确定山场边界的问题上已经存在相当程度的矛盾或冲突，所以才会要以立碑刻的形式来明确界定彼此之间的山场管理范围。此外，南寨杨氏竖立碑记的乾隆四十年，又恰好是平辽（今坪寮）对面的长安河口十多家外来商民以捐赠铜钟的形式，将他们的财势影响介入到"三王"信仰祭祀空间中的时期。而南寨杨氏也通过其竖立的《管山场碑记》来追踪溯源，将同姓的"兜"组织人群在日后逐步发展转变为宗族组织。光绪六年，南寨的上南甲杨氏与下南甲杨氏共同建立起宗族祠堂，并且有不少族人捐赠菜园、芋池作为蒸尝，其经理首事为杨传芳、杨如樟、杨秀芝、杨国桢等人。而光绪二十一年重修三王宫的首事人员中就有和里杨氏宗族的庠生杨秀芝、寿员杨国桢、寿员杨国泰、杨国聘、杨秀德、杨如檍等人。此外，笔者通过阅读收集到的各宗族族谱和田野调查发现，积极参与集资修建三王宫的和里吴氏、欧阳寨杨氏等原住系人群的"兜"组织也都在清末至民国年间逐步向宗族组织转变。

作为外来系人群聚居的寨贡，在道光和同治年间重修三王庙的活动中，却没有任何个人或家族参与其中。直到光绪二十一年第三次重修三王宫时，寨贡梁氏的梁大秀、梁大荣、梁大聘、梁大盛等人才开始作为缘首和择师参与重修，而这时正好也是在寨贡梁氏与斗江梁氏联宗，共建宗族组织之后。而寨贡覃（谭）氏的覃典续、覃仁发、覃与林，此时也得以作为缘首人员之一。覃（谭）氏宗族也由于光绪二十九年至三十年（1903—1904），武庠覃（谭）德贤参与和里、南寨地方士绅组织地方团练、抗击"游匪"的事件，与其他为首者一起得到朝廷敕封，得以倡导与兴建。①

到了清末民初，已经形成"三王宫"庙宇与和里杨氏宗祠、和里吴氏宗祠、欧阳寨杨氏宗祠、南寨杨氏宗祠、寨贡梁氏宗祠、寨贡谭氏宗祠等宗族祠堂并存的现象（见图1）。然而，在"五百河里"的聚落空间格局中，得到多次重修的三王宫依然屹立于两条主要河流交汇旁的七坡"神地"之上，庙宇规模也越来越辉煌宏大，随着参与庙宇重修的各宗族人群纷纷建立祭祀祖先的宗族祠堂，三王宫也就愈加成为整合与凝聚跨村寨各宗族人群的媒介与象征。

乾隆年间，原住系人群用保卫"三王"信仰空间来压制"异姓"祖先崇拜的现象，体现了当时该区域大量外来商民涌入，和里、南寨等地方村寨内部各类人群之间经历重新整合与调整的历史过程。而从道光到光绪时期，反而是四个村寨中的原住系和外来系的各姓人群先后纷纷通过强化祖先崇拜来兴建宗族组织，并且积极介入到"三王"信仰空间的建设活动中，以取得当地村寨社会不同人群之间的领导地位和合作关系，这时候原住系人群非但不再排斥外来系人群参与"三王"信仰，反而通过三王宫重建活动将其拉拢与整合进来，形成"五百和里"的跨村寨地域共同体。造成这种村寨内部人群关系变化的根源与主因，笔者认为涉及道光年间之后，当地社会村寨居民所遭受的一系列因地方局势动荡而爆发的军事武装"匪乱"事件。他们在组织团练、对抗湘黔桂交界地区频繁爆发的"匪乱"活动中，也向聚居于寻江沿岸的"六甲人"和地方官府显示出自身的凝聚力与整体性。直到光绪年间，各村寨

---

① 见民国三十二年（1943）碑刻《祠堂碑记》，立于寨贡谭氏宗祠内。

内部人户流动迁移的现象才基本结束、大姓家族士绅之间的力量博弈渐趋稳定，"五百河里"聚落的人户规模与地域观念臻于成熟。关于地方"匪乱"事件与"三王"信仰人群整合之间的关系，笔者将另撰专文作重点讨论，在此不赘述。

（二）关公神位：区域经济网络的联结

明代"怀远瑶乱"之后县令苏朝阳实施"开江通商"政策，以及清代雍正年间为开辟"古州新疆"而疏通黔桂之间的水运航道，都对清代中期之后西江上游地区水运贸易的蓬勃发展起到了重要的推动作用。随着大量外来商贩和商品涌入山区，这就对陆路交通的通畅与便捷提出了更高的要求，而当地士绅家族在这一时期也逐步兴起，外来商贩和地方士绅家族成员密切合作，在改善村落内部和村落之间的交通状况上发挥重要作用，也对村落当中新的祭祀场所与信仰空间的营建起到了重要影响，这主要体现在村落中大量的石桥和石板路的兴修，以及关公祭祀场所与信仰空间的延伸和扩展。

与三王宫的兴建密切相关的是建于三王宫旁的人和桥（见图2），坐落于和里河与王段河的交汇之处，位于欧阳寨的村落范围之内（位置见图1）。庙宇旁早期是建有木桥供行人往来的，乾隆六十年，欧阳寨杨氏士绅杨仁尚之父杨万朝，鉴于木桥"奈遇春夏溪水汹潋，波涛浩瀚涌涨，木桥浮流，往来行人□于阻隔，虽修之不胜修也，共叹褊溪孰能褰裳而涉，于乾隆六十年孟夏仲浣一日，设立造建石桥，功德碑记流传"。① 然而，随着三王宫旁的道路和桥梁作为沟通寻、溶两

---

① 道光十六年《功德碑记》，三王宫内碑刻。

江与黔、楚之间陆路交通的重要枢纽之一，连当地人都不得不感叹，此处"乃浔溶黔楚之通衢，东至古宜□胜，西至黔省溶河，南至枫木高肇，北至通邑湖南路通大道矣，□地世世感沾焚香点烛，人人敬酬神主，乡村年年庇赖，四时无□，个个叩许灵签，此系神功士农商贾之要路也"。① 因此，对于人和桥的修建和管理，就已经不再是聚居于欧阳寨的杨万朝家族可以单独掌控的，其他村寨的家族人群也希望介入到人和桥的兴修与管理事务。

道光十六年（1836），杨仁尚发现之前其父杨万朝在修建石桥时设立的《功德碑记》，"原思万古不□，奈因旧岁，不知异姓，讵料人心不一，将石碑置撅丢下水，目觌不堪"，于是带领儿子、孙子和曾孙等人，"再造新碑，刻竖庙宇之左，示为久远之计"，立碑再次声明杨万朝建造石桥的功德，并且将该家族成员的子孙姓名全部刊刻在上面，② 以此表明该家族成员对人和桥的建造功德流传万世。③ 立碑纪念祖先建造石桥的功德，其实已经隐含着欧阳寨杨氏家族士绅在这一时期，与所谓的"异姓"人群发生了对人和桥控制权的争夺。即便如此，从之后竖立的多块人和桥重修的捐款碑中，我们也可以发现，对人和桥的修建后来已经完全突破了某一村寨家族垄断的状况，而成为和里、欧阳、南寨、寨贡四村民众共同捐资维护与管理的对象。当然，欧阳寨杨氏凭借地理位置之便，在一定时期之内控制人和桥的管理与收益权利应当也在情理之中。

---

① 道光十六年《功德碑记》，三王宫内碑刻。
② 碑文谱系为"信士杨仁尚偕男杨万超，孙男杨永有、杨永和、杨永富、杨永堂、杨永朋，曾孙杨宏广、杨宏宽、杨宏嵩"。
③ 道光十六年《功德碑记》，三王宫内碑刻。

　　此外，当地比较早兴建的石桥还有南寨村内的利民桥，利民桥所在的位置是王段河流经南寨尾寨的地方（位置见图1），即南寨下南甲杨氏人群聚居之地。据目前存留在南寨戏台外的一块《石桥碑记》记载，乾隆四十六年（1781），当时南寨尾寨以杨福有为首的一些杨氏家族成员就已经共同捐资修桥。[①] 与南寨尾寨的利民桥兴建密切相关的，就是清朝初年由广东商人为了贸易居住而修筑的长胜街（位置见图1）。据当地老者口传这条街就在利民桥附近，为了方便转运货物，广东商人还特意在河岸边修建了专门用于卸货的码头，但由于广东商贩与当地居民由于利益问题发生冲突，当地人不再允许外来商贩在此经商，而由本地兴起的商人继续经营，因此在清朝末年，广东商贩逐渐搬离。[②] 可见借助对利民桥的修建与控制，南寨尾寨的杨氏族人已经积极介入到长胜街的商贸活动之中，而且以此能够在后来最终取代广东商人在当地的商业地位。

　　目前利民桥仍在，但长胜街已经荡然无存，而与这条商业街的兴起密切相关的，还有附近不远处上南甲内另一条石板街的兴修，笔者也在南寨村上南甲杨氏家族成员保存下来的《修路碑》中找到一些与当时这条石板街修筑相关的记载，如下：

　　　　路通往来，名曰条土乐底，上通南地，下至容江，以及往来黔楚之行人、农、商贾莫不径此而旋，往昔之父老，不过锄平土而容步，或两降而沉滑，似油然而难趋，

---

① 　见乾隆四十六年《石桥碑记》："建修石桥信士，今我同心乐助共出而做成此桥，以便行人来往万载。尾寨信士杨福有攸归，大清乾隆四十六年岁次辛丑二月二十四日立"，现保存于南寨村"文明台"戏台旁。
② 　据南寨村村民吴秀裕、杨盛玉口述。

或高下崎岖，难以衡步，今有南寨村信士杨传智，目睹往来行人若于趋步，即捐修银，设石板为街，即造石桥以就地以便，往来行者，人人欣欢而至，劳辛自休之后，福赐天申□。[①]

碑文记载南寨村民的杨传智，于道光七年（1827）捐银修路，用石板铺设了一条街道，并在旁边也建造一座石桥，以方便农、商行旅往来。

据该碑刻的保存者——杨传智的后代杨盛玉所言，这条石板街在南寨村的寨头，旁边也建有一座石桥，是南寨通向贵州方向的重要道路。由于国道321的修建，石板街和旁边的石桥目前也都不存在了。[②] 但据两块碑刻所载，此石板街的修建年代虽然晚于利民桥，但应该仍是在当地商业贸易活动繁荣兴盛之时，为方便村寨内外行人往来、货物运输而修建的。南寨下南甲杨氏家族士绅杨传智之所以会积极参与南寨村内道路与桥梁的修建，也必然与当时聚居于下南甲的另一支杨氏家族介入到当地兴起的商贸活动中有着密切的联系。此外，在道光年间增修三王宫的活动中，杨传智就是主要参与的"择师"之一。[③] 通过田野调查得知，这些被称为"择师"的人，就是那些在乡村民众的各类拜神、祭祖、婚丧嫁娶等人生礼仪当中，懂得选吉时、看风水、主持仪式或指导当事人完成整个仪式过程的人。这些人在当地俗称"师傅"，他们除了能够读书识字

---

① 道光七年《修路碑》，南寨杨盛玉藏。
② 据南寨村村民杨盛玉口述。
③ 碑刻所列"择师"为杨金仁、杨尚美、吴朝汉、杨仁朋、杨传智、覃万通，见道光二十五年（1845）《重修碑记》，三王宫内碑刻。

之外，更重要的是能够取得一定的科举功名（如庠生、生员等），或是曾经担任官吏（如职员或是衙门师爷）或监生，因此才能够接触并熟悉官方制定的礼仪形式和礼仪文书。当地父老相传，杨传智曾经中过五品武举，但并未外出做官，而是留在家中主持家族和地方事务。

与欧阳寨、南寨两村早在乾隆至道光年间就因商贸繁荣而兴起修建桥梁和道路的风潮不同，和里村的杨、吴两大姓氏人群，要迟至光绪年间才在流经其境内的和里河上陆续兴建起两座石桥。

一座是位于和里村头大路旁的玉带迴桥（位置见图1），初建于清光绪四年（1878），由和里村杨氏宗族的杨金旺、杨成材、杨植长、杨植隆、杨成林，吴氏家族的吴启祥、吴永和、吴永德、吴绍礼、吴永昌，覃氏家族的覃广财等倡建。此外，这座桥的兴建不仅得到该村杨、吴、覃、程、陈、蓝等各大、小姓家族成员的乐捐和支持，也得到附近欧阳、南寨、寨贡、寨稿、归斗，以及猛江（今苗江河）流域的光里、寨大、归洞、地保、铜锣（今同乐）等村，溶江河流域的光唐、燕子岩、南江、楚南、岑周、良口、寨福、步勾、寨夏、老堡等村民众的捐款资助。① 关于当时兴建桥梁的原因，和里廪生杨植盛撰写的《玉带迴桥》碑曰：

> 今我河里之大道，地连黔楚，为四方辐辏之区，居个浔溶而八峦通道之地，然经门庭而往，其曲如弦，由阡陌而行，其直如矢，因此川流阻隔，难以塞□，睹其两岸崎

---

① 见杨植盛光绪四年《玉带迴桥》和《百世流芳碑》，此二碑现立于桥内。

岖，孰能跋涉，爰起义举，新建桥梁，一则便万人之利济，一则培一寨之文风也。安砥柱，树栏杆，即是农商坦道，造牌楼，立宝塔，生产笔架文星，势抱弯弓，名曰玉带形，逆直水流，号曰迴桥，中安关圣一尊，擎天一柱，旁立关周二将，拔地双峰，自此以后，家家植桂培兰，岂让窦家三树，户户揆文□武，漫夸刘氏八公，行旅者皆羡坦途，失路者无虞，大雾庶几，任尔驰驱，化余风俗，神民和乐，幽人贞吉之休者乎，独是弟等此举，遇兹时际维艰，造境需金汗颜宝甚然，不嫌遐迩众共修因是文乐，取于人之一念也。①

玉带迴桥恰好建于和里村口，从它所处的位置和以上碑记来看，其于清代光绪年间得以兴建就不仅仅是为了解决交通问题，而且捐款建桥的人也不仅限于该村村民，而是涉及周围十几个村寨民众的参与，这从一个侧面反映出该村绅民与周边其他村寨村民日常交往的密切程度。此外，撰写碑文的和里廪生杨植盛更是于清代咸同"苗乱"爆发之时在当地倡办团练、抵御"匪患"的重要人物。咸同"苗乱"对溶江流域沿岸村寨产生了很大冲击，因此在动乱之后修建对当地村寨具有象征意义的桥梁，实有安抚和凝聚地方民心之意。

另一座则是位于和里河上游的竹王宫双溪汇流处的六合桥（位置见图1），过去也有木桥供行人往来，但早已不存。因此于光绪十五年（1889）新建石桥，由和里杨氏家族的武庠生杨成蔚、杨成超，吴氏家族的吴振宗，覃氏家族覃继发、覃继

---

① 见杨植盛光绪四年《玉带迴桥》。

辉、覃继福等人倡建。该桥现已不存，仅留下重修碑刻一块，放置于新建的竹王宫旁，讲述当时的重修原因：

> 盖闻利涉济川，旅客免厉揭之苦，遇水成桥，幽人乐勉吉之休，故洛阳有声助美迹，绝妙于人寰，溱洧有乡修功程迥殊乎。叔季思往昔大川利益涉千载，后犹令人追溯焉。今我河里一带，虽非官商之要道，亦属士农之共游，溪水一泓不遇寒声，如涧往来者，血气方刚之辈犹堪壮趾以趋，而年迈渐哀之俦亦难蹴步，而越若遇春夏滂沱之际，即强壮有力者不可以欺水，值隆冬漫不冱寒之时，耄老胚虚者犹难于朝涉，虽咫尺之间，亦属穷途，行至此，纵非河广，谁能一苇之扰，思昔年亦有木桥因历代远年□□□无存，睹此肩挑背负，迹涉维艰，犁雨锄云往□□□□□□□□□同志修造桥梁，鼎新革□□□，砥柱中流作□□□□□□，积无穷之阴功，告竣之余，假使吴猛驱车言迈奚庸画江之术，达摩扶辇来临，何烦折□以渡难，修栈道之桥梁，聊真俚言于碑记。①

六合桥建于和里河的上游，虽然远离下游的官商要道，但却是从和里村进入高海拔山地的布糯、燕茶等村落的重要通道。而且该桥也坐落于当地祭祀"竹王"的竹王宫旁（图4）。

竹王在当地祭祀传统中与"三王"信仰密切相关，因为竹王是被作为"三王"之父来祭拜的。据民国《三江县志》

---

① 见光绪十五年《六合桥碑》，碑已残损，放置于新建的竹王宫旁。

图4　竹王宫

记载，竹王宫也建于明末清初，[①] 然而据光绪二十七年（1901）吴顺能撰写的《竹王宫序》的说法，竹王宫则应该立于明万历年间，[②] 即"怀远瑶乱"平定之后。虽然无法确定竹王宫的始建年代，但是应该与三王宫的兴建有着密切关系。如果按照河水的流向，竹王宫在地理位置上座落于三王宫的上游，按照"三王"为竹王之子的传说，竹王宫在上而三王宫在下也正好体现了神祇之间的父子关系。但是，以整个"峒地"的地理空间来说，竹王宫其实偏于一隅，位于西北边天鹅岭山脚下，主要是和里、布糯、燕茶等村的民众会来经常此祭拜，而欧阳、南寨、寨贡等村的村民平时则很少到此祭拜，

[①] 民国《三江县志》（第369页）："竹王宫，在和里乡南寨，明末清初建，邑绅吴志能撰有序。"

[②] 吴顺能光绪二十七年《竹王宫序》："神宗万历年间，自立祖庙以来，神恩浩荡，庇佑苍生，即英风之彰灵于故乡者，无愿莫赏其遐迩也。"碑刻立于竹王宫内。

而且一直以来主要掌管竹王宫祭祀和管理的是和里村的吴氏家族。由此可见，竹王宫和六合桥其实主要是联结居于"峒地"的和里村与居于山地的布糯、燕茶等村民众之间的往来关系。因此，虽然在神祇传说中竹王是"三王"之父，但是在整个"峒地"区域的和里、欧阳、南寨、寨贡四村的信仰体系中，其地位也只能屈居于"三王"之下，而六合桥的兴建也反映出因商贸繁荣的架桥修路风潮也由两江交汇之处的沿岸"峒地"村寨，逐步向河流上游的布糯、燕茶等山地村寨延伸，而和里杨氏和吴氏宗族则成为控制和管理这一通道主要力量。

此外值得注意的是，由于乾隆年间商业贸易繁荣而带动当地桥梁与道路的兴修，外来商民往来愈加频繁，这也使得关公信仰祭祀活动也被随之带入。当地传统的桥梁样式通常是木制的"风雨桥"造型——为桥、塔、亭结合的廊桥结构，目前该地区以及附近村落几乎所有桥梁凉亭正中的宝塔一侧都会设立一个祭祀关公的神位，供奉关公神像，左右两旁则放置周仓和关平的木制神牌或神像（图5）。每月的初一、十五都会有当地村民来到桥上给关公上香，求得关圣帝君的保佑。

关羽崇拜在明中叶之后官方祀典中的地位日渐提高，而《三国演义》自元末明初出现之后，至明中叶已经广泛流传，其塑造出关公勇武、忠义的形象也随着相关文学、戏剧、故事传说的流传而深入民心。[1] 明清时期，关公作为一个不受宗教派别限制的民间神明，借助白话小说、戏剧等大众传播手段，在商人、职业团体、农村社区和秘密社会中得到祭祀和崇拜，尤其对于常年在外旅居的商人来说，关公作为勇武忠义、诚实

---

① 刘永华：《关羽崇拜的塑成与民间文化传统》，《厦门大学学报》1995 年第 2 期，第 78—84 页。

图5　人和桥上供奉的关公神位

守信的象征，被认为是真正的财富来源，也逐步演化为这些缺乏家族或社区纽带的商人群体乐于供奉祭祀的武财神。① 因此在民间文化中，平民百姓对关公的祭祀和供奉也大多表现出他们对平安的向往与财富的追求。

虽然当地人已经无法说清，桥上的关公神像于何时最初开始被供奉和祭拜，但是随着明清时期越来越多外省商贩进入山区聚落经商的过程中，除了祭拜当地土神"三王"以求地主神明保佑之外，很有可能就是这些外来商人群体将自己熟悉的关公祭祀与信仰带入山区。西江流域最重要的墟市之一，位于浔江和桂江交汇之处、苍梧县中部的戎墟，明万历年间就已经商贸繁荣、铺户林立，官府在此设点征收埠税，当时就很有可

---

① 杜赞奇：《刻划标志：中国战神关帝的神话》，〔美〕韦思谛编《中国大众宗教》，陈仲丹译，江苏人民出版社，2006年，第97—98页。

能已经在当地修建了关夫子祠。[①] 清康熙年间，广东高州、罗定、信宜、佛山、南海、广州等地的商人纷纷来此经商，康熙五十三年（1714）在"珠江郑公"的倡议下把关夫子祠改为粤东会馆，但会馆里面仍然供奉祭祀关公神像。[②]

　　而笔者从人和桥和玉带迥桥上现存捐款碑中不少外地人士的姓名也可以看到，外来商贩很可能是通过对桥梁修建的支持、捐款，以及对土神"三王"祭祀和庙宇增修的捐赠，将自己信奉的关公神像放入当地桥梁当中进行祭祀与供奉，从而与本地绅民达成某种合作关系。尤其在清代乾隆至光绪年间，正是湘黔桂之间水运贸易蓬勃开展之时，随着外来商贩、文化的大量涌入，当地士绅和民众在与外来商贩往来交易的过程中，也必然会对这一当时外来流行的民间信仰趋之若鹜。[③] 当地村民目前通常都将关公神像供奉在桥梁正中，或在道路一旁单独设立神龛来供奉关公，以保佑往来行者的富裕和安康，可见该地区关公信仰的传入与明末清初以来西江上游流域商旅往来频繁、桥梁道路兴修之间的密切关系。

（三）"村寨"观念的嬗变："萨"（sax[④]）堂与土地公祠

　　除了与王朝国家象征紧密联系的土神"三王"，以及区域

---

① 宾长初：《清代西江流域农村圩镇商业的量化研究——以广西戎圩为个案的考察》，《古今农业》2013年第2期，第87页。

② 乾隆五十三年（1788）《重建戎墟会馆记》："地故有关夫子祠，享一墟香火，亦吾东人之所建也，康熙五十三年，更祠为会馆，珠江郑公，首捐重赀为倡，并撰文记之详矣。"转引自麦思杰《从两通〈重建粤东会馆题名碑记〉看清代戎墟的商业》，附录一《重建粤东会馆碑记》，《华南研究中心通讯》2005年第38期，第4页；原碑现存于苍梧县龙墟镇粤东会馆旧址。

③ 当地百姓心目中对于关公的观念与崇拜，也深受这一时期外来戏曲传入的影响，详见黄瑜：《戏剧、宗教仪式与文化传统——以近代广西北部"三王"信仰为中心》，《民俗曲艺》2017年第1期，第25—78页。

④ sax在侗文中意为"祖母，圣母"，见欧亨元编著《侗汉词典》，第234页。

河运贸易繁荣带来的关公信仰，"五百河里"村寨中还存在着一种历史悠久、供奉女神"萨"（sax）的公共祭祀场所，当地人称之为"萨"堂或"萨"坛。当代民族学者对湘黔桂交界地区被称为"萨"的神灵崇拜现象有着不少调查和讨论，虽然对其起源和性质有着不同的看法，但都从不同侧面反映出"萨"崇拜与这一地区人群对女性始祖或神灵的信仰有着密切关系，"萨"堂（坛）的设立与整个村寨的"人畜安危、出入祸福"息息相关，与土地崇拜有着密切关系。① 目前只有和里和寨贡的村寨内还各自建有一座萨堂（坛），与此形成鲜明对比的则是当地村寨中散布着大量的土地公祠。表面上看似差异很大的两个神灵信仰，在村民的信仰空间中却呈现出某种交叠的景象，当地村民对"萨"与土地公的信仰和祭祀之间有着一些密切的联系与区别，二者在某些仪式当中也会充当着相似的角色，这使得笔者推测"萨"与"土地"是由不同文化传统的人群、在不同历史时期带入当地乡村中，并且形成了一种本土文化与外来文化对于"村寨"、"地域"、"地方"观念的形塑和互动，这也为我们探知当地早期原住民之间的关系、以及农耕方式的转变过程指明了一个新方向。

1. 作为立寨象征的"萨"堂（坛）

和里"萨"堂建于杨甲屯与吴甲屯交界处的空地上，主要是一个土堆上种着一棵树，树下放一把伞，周围建起一座无顶的小屋将其围住，小屋过去是座木房，2012 年重修后建起一座名为"金萨殿"的砖房（见图 6）。旁边所立碑刻《重修

---

① 关于"萨"崇拜的当代民族学研究，笔者会在后文作详细讨论。

金萨序》，述说着当地人对"萨"的理解：

> 在远古的母系氏族时期，湘黔桂地区一直尊崇着一位美丽贤淑的妇女，后人尊称她为"萨"（也有的地方叫"萨玛"、"萨玛天岁"、"达摩天子"等），在那时代"萨"教导人们稼穑纴麻，然后丰衣足食，也赐其恩惠给子民山地田园五谷丰登、林木郁郁，繁衍了我们后代子孙、开创了侗族文化，并能驱邪镇寨，庇佑四方。而今我们侗家世代都保留有奉祀金萨（即萨堂）的远古习俗，每逢初一、十五烧香敬茶，每年六月初六日村老人举行祭典活动，以此表达对萨玛的敬意和谢恩。原我寨金萨为元末明初的伍氏家族倡议修筑，并负责管理、组织修缮和祭祀。因年久失修，必然残缺破损，慈追念萨德恩深，村老人聚议商讨重修，多得诸位仁人善士慷慨解囊，共襄善举，金萨得以顺利竣工。此后，四时风调雨顺，八方百姓安宁。是举是因乐取于人，兹将捐者芳名陈列泐石，以期流芳久远，是以为序。①

序言中提到"萨"在当地民众的心目中是保佑"丰衣足食、五谷丰登"，能够"驱邪镇寨、庇佑四方"的女性远祖形象。其中提及的伍氏家族被当地村民公认为最早定居和里的"先民"，由于萨堂由伍氏家族最早倡建，因此其后人世世代代拥有管理和组织修缮和里村中金萨（萨堂）的权力，于每年农历六月初六（过去为农历六月二十四日）这一天主持祭

---

① 《重修金萨序》碑，立于和里金萨殿旁。

祀"萨"和换新伞的仪式，并且邀请村中各姓亲友前来聚会和庆贺。目前和里村内的金菩殿是在"文革"期间被砸毁的旧萨堂的基址上重建的，据说重建时用银子打造一尊"萨"的神像，并且将神像与一口铁锅共同埋在"萨"堂内大树的土堆之下，并且举行了隆重的安"萨堂"仪式。

图6　2015年农历六月初六"祭萨"仪式现场

关于和里村中"萨"堂的最初来历，伍氏家族后人也有着自己的一番说法：在伍家迁来和里的时候，这里原来居住的是"苗人"，有刘家、略家等祭祀"萨"，后来这些"苗人"渐渐搬到贵州去了，在和里的人数也越来越少，把"萨"留了下来，于是就由伍家的祖先来祭祀和管理"萨"堂。"萨"堂最初建在和里寨子坐落的高坡上，后来才随着人群向山下迁移，搬到了现在的位置。目前伍氏家族的后人只剩下一户共三代人，伍氏家族中负责平时祭祀和管理萨堂的主要是家中的女性成员，现年93岁的户主吴大爷是伍家的上门女婿，其妻伍氏已经过世，因此家中目前负责管理"萨"堂的是 40 多岁的媳妇梁大姐，她对于"萨"、"萨"堂及祭祀仪式的了解，基本上都来自于生前负责祭祀和管理"萨"堂的婆婆伍氏。伍氏过世之后就把管理萨堂的钥匙交给她，由她负责保管和管理，以及在每月的初一、十五烧香给"萨"。婆婆伍氏告诉梁大姐，当地人拜"萨"的传统，比拜"三王"、竹王还要早，"萨"也被称为拿陀天子或达摩天子，每年的农历六月初六要举行祭"萨"仪式，仪式的主要内容就是给"萨"换新伞——即将树下供奉的伞换成新的。平时金萨殿的门是不开的，人们要来祭拜都是将香烛酒水、各色祭品摆放于门口，平时村民家中有诸如结婚、孩子满月、读书考取等喜事，都会带着丰厚的祭品去殿前拜祭。旧"萨"堂在"文革"时候曾经被砸毁，大树被砍倒，只剩下一堆泥土，改革开放之后就有村民纷纷去土堆那里烧香祭祀，于是就由伍氏家族组织和里村民捐资重建起来。周边村寨的人也都知道这里曾经有"萨"堂，重建之后近年来就有越来越多的外村人前来祭拜。目前，农历六月二十四日被认为是"萨"的生日，寨中男子均要去祭拜，农历六月初六则是"萨"归天的日子，伍家人要为"萨"举行换伞祭祀仪式，并且邀请本村吴、杨两大姓村民来自己家中喝油茶以及进行唱歌活动。①

伍氏家族的居屋离金萨殿不远，与和里吴氏聚居于一处，同属于和里村吴甲屯。两个姓氏之间有着多代的通婚关系，在伍氏家族没有男性后代之后，吴大爷成为伍家的上门女婿，继承家户，因此伍氏与吴氏之间有着相当复杂的姻亲关系。虽然

---

① 据和里伍氏家族族人吴大爷（93 岁）和梁大姐（40 多岁）口述。

目前伍氏家族人口很少，却由于其最早定居者的身份，并且拥有祭祀、管理整个和里村寨安危有关的"萨"堂权力，而在和里村内具有较高地位。

而与伍氏有着累世姻亲关系的吴氏人群，其后来兴建宗族组织，对本宗族源流的追溯中，也透露出吴氏祖先从异地迁徙进入和里定居，对和里村进行早期开发与兴建过程——《和里延陵堂吴氏宗谱》把他们在和里的开基祖追溯到一个名叫"吴仁岑"的祖先，族谱叙述他在明代带领子孙房属，由湖南靖州、通道迁到广西境内，最后才到三江和里定居，并且叙述了一个与当地地理生态、山林开发有着密切关系的口传迁移故事：

> 老祖到此，一片原始森林，地形像个小盆地，气候暖和，林中有小溪，到处有水塘，塘中生有浮萍，并发现有鲤鱼游动，认为是吉祥之地，故定居以鲤鱼吉祥物为名，取名河鲤，鲤鱼塘叫河深，出道大河边的道路叫盘鲤道。几百年来的老祖都葬在小溪两边，因人多生产扩大，便于开田造地，才迁到小溪中游，现址简称和里。①

"和里"旧称"河里"，因民国十四年设团务总局于河里，团副徐楞以"河"字未协，更"河"为"和"，因此，民国十四年之前的官方文献中都写作"河里"，② 但是在三王宫的捐款碑刻中，又确实有着"河鲤"的记载。③ 无论是"河里"

---

① 吴天良纂修《和里延陵堂吴氏宗谱》，第32—33页，和里村吴大贤藏。
② 参见民国《三江县志》，第212页。
③ 见道光年间《河鲤二甲捐款》碑，立于三王宫内。

还是"河鲤",都是一个与自然生态有关的地名,与和里村位于和里河沿岸的聚落格局相称。而且祖源传说也提及吴氏先祖迁徙到此地时,该地域仍处于山林、溪流、水塘密布的自然生态环境,由于发现水塘中的浮萍、鲤鱼,吴氏族人于是决定在此居住,后来人口增长需要扩大开田造地,才从山林丛生的溪流上游向溪流中游迁居的故事,这里面其实折射了吴氏祖先人群从渔猎采集或迁徙游耕到定居定耕、从事饭稻羹鱼生计模式的一系列转变过程。

吴氏人群来到和里定居之时,当地应该就已经有刘氏、略氏、伍氏等祭祀"萨"的人群居住。而且由于"萨"堂的设立与寨子的建立密切相关,因此在吴氏进入和里之前,当地受"萨"神佑护的、以"萨"堂为中心的寨子应该已经建立起来,因此吴氏人群要在此定居也必须祭祀"萨",并且很有可能采取了与伍氏家族通婚的策略,从而取得进寨定居的权利。此外,从伍氏家族口传记忆中,刘氏、略氏等家族后来逐渐迁徙到贵州,伍氏家族则选择继续定居下来,并且将原来位于高坡上的"萨"堂搬迁到山脚下的平地,他们也成为唯一管理和控制"萨"堂祭祀的和里"先民"。"萨"堂从高坡向平地迁移的过程,其实也是和里村寨的伍氏、吴氏等人群由高坡逐渐迁移到平地居住与耕作的过程,由于村寨聚居人群的"下山",象征着村寨聚落空间的"萨"堂也随之"下山"。

除了和里村有"萨"堂,寨贡村内也有一个"萨"坛,位于村内另一个名为寨稿的小寨中,在进入寨子门口的一块小空地中央,没有房子也没有树,就是地面上凸起的一圈用水泥围住的土堆子,上面盖着一个有孔的水泥板(图7)。村民说这里就是祭祀一个名叫"达摩仙子"的地方,达摩仙子能够保佑地方"六畜兴旺",因此村民会在每月初一、十五来这里烧香祭拜。对于这个"达摩仙子"的来历,村里人只知道很早以前就有贾、王、彭等姓氏的居民在此祭拜,由于寨贡村目前居住的梁、谭等姓都是后来才迁入当地的移民,他们认为这里早期居住的是"苗人",或许"萨"就是由"苗人"带来的,后来迁居进来的人就依循规矩祭拜,虽然贾、王、彭等姓"苗人"后来陆续迁走,但是对于这个能够保佑村寨"人畜兴旺、出入平安"的神灵,留下定居的寨稿村民依然祭拜如常,虽然不会像和里村伍氏举行一年一度的祭"萨"仪式,却也不敢有所怠慢。①

这也表明"寨贡"作为村寨聚落的形成,与贾、王、彭等姓氏居民的祭"萨"信仰有着密不可分的关系。虽然后迁居而来的人群最终占据了村寨空间,原居民迁移而去,但是代表村寨观念的祭祀场所和信仰空间却得以保留下来,成为后来者建构"新"聚落的基础。对于"寨贡"、"寨稿"之名的含义,当地村民并不能从语义上进行解释,而是继承了原居者的称呼和空间观念。这充分体现出"峒地"村寨空间所具有的"物质性"与"观念性"所具有能够穿越时间的延续性,与代表其象征的"萨"信仰之间的复杂关系。

---

① 据寨贡吴秀裕口述。

图7　寨贡萨坛

2. 作为村寨"边界"的土地公祠

　　与"萨"堂的神秘与稀少形成鲜明对比，土地公祠在当地村寨可谓随处可见，散布在村子中的诸多角落，是仅次于家中香火堂、处于村寨内部与村民关系密切的祭祀场所。这里的土地祠通常是半人或一人高的石制或砖砌小屋，下面有用石头或砖块垒砌的底座，底座内有专门供人烧纸钱的洞口。作为神龛的屋门口上通常刻有"福德祠"或"土地保佑"字样，两侧会刻有诸如"土厚千家歌衍庆，地灵万户永康家"、"土能生白玉，地可产黄金"、"土能生万物，地可发千祥"、"土厚物丰叨福庇，地灵人杰感神功"等对联。屋内供奉着土地公神像，神像大部分是身着长衫、头戴帽子端坐着的长胡子老人石像，有些放着类似文士模样的神像，也有些就是一块毫无特征的石头，甚至有些小屋里连神像也没有，但是人们依然恭敬祭祀。欧阳村鼓楼旁的福德祠则供奉土地公和土地婆两尊神像，两侧写着"公保子孙长吉庆，妻扶丁发久平安"。

关于土地公祠位置的选择，村民们基本上都说是过去老辈人定下的，那些在"文化大革命"期间被毁的，后来也依照原位重建。笔者对能够看到的土地公祠的位置进行比照，发现每个村子在寨门附近、寨子内通向外部的主要道路的进出口处，通常都会设立有土地公祠，而且这些土地公祠背朝村内、面朝村外，在村子内外交界的路口处，俨然一个个保护神，笔者沿着任何一条道路进出村寨，都会在边界之地见到一方小小的土地公祠。当地人中也流传这样一种说法：寨头的土地公保护全寨所有人的平安，寨脚的土地公则是保佑进来的陌生人能够出入平安，而寨子中间如果建有鼓楼，也会在旁边设立一个土地公祠，如果寨子太大，村民也可以根据需要在寨内通向外面的不同出口处建立土地公祠。①

因此，当地村民外出时都有祭拜土地公的习俗，以保平安。此外，各村寨的公棚里、鼓楼或戏台附近、各姓氏的祠堂里、甚至三王宫庙宇内、桥梁旁边等地方，都会为土地公设立专门的神祠或神位进行供奉。村民通常会在每个月的初一和十五的清晨带着香、纸钱、茶、酒等贡品去祭拜土地公，但是由于村内土地公祠太多，每个人并非对每一个土地公祠都会进行祭拜，而是以自己的住屋为中心，去祭拜离自己活动范围较近、关系相对密切的土地公祠。一般寨门附近、寨子中心的鼓楼或戏台附近的土地公祠祭拜的人相对较多，还有通向自己干

---

① 根据南寨、寨贡村民口述。

活的山林出入道路附近的土地公祠也通常会进行祭拜。此外，如果求子、求财或许愿所祭拜的土地祠，如果得报则要备上丰厚的祭品去祭拜还愿（图8）。

图8　村民在寨头的土地公祠祭拜

　　虽然无法确定每个土地公祠最初建立的年代，但有一些土地公祠上刊刻有重修时乐捐善士的姓名和款项数目。根据笔者目前寻找到的大部分刊刻有捐款年代、姓氏和款项数目的土地公祠，其重修年代大约是在光绪十年（1884）至民国三十二年（1943）之间，捐款者也基本上也都是土地公祠所在村寨的村民。如南寨寨门旁的土地公祠旁立有光绪十年（1884）

的《流芳百世》重修碑，南寨通向与寨贡交界处水田的小路旁的土地公祠的侧面则刻有民国三十二年重修时的捐款人员姓名，欧阳村内则有两座初建于民国二十七年的土地公祠。但这些碑刻大部分只简单罗列捐款人员的姓名和捐款数目，对于初修或重修的原因却只字不提，有些甚至连建造的年代也没有刊刻。笔者对村内老者进行询问，但大部分人的回答都说是土地公祠是老一辈人立下来的，关于位置的选择和修建的原因则不得而知。由于笔者在旧县城丹洲镇、现在的县城古宜镇周边的"六甲"村落中，都看到大量形制类似的土地公祠，因此推测和里、南寨各村寨中土地公祠的设立，应该与县城村寨中土地公祠的设立潮流有着一定的关联。

3. "村寨"观念的建构和变迁

通过比较萨堂与土地公祠在村寨中的分布、村民观念中的形象、以及在村寨中的祭祀状况，笔者觉得二者的信仰空间状况与地域社会的"村寨"观念的建构和变迁有着深刻的联系。

"萨"在当地人的观念中是一种女性远祖形象，当地人在称呼奶奶时也称其为"萨"，但是奶奶过世之后并不会直接成为"萨"，能够作为神灵的"萨"是指年长的父系女性祖先。土地公祠内供奉的土地公则通常是一个男性老者的形象，偶尔也会有将土地公与土地婆放在一起祭拜的情况。"萨"与"村寨建立"、"人畜平安"有着密切的关系，能够"驱邪镇寨"，它并不会因为最初祭祀人群的迁移而离去，不少"峒"地村寨中遗留着被所谓迁移而去的"苗人"留下来的萨堂（坛），后来迁移入寨的人群虽然不一定会对其大肆祭拜，但是依然维持着对"萨"的供奉和祭祀。而且每个村寨通常也只有一个祭"萨"的空间——萨堂（坛），通常位于村寨当中的核心位置，这个祭祀空间平时并不随时向祭拜者开放，只有在重要的年节时令或"萨"的诞辰或祭日时，才会在萨堂管理者（如和里伍氏）的主持下，对其进行隆重祭拜。

而土地公信仰则与村寨的边界有着密切关系，土地公祠通常设立于村内通向村外的要道出口旁，背靠村内、面朝村外，散布在村寨的各处边界位置，象征着村寨的内外界限。对土地公的祭拜是开放而平等的，每个村民都可以根据自己的需求去向他求助，并且通常在每月的初一、十五前去烧香、敬茶，而且由于土地公祠的普遍设立，村民可以选择去祭拜与自己关系密切的土地公，还可以共同捐资兴建土地公祠，这种修祠功德可以被捐资者的后代所继承。

因此，在当地村民的日常祭祀活动中，"萨"被视为是一个统一的、不可分的、掌管整个村寨安危的神灵，但是土地公却是一种可以被划分的、有着各处管辖范围的神灵。此外，"萨"还与当地传统的节庆礼仪活动有着密切关系，如在以整个村寨为单位的各种传统的对歌、吹芦笙等活动开始前都要先请"萨"，芦笙队和歌舞队进出村寨之前也要先到"萨"堂进行表演。土地公祠则与这些活动没有任何关系，但是如果某些村寨没有萨堂——如南寨和欧阳寨，就会将位于村寨中心的鼓楼或戏台旁的土地公祠当作萨堂进行祭拜或者表演对象。因此，在不少村民的心目中，对"萨"与"土地"神灵象征之间关系的认知是相对模糊的，甚至是叠合的，当前有些村民甚至认为"萨"就是"土地","土地"也是"萨"。①

对于"萨"的研究，当代不少民族学者通过对"萨"信仰流传的湘黔桂交界地区村寨中"萨"称谓内涵的考证、萨堂形制和埋藏物的比较、祭"萨"仪式的分析与比较等方面，来追溯和探讨"萨"信仰的源流、象征演变，将其与信仰人群的自然崇拜②、土地崇拜以及英雄豪杰崇拜③联系起来。④ 这些关于"萨"的研究，为我们了解这一区域不同村寨和人群祭祀崇拜"萨"的文化表征现象，提供了不少相当有用的民族志资料与地域文化背景。但是，由于没有考虑到其所处村寨的整体社区发展历程、人群关系和信仰体系建构过程，而将其单独抽离出来，进行不同村寨的类似文化现象之间的简单联系、比较与分析，恐怕很难厘清不同信仰所承载的文化观念随着信仰人群的移动而产生的冲突、影响与变异，并且对同一信仰文化在不同村寨社区中发展与变化的程度与机制也难以探求。因此笔者认为，对"萨"信仰内涵与本质的探究，需要

① 笔者综合多位报道人的访谈进行概述。
② 如吴文志《萨岁为女娲神考略》，《贵州民族研究》1990年第2期，第33—37页。
③ 如张民将"萨"岁与冼夫人崇拜相联系，见张民《萨岁考略》，《贵州民族研究》1982年第3期，第126—134页；《萨岁是侗族先民越人首领——巾帼英雄冼夫人》，《贵州民族研究》2003年第4期，第39—46页。而邓敏文认为"萨"岁是一位生活于唐代贞观年间、战斗于都柳江上游的侗族女款首，见邓敏文《"萨"神试析》，《贵州民族研究》1990年第2期，第18—24页。
④ 对于"萨"信仰的民族学调查和讨论多集中于20世纪80—90年代初期，早期的相关调查和论述内容可参见黄才贵《侗族堂萨的宗教性质》，《贵州民族研究》1990年第2期，第25—32页；吴世华《侗"萨"时代初探——三江林溪萨神遗迹调查》，《贵州民族研究》1990年第2期，第41—42页；吴万源《通道侗族"莎岁"文化调查》，《民族论坛》1990年第2期，第78—81页；张民《试探"萨岁"神坛源流》，《贵州民族研究》1991年第4期，第27—35页；席克定《侗族"萨岁"试论》，《贵州民族研究》1993年第3期，第86—95页。2000年之后的一些研究则开始注意到"萨"信仰的神明形象存在时代与区域的差异，相关论述见曹端波《侗族"萨岁"崇拜浅析》，《西南民族大学学报》2008年第10期，第169—173页。

放置于其所处村寨聚落的人群关系、以及他们信仰空间体系所形成的历史过程中进行具体的考察。

以"五百河里"这一典型的"峒"地聚落为例，"萨"在其聚落人群信仰体系中，是一个保佑作物丰收、人畜兴旺的"丰产"女性远祖形象，并且与村寨聚落"空间"的确立有着密切关系，但这种聚落"空间"的确立最初可能不一定取决于某一固定的地点或地方（place）。因为我们知道，最初建立"萨"堂并祭祀的刘姓、略姓人群后来发生了迁移，因此他们的聚落"空间"很可能是以组成聚落的人与畜的活动空间为界定的，因此当人畜迁移之后，这种聚落空间范围也就需要随之重新确立。所以，这里所谓的村寨"空间"就是一个不以固定的"地域空间"为基础、而是以组成聚落的"人畜"为根基的流动的"关系空间"，因此祭祀的"萨"能够驱邪镇寨、保护村寨安危，就是建基于其对"人畜"安全与兴旺的佑护上面。这种所谓"流动的"聚落空间观念，主要存在于那些以采集渔猎或以刀耕火种为主要生计方式的流动性较强的聚落人群当中。如台湾东埔社传统布农人的take（聚落）范围早期就是不固定的，是每年经由Malahodaigian（打耳祭）来确定的，只有完成这整个仪式来确定这个take（聚落）的男性成员之后，这take的范围才可以确定，凡已确定成员所拥有的旱田与猎场，均为这take的范围。因为早期的布农人行刀耕火种的生产方式，常为了新的旱田而迁移，人口流动性大。因此，take的成员也不很固定，使得take的范围不固定。他们是透过每年的打耳祭活动中确定男性成员的过程，将原属于家的旱田及属于父系氏族的猎场转换成聚落的领域。①

那么，对于祭祀和信仰"萨"的刘氏、略氏、伍氏等聚落人群而言，他们才是最早进入和里、立"萨"建寨的人群。但是据伍氏家族和吴氏宗族的口传历史记忆显示，早期的"萨"堂和村寨都建在和里河溪流上游的高坡。我们知道，一般热带和亚热带山地高坡地带更适宜刀耕火种或者开垦梯田，但是该地并没有开垦梯田的历史痕迹，那么刘、略、伍氏等人群很有可能当时就是以游耕式的刀耕火种为主要的农耕生计方式，而且后来刘氏、略氏等人群向贵州地区的迁移活动恐怕就与这一流动性相对较强的农耕方式有关。② 与三江县相毗邻的贵州从江县的侗族聚居地区，至今仍然保持着在灌木丛林和草坡上进行刀耕火种的悠久传统，通常采取一年耕作轮歇制，与水田灌溉农业相结合，共同构成该地区村民的农业种植生产方式。③

此外，外来迁移进入和里的吴氏人群，起初也是在溪流上游的高坡上居住并耕作，后来由于人口增长，为了"便于开田造地"才迁到和里河的中游沿岸居住，而这里已经是山脚平地，河流平缓、水塘密布，是适宜开垦水田的地带。虽然水田灌溉农业比刀耕火种需要投入更多的劳动力与资金，但是也

---

① 黄应贵：《土地、家与聚落：东埔社布农人的空间现象》，黄应贵主编《空间、力与社会》，台湾"中央研究院"民族学研究所，1995年，第73—131页。

② 关于实施刀耕火种的不同方式类型，可参见尹绍亭《人与森林——生态人类学视野中的刀耕火种》，云南教育出版社，2000年，第207—334页。

③ 贵州从江县侗族地区刀耕火种的主要作物是小米、小麦、高粱、包谷、旱稻、芝麻、土烟、瓜果及豆类等，其中的副食作物是当地民众获得货币收入的主要手段之一，能够用之购买锄头、镰刀、犁耙等铁器工具和食盐，在他们的经济结构中占有极其重要的地位，见吴伦新：《从江侗族地区刀耕火种存在之原因》，《农业考古》1986年第2期，第341—359页；《从江县侗族刀耕火种经过》，《农业考古》1988年第2期，第388—389页。

相应地有着较为稳定的收成和更大的人口承载能力。因此，对于没有选择迁移的伍氏和吴氏人群而言，随着聚落人口增殖压力的出现，很有可能由固定地域的轮歇式刀耕火种①逐步转变为从事定居性的水田灌溉农业为主要生计方式，使得他们对固定土地的依赖性也随之增大。此外，南宋以后特别是明清时期，水利灌溉技术和设施在南方山区的广泛推广与兴修，使得地势较低的河谷、盆地地区更容易开垦和发展水田稻作农业，实施连种耕作制。② 然而需要注意的是，虽然农耕产出在当地民众生计中的重要性会随着人口增长而逐步增加，但是渔猎采集、山林砍伐、山林特产和经济作物的种植与交换，在山区民众的日常生活中也长期占有重要地位，因此山区民众依据所身处地域的自然条件，在不同时期选择采取流动或是固定的农耕方式都是有可能的。此外，也有可能是村寨的部分人群迁移到别处居住耕作，没有迁移的人群则继续维持相对固定耕作的农业生产方式，因此二者很有可能在相当长的时期之内，在湘黔桂交界山区不断迁移或定住的人群中是被反复选择、交替采用的。

　　不过我们也必须明白，采取多代的定居耕作之后就会使村寨人群的流动性降低，也会使得原本"流动的"聚落空间逐步变得"固定"下来，因此原先以确定聚落成员来确立聚落范围的空间观念，会逐渐变成由确立家屋、田地、山林所占据

---

① 这种方式是指在一定的地域范围内对不同类型土地实行轮流撂荒休耕，即某块土地耕种若干年后，撂荒休耕，隔数年待地力恢复，再重新耕种，这种耕作方式可以在村寨聚落范围内进行近距离移动耕作，而不需要进行远距离的长途迁移，参见尹绍亭：《云南的刀耕火种——民族地理学的考察》，《思想战线》1990年第2期，第18—23页。

② 鲁西奇、董勤：《南方山区经济开发的历史进程与空间展布》，《中国历史地理论丛》2010年第4期，第40—45页。

的土地空间来确立聚落的空间范围。这种村寨地域空间观念的转变更会随着明清之后，该地区地方经济的发展、外来商贩与移民的大规模涌入而变得加速，尤其是不少外来商民本身就已经有着相对"固定的"土地空间观念。那么，土地公信仰进入该地区且被当地民众所接受并祭拜，就与地方村寨人群关于"土地产出"、"土地边界"、"土地产权"观念的出现与兴起相辅相成。因此对重新整合在一起的原住民与移民群体而言，保佑村寨丰饶的"萨"就很有可能逐步与"土地"崇拜相联系，原本以人与人之间关系来界定的、可变化的村寨聚落空间范围内唯一确定的"萨"堂，就会随着村寨聚落空间变成固定性的、有边界的土地范围，从而由一个个处于不同边界位置的土地公祠而逐步替代了。只残存下由和里"先民"伍氏一直管理祭祀的金萨殿，以及寨贡村虽然无专人管理，却被从外来移民人群作为建寨象征而不敢随意取代的"萨"坛。因此，过去每年的农历六月初六，各村中寨老还会集合众人在"萨"堂前宣布寨规，以及确定村中所有山场、林地的范围。①

"萨"与土地公信仰空间之间的交叠现象，其实折射出和里、南寨地方社会所经历的一个相当长时段的生计方式变迁历程：从以刀耕火种为主要农业生产方式的相对流动的村寨社群，到一个因为人口增长而选择定居耕作、固着于土地的村寨社区，明清以来又因为王朝国家控制的增强、河运贸易经济的兴起，外来移民、商贩的不断进入，而使得有限的村寨"地域空间"成为原住人群与外来"异姓"人群通过不同手段与力量获取和争夺的对象，土地边界与所有权观念也由模糊到逐

---

① 根据南寨老人杨盛玉回忆。

步走向清晰，保佑村寨富裕与兴旺的本土女神"萨"与象征
土地边界的外来土地公信仰，也在原住人群与外来移居人群的
互动整合过程中，最终在"五百河里"村寨人群的信仰体系
中共存下来，成为村寨信仰空间中相互叠合又无法彼此取代的
神灵。

三、比较与讨论

作为地域聚落概念而形成的"五百河里"，是一个在西江
上游山间"峒地"地带逐渐发展演变而又不断遭遇内、外族
群重构整合而成的跨村寨的区域人群共同体，其形成过程中交
织着原住系家族人群以保卫本土"三王"祭祀空间来排斥外
来"异姓"人群进葬祖先坟墓、增修"三王"庙宇来统合
"六甲人"信奉的"天帝相公"神明、重修"三王"神庙来
整合村寨各家族人群组成地方团练武装的行为，这些以神明祭
祀场所为媒介来沟通、协调不同人群之间关系的互动过程，其
实背后折射的是以地方"土舍"家族后人为代表的原住系家
族人群读书入仕，不断操弄与王朝国家权威有关的"三王"
信仰，逐步将当地早期传统的"兜"组织转变为"宗族"组
织的村寨社会发展进程。此外，随着湘黔桂交界区域水运贸易
的繁荣发展，与河运通道密切相连的陆路交通设施也逐步修建
起来。桥梁、道路的兴修带来"峒地"内部各村寨之间、"峒
地"村寨与山地村寨之间人群经济联系和往来的加强，原来
自给自足、相对封闭的村寨聚落内部得以进一步沟通和联系在
一起，关公信仰的进入与其说是外来商贩带来的商业观念的渗

入，更有可能象征着跨地域村寨人群联系网络的加强。第三，从"地域"观念更深层次的变化来看，早期象征村寨建立的以成员关系为主的"萨"信仰的根植与延续，也随着定居人群对村寨边界和所辖土地权利的明确与强调，越来越强调"地域"认同而不断遭到外来土地公信仰的冲击与替代。而这一系列"峒"地村寨聚落开发与族群互动过程的背后，经历了明代"怀远瑶乱"之后当地"瑶人"的逃亡和外地"三甲民"户进入承垦定居，清雍正年间开辟古州"新疆"、疏通黔桂之间河运水道而吸引大批商贩和移民的涌入，以及道光至光绪年间湘黔桂交界地区"匪乱"频繁而造成的地方局势紧张以致村寨团练武装兴起等重大历史事件的冲击。

从地域空间关系上来看，代表村寨领域的"萨"、连接村寨之间通道网络的关公和象征跨村寨联盟的"三王"，展现了"五百河里"这一"峒地"聚落形成的内部层级关系。然而这一层级关系的形成并非一蹴而就，是随着整个"峒"地各村寨内部不同来源族群之间的互动、各村寨之间各"大姓"家（宗）族人群之间的互动、以及原住系人群中涌现的本土士绅与代表王朝国家权威的地方官府之间的互动而逐步形成，它们在"峒地"聚落的形成和发展过程中同时展开而又互相影响。直到清代光绪年间，各村寨内部人户流动迁移的现象才基本结束、大姓家族士绅之间的力量博弈渐趋稳定，"五百河里"聚落的人户规模与地域观念臻于成熟。

此外，我们需要注意的是，作为西江上游河流沿岸高原山地中散布的、因河水侵蚀山体而逐渐形成的山间谷地——峒（崀、洞）地，作为一种自然地理单元并非是隔绝而封闭的，而是不断吸纳居住在四周高坡上的山地人群、以及沿着西江河道逆流而上迁徙而来的外地商民。不同时期进入或离去的人群都将自身所拥有的生计方式、文化观念和社会组织体系带入其中，从而交织、互动、整合成为新的人群组织、文化传统和地域观念。因此，以"五百河里"为代表的"峒地"村寨作为一种地域聚落社会的形成，虽然会受到自然地理条件的界定与限制，但也并非自然而然，而是于其中居住的人群在漫长的历史过程中，通过人与土地、人与人、人群与人群之间的交互作用逐步形塑而成。这一地域是他们日常劳作以致生息繁衍的自然空间，甚至往来冲突、合作竞争的社会空间，并且共享历史过程、分享历史经验的历史舞台。

此外，通过对西江上游"峒"地村寨当中"三王"、关公与"萨"祭祀场所与信仰空间的建构与变迁过程的考察与探究，也让我们看到对村寨当中拥有不同身份、地位和权力的个人和群体介入到神明信仰活动中行为方式的差异，并且触摸到不同历史行动者所造就的不同层次的"历史过程"。

"三王"作为一个在宋代得到皇帝敕封的、与王朝国家权威有着密切关系的本土神明，成为地方大族、新兴士绅、外来商民竞相关注、利用、书写与刻画的信仰标志。他们在不同历史时期争相介入到祭祀"三王"、修建和管理三王宫庙宇的活动中，以此展现自身在地方事务中的领导权与代言人角色，也因此最终使得"三王"能够成为整合各村寨中来源各异人群的联盟象征，并且成为村寨人群与地方官府、王朝国家互动的"中介"，大量文字碑文的存留和正统祭祀礼仪的采用，体现着王朝国家文教礼制与地方士绅阶层互动关系层面的"历史过程"。

关公作为外来商贩通过商业贸易往来而带入"峒"地村

寨的神明角色，却只能游离于具体的村寨社区之外，唯有安居于桥梁、道路的一侧，成为人人可拜却又不归任何村寨所有的外来神明，这与关公崇拜成为超越具体村落、社区范围，而连接没有家族和社区可依靠的、常年漂泊在外的商旅人群的神明信仰有着一致性，因此当地村民对关公的祭拜是希望其保佑外出、往来平安，与外地商贩带来外来商品与文化却又始终无法真正进入当地社会的境遇互成映射，他们能够通过支助当地桥梁的修建而留下名字，却始终无法站稳脚跟、为关公建立起固定的庙宇，然而关公能够至今仍被供奉于桥梁、道路的神位之中，也反映出外来商业贸易对本地人群影响之深远，这是地区经济被卷入更大区域范围的经济网络层面的"历史过程"。

"萨"作为一种村寨守护神的形象，与村民居于村寨内部的安危有着密切关系，而且作为村寨领域神灵与该村寨居民的身份认同直接相关。外村寨的村民不会随便前往其他村寨的萨堂（坛）去拜祭，而总是倾向于首先祭拜代表本村寨领域的"萨"，即使后来代表村寨边界的土地公祠大量涌现，村民也通常拜祭与自己居住地和耕作土地、山林接近的土地公祠，显示出与"萨"、土地公所代表的村寨认同的地域关系。然而，具有悠久历史且与村寨中的普通村民最为亲密的"萨"，却是在当地村寨神明信仰体系中最为根基却又最容易被士绅与官方所忽视的神明，因此缺乏文字记载和权威象征，大部分的神明来源与象征故事都只流传于口耳之间，其祭坛形式、埋藏物品、祭拜仪式也随着时代变迁和地域差异呈现出复杂而多元的状态。"萨"这种在底层普通百姓中流传的无文字信仰具有弱势性与易变性，而其中却深刻体现出西江上游"峒"地村寨以人与人之间的关系为主，逐渐转变为以人与土地的权利关系为主而形成的地域观念层面的"历史过程"。

如此，我们透过具体村寨中不同身份、地位和权力的行为主体所着力营造的信仰祭祀场所，能够展现出区域村寨社会建构更为丰富而具有多层次性的复合"历史过程"，以避免对整个中国社会的内在秩序和运行"法则"的简单理解与僵化书写。

中山大学社会学与人类学学院

明清时期军屯制度对南岭山地
乡村聚落变迁的影响

——以蓝山县南部村落为例[*]

欧阳琳浩　谢　湜　梁育填

中国南部的南岭山地，因夹杂其中的丘陵所形成的多处孔道，成为沟通中国内陆与沿海以及南中国周边地区的重要通道。历史上这片地区除了汉族以外，还包括苗、瑶、壮、侗等少数民族，社会学家、人类学家称之为"南岭民族走廊"。伴随着交通和市场的拓展，王朝的军政势力逐步嵌入到山地社会，在山地中流动的人群随之被赋予各种族群的标签，他们的交往和融合，使南岭山地呈现出特定的族群聚落景观。这种族群聚落景观在明清时期逐渐成型，很大程度上缘于明清两朝的疆土管理体制对南岭地区所产生的重要影响，并成为留存至今的历史事实。在明朝的疆土管理体制中，属于军事系统的卫所，在绝大多数情况下和行政系统中的州县都是一种地理单

---

* 本文原载于《中国历史地理论丛》2020年第3辑，收入本书中文字略有修改。本文利用GIS绘制的"蓝山县南部村落"，"宁溪千户所及其军管、城堡分布图"，"与'八户'有关的村落分布图"，"新、旧瑶地空间分布图"，"各村落姓氏始迁祖迁入时序图"等图，详见该刊。

位。① 军事区划和行政区划的边界划分，以及卫所军屯和州县民地的分布，往往体现出"犬牙相制"的现象。② 这种制度设计以及由此带来的复杂空间关系，深刻影响了既是行政边区又是多族群分布区的南岭山地。军事驻防体制中的卫所、军屯及其变革，对乡村聚落，或者说是族群聚落景观的形成和变迁有何影响，目前受学界的重视程度仍嫌不足。

以往对明清军制中的卫所军屯研究已较为深入，除了整体制度的沿革外，还涉及区域间的差异、实施过程上的参差，以及卫所体制何以能够延续并产生深远影响。赵世瑜认为，对于一些内地卫所而言，诚如于志嘉等学者所言，一方面在制度上部分卫所承担漕运，另一方面在地方上卫所土地、人口与州县不相统属又犬牙交错，由于屯地有利可图，有必要保持军户身份。对于整个王朝而言，大量卫所的设置有利于拓展疆域、控制人口，所以体制得以长期延续。③ 这一问题取向和分析角度，超越了直线式的制度史梳理，启发我们在具体的地域空间中继续考察体制的延续和社会的重组。陈春声指出，"区域历史的内在脉络可视为国家意识形态在地域社会的各具特色的表达，同样，国家的历史也可以在区域性的社会经济发展中'全息'地展现出来。只有认识了这一点，才可能在认识论意义上明了区域研究的价值所在"。④ 具体到南岭山地的地域空间，区域内的族群是多元化且极具流动性的。他们常常与斯科

① 顾诚：《明帝国的疆土管理体制》，《历史研究》1989 年第 3 期，第 135—150 页。
② 于志嘉：《犬牙相制——以明清时代的潼关卫为例》，《"中研院"历史语言研究所集刊》2009 年第 80 本第 1 分，第 77—135 页。
③ 赵世瑜：《卫所军户制度与明代中国社会——社会史的视角》，《清华大学学报（哲学社会科学版）》2015 第 3 期，第 114—127 页；于志嘉：《卫所、军户与军役——以明清江西地区为中心的研究》，北京大学出版社，2010 年。
④ 陈春声：《走向历史现场》，《读书》2006 年第 9 期，第 19—28 页。

特所谓的"不被统治的人群"有相似性和可比性①，而活动于该区域被纳入国家军户的人，更创造出一套包含当地社会惯例和互动形式的生存策略。② 这使得我们在探讨南岭山地卫所军屯制度的实施和转变，以及由此引起的人际关系与人地关系的变化时，需突破以卫所改制简单分析明清两朝变化的框架，将卫所军屯的制度原型，化约为人群、身份、资源、制度之间的各组关系及其转变的可能性，更好地将文本、记忆与人居格局放入历史序列中去考察和重构。③ 本文以南岭地区的蓝山县南部村落为研究范围，围绕该地区的重要资料《宁溪所志》进行个案考察，并结合 GIS 等方法，在具体历史场景和社会机制中去分析卫所军屯体制影响下族群聚落景观的变迁，并借此寻求一种结合历史地理学和历史人类学研究的探索路径。

一、研究区域概况与资料来源

1. 区域概况

蓝山县现属湖南省永州市管辖，地处湘南边陲，南岭山脉中段北侧，九嶷山东麓，地势由西南向东北倾斜，境内山、丘、岗、平区相互交错，以山地为主，全县海拔 1000 米以上

---

① Willem van Schendel, "Geographies of Knowing, Geographies of Ignorance: Jumping Scale in Southeast Asia, *Environment and Planning D Society and Space*, 2002, 20（6）: 647—668; James Scott, *The art of not being governed*, New Haven and London: Yale University Press, 2009。

② Michael Szonyi. *The Art of Being Governed: Every Politics in Late Imperial China*, Princeton: Princeton University Press, 2017。

③ 谢湜:《清代前期南中国乡村社会的再结构》,《北京大学学报（哲学社会科学版）》2018年第 5 期, 第 129—140 页。

的山峰 258 座，是较典型的山区县。蓝山县东毗邻临武县、南与江华瑶族自治县和广东省连州市接壤，西与宁远县交界，北接嘉禾县。民国时期的《蓝山县图志》形容蓝山为"山国"，称其为"楚尾粤头，实居险要"。①

宋代蓝山隶属桂阳军，元代改属桂阳路。明初隶属郴州，后改属衡州府桂阳州。1732 年，桂阳州升为直隶州，领蓝山县。1915 年，因废州府厅，蓝山县直隶于湖南省。1949 年 12 月，蓝山县成立县人民政府，属郴县专员公署，1952 年属湘南行署，1954 年属郴县专署，1961 年属郴州专署。1962 年 12 月改隶零陵专署，1995 年撤销零陵地区，建立永州地级市，蓝山县遂隶属永州。本文以蓝山县南部山地的 400 多个村落为研究范围（也即现在的所城镇，湘江源瑶族乡、荆竹瑶竹乡、大桥瑶族乡，这一区域是 18 世纪至 20 世纪蓝山县下辖五个乡中的"舜乡"）。

2. 资料来源

随着区域史研究的拓展，民间历史文献的研究价值逐渐得到挖掘，尤其是契约文书、族谱、地方碑刻等，其整理和使用也逐步引起学界的重视和反思。② 在南岭地区的研究方面，除了利用以往的典籍资料外，我们还特别留意搜集当地的文献资料。在湖南省永州市蓝山县南部舜水流域的实地考察中，我们

---

① 民国《蓝山县图志》卷二《建置下》，《中国方志丛书》华中地方第 110 号，台湾成文出版社，1970 年，第 93 页。

② 郑振满：《民间历史文献与文化传承研究》，《东南学术》2004 年增刊，第 293—296 页；常建华：《中国族谱资料的整理、研究和数字化建设》，《安徽大学学报（哲学社会科学版）》2014 年第 1 期，第 95—105 页；杨培娜、申斌：《走向民间历史文献学——20 世纪民间文献搜集整理方法的演进历程》，《中山大学学报（社会科学版）》2014 年第 5 期，第 71—80 页。

便发现了一部难得的卫所方志——《宁溪所志》，并在不少村落收集了族谱、碑刻等民间文献。1933 年编成的民国《蓝山县图志》收录了相当详细的村落姓氏、人口等数据，这些村落大多可以对应到 1980 年代编纂的《蓝山县地名志》和《蓝山县瑶族志》的地名和相关信息。通过对这些数据和信息的整合，借助 GIS 技术，可以重建历史时期蓝山县的村落分布、人群分布等情况，并使之结合已有的文献进行相互印证和综合分析。

二、卫所军屯制度的转变对人群和村落的影响

明代的卫所在绝大多数情况下是一种地理单位，卫所内除了有驻防的军士及其家属等在籍人口外，还有分给军户的大量屯田。这些军事屯田的设置，是乡村聚落形成的动力机制之一。随着世代推移，军士逃亡和屯田转卖的情况日趋严重，卫所军屯制逐渐崩坏，军屯逐渐"民田化"，卫所也在清初裁撤并入州县管辖。这种制度的变迁对山地的人群和村落产生了重要影响。蓝山县的军屯土地所有者在此过程中采取了有效的生存策略，联合签订合同户，将原先的军户身份转为民户，并缔结为拥有权力且富有成效的社会组织，保证其权势的延续。通过这种新的组织方式，他们进一步拓垦土地，山地间的村落格局也因此发生改变。

1. 卫所军屯的崩坏及归并州县

明王朝军事系统的卫所一般以若干个府级行政区设立一个

防区，称作卫，卫以下设千户所、百户所。根据明代初期的制度，以 5600 人为卫，1200 人为千户所，120 人为百户所，卫所的兵士被编为军户，世袭当兵。明永乐年间，卫所的数目达到最高峰，全国共设置了 493 个卫，359 个千户所。明初设立卫所，亦相应创设了军屯体制。一般而言，卫所军士有三分守城七分屯种或二分守城八分屯种之制。根据地方的具体情况，通常每个军士可分到 20 亩至 100 亩土地进行耕种，并缴纳一定赋税，但无须像民户一样承担徭役。后来，随军家属也可顶替军士耕种屯田。湘南地区在明代前期总共设置了 4 个卫，10 个千户所，其中就包括了蓝山境内设于 1396 年的宁溪千户所。该千户所筑有所城一座位于现在的蓝山县所城镇，所城南面水陆要冲之地设置了大麻营军营和大桥堡城堡位于现在的大麻营和桥市村。这些军事卫所、军营和城堡的设置，除了防御南部山区的叛乱者入侵之外，也相应促进了该地区卫所屯田的发展。

根据明代的户籍管理制度，军户世袭，且按规定屯田不可买卖或转移，一旦军士逃亡、改调，屯田须交还官府。然而，随着世代推移，明代中期以后，大部分卫所出现额军大量逃亡的情况。[1] 一些卫所的户籍和屯田的管理已变得十分混乱。[2] 许多屯田或被地方豪强占夺，被军士转佃、典卖，甚至达到"流水接买"的程度。[3] 结果造成一些非军户的人群实质上控制了卫所的屯田，并借此获得减免徭役的利益。尽管许多屯田

---

[1] 顾诚：《明帝国的疆土管理体制》，《历史研究》1989 年第 3 期，第 135—150 页。
[2] 康熙《永州府志》卷 14《武备·屯田》，书目文献出版社，1992 年，第 371—388 页。
[3] ［明］李腾芳：《李宫保湘洲先生集》卷 3《议·绝军粮议》，《四库全书存目丛书》集部第 173 册，齐鲁书社，1997 年，第 96 页。

的占有者承续了军户的身份，但其所占土地在实质上已转变为民田。官府为了防止屯田抛荒，只能默许这种转变，尽可能通过各种政策向屯田占有者征税。在湖南南部，这种军屯"民田化"的现象尤为突出。① 值得指出的是，军屯"民田化"不只是简单的土地占有形式的转变，其本身就是土地拓垦的动力之一。

明清鼎革之初，明代设立的卫所在许多地方依然延续其聚落、人居格局，随着地方行政区划的调整以及八旗、绿营等军事建置在地方的展开，卫所内部的"民化"和辖地的"行政化"过程逐渐加快。至雍正初年，大部分地方完成了卫所裁并或改为州县行政系统的改革。② 清王朝对湖南的军屯进行了清理和整顿，经过一番政策的辩论和实践，湖南省官府实施了较为温和的改革，强调宗族担保、民间自行报垦以及税收优惠等措施，确保屯田不至于流失或抛荒。"三藩之乱"一度打乱了改革节奏，直到叛乱被平定后，官府才得以真正施行土地改革。清廷虽然在 1678 年已下令湖广"归并卫所，屯丁亦令照州县人丁例一体编征"③，但宁溪所户籍的转变和屯粮归并州县直到 1688 年前后才正式提上日程。④

2. 军户的生存策略

虽然军屯卫所崩坏过程中一直出现正额军士逃亡的情况，

---

① 王毓铨：《明代的军屯》，中华书局，1965 年，第 72、78 页。
② 顾诚：《卫所制度在清代的变革》，《北京师范大学学报（社会科学版）》1988 年第 2 期，第 15—22 页。
③ 《清朝文献通考》卷 19《户口考一》，《万有文库》本《十通·第九种》，商务印书馆，1936 年，第 5024 页下。
④ 阮敬涛：《宁溪所志·九所籍贯》，蓝山县所城镇大河边村古氏藏光绪二十年刻本，不分页。

但到了卫所归并州县之后，新产生的重要问题是原先卫所军屯不再具有合法性，军屯所有者也失去了军户的有效身份，面临着成为无籍之徒，失去屯田所有权，且无法参加科举考试的境地。面对这种人地关系的困境，地方官府为了稳定地方秩序，实行了较为灵活的户籍重组政策，即"联里朋甲"。该政策允许军屯的所有者通过缔结契约合同，结成联合户口，转为民户。

宁溪千户所的军屯所有者，就在这种情况下，联名申请朋充里甲，缔结了所谓"九所八户"的契约，成立了由李、黄、朱、阮、利、周、古、潘八个主要姓氏构成的合同户籍，立名为"兴宁一"，承顶了蓝山县西隅里第十甲逃绝的户籍，获得民户身份，从而确保了对九个屯田所（即屯田单位）的土地所有权，并在后来的聚落拓展过程中展现了他们的权力。① 这种转变不单只发生在宁溪所一处，从同治《蓝山县志》所录户口表我们也可看出，康熙年间联里朋甲政策颁布以后，以朋户方式承顶绝户，乃至以朋户方式再增入朋户的情况还在增加，绝户的数量也相应地逐渐减少。② 这与同一时期发生在东南沿海闽粤地区的"粮户归宗"改革有异曲同工之妙。③

---

① 赵世瑜：《"不清不明"与"无明不清"——明清易代的区域社会史解释》，《学术月刊》2010年第7期，第130—140页；谢湜：《"以屯易民"——明清南岭卫所军屯的演变与社会建构》，《文史》2014年第4期，中华书局，第75—110页。

② 同治《蓝山县志》卷4《赋役志·户口》，哈佛大学汉和图书馆藏同治六年刻本，第19b—29b页。

③ 刘志伟：《清代广东地区图甲制中的"总户"与"子户"》，《中国社会经济史研究》1991年第2期，第28、36—42页；郑振满：《明清福建的家族组织与社会变迁》第4章，湖南教育出版社，1992年，第151—199页；陈支平：《清初福建"大当"之役考略》，收入陈支平：《民间文书与明清赋役史研究》，黄山书社，2004年，第211页；刘永华、郑榕：《清代中国东南地区的粮户归宗——来自闽南的例证》，《中国经济史研究》2008年第4期，第81—87页。

宁溪所的"九所八户"成立了"兴宁一"的合同户后，在往后的几十年间，进一步发挥了社会活动中的人群组织功能，超越了单纯的户籍登记的意义。他们在清代一直保持着稳固的联盟关系，还通过合股经营、缔结科举基金会、兴办团练等手段壮大财力，加强自身的延续性。直至民国以后，1933年刊印的《蓝山县图志》还明确记载着这一户籍组织。

民国《蓝山县图志》记录了各村庄的姓氏及其分布情况，通过对该志书中的地图、各方志的地名以及相关民间材料进行整合，并结合 GIS 技术，我们重建了可能与"九所八户"组织相关的村庄分布情况。这些村庄大部分位于今天所城镇和大桥瑶族乡两地的河谷盆地，且自北向南呈长条状分布所城以南、自北向南呈长条状的河谷盆地。根据 1933 年的人口统计资料，可以发现该地带也是蓝山县南部山地中人口相对较为稠密的地带。关于明代蓝山县屯田的分布情况，尽管和全国大部分地方一样缺乏确切的记载，然而，通过对明清时期军屯向民田转化的过程的追述，我们可以大致推测这一长条状河谷盆地，即是明代蓝山军屯的主要分布区，由此也可看到"九所八户"各姓在土地开垦和村落拓展上的权力。同时须强调的是，它更多地反映了 15、16 世纪军屯变迁之后的分布情况。这种乡村聚落分布背后所隐含的历史过程和社会机制颇为复杂，而其中最关键的一点在于南岭山地人群的流动性。南岭山地的历史，可以说是不同地区的人不断地进入、频繁地流动并长期互动的历史。

三、流动的人群与聚落的拓展

随着王朝国家权力和文化的不断渗入，军事征伐和族群互动成为形塑南岭山地社会文化特质的重要机制。[①] 明王朝在南岭山地设立宁溪千户所，主要目的便是遏制山贼和瑶蛮的侵扰。面对"无山不有瑶"的南岭山地，军事行动、人群流动性和族群互动等相关因素深刻地影响南岭山地聚落的空间拓展。

1. 征伐与招抚

明代初年，南岭山地设置卫所的目的，主要在于抵御来自山区各种族群的叛乱。作为民族走廊的南岭地区，其重要特征便是汉族中的客家人与瑶、畲等少数民族的生态共存和文化互动。[②] 在众多的少数民族中，则以瑶人为主。中国传统的文献中把南岭以及岭南地区的人统称为"蛮"，并分别用"瑶"、"僚"、"俚"、"僮"等等一些族类名称加以标识。李默曾指出，宋以前文献用"俚僚"指称岭南原民，明清之后逐渐多用"瑶僮"知名，并把这种变化称之为"瑶化"。[③] 刘志伟进一步发挥这种变化的含义，他认为所谓的"瑶化"，其实是南

① 刘志伟：《天地所以隔内外》，吴滔、于薇、谢湜编：《南岭历史地理研究（第一辑）》，广东人民出版社，2016年，第 I—XXXⅢ页。
② 竹村卓二：《瑶族的历史与文化——华南、东南亚山地民族的社会人类学研究》，民族出版社，2003年。
③ 李默：《广东瑶族与百越族（俚僚）的关系》，《中南民族学院学报》1986年增刊，第115—125页。

岭土著溪峒之人（俚僚）被拉入王朝统治下的国家体系过程。①

从 11—13 世纪，宋王朝在开拓南方疆土的过程中，对瑶族的态度徘徊于征伐与安抚之间。1043 年，数千瑶人集聚于蓝山境内称作"华阴峒"的地方发动叛乱，宋王朝派兵征剿，致使蓝山境内的瑶人撤往广东北部地区结寨自保。从 12 世纪开始，宋朝在湖南南部的治理面临不少困境，不少官员主张委任瑶人领袖协助官府治理地方，这种情况一直持续到元代。②

明朝建立以后，官府开始招抚瑶民，并分给他们土地耕种。于是，李姓、赵姓、盘姓等各姓瑶民，开始迁入与湖南南部山区，以江华县锦田为中心，开垦了所谓"九冲六水四十八源"的一些地方，其中就有不少在蓝山县境内。至明代中后期，瑶人又陆续迁入蓝山县南部山区进行拓殖。在这一历史过程中，瑶族内部形成了高山瑶、过山瑶和平地瑶等分类。

16 世纪中叶，大桥堡一带的军士和民户与瑶人产生土地纠纷，导致以赵朝胜为首的南岭各地瑶人联合向官府发起冲击，湖南地方官府派遣宁溪所千户张世恩率军围剿。张世恩任命的大桥土官成世仁、钟富光诱杀了赵朝胜，并在随后的战斗中击败瑶人。此后，成、钟二人分别被任命为西山、东山世袭抚瑶官，他们的后代各自统领西山、东山两大瑶区长达 300 年之久，跨越了明、清两朝。这场大桥堡战争事件，对后来的聚落变迁产生深远的影响。（大桥堡在今天的桥市村）

明代后期，东山、西山瑶区分别将赋税上交给蓝山县相邻的江华县的锦田所。到了清代，官府在蓝山县设立了锦田仓，

① 刘志伟：《天地所以隔内外》，第 XXV 页。
② 黄朝中、刘耀荃、李默：《广东瑶族历史资料》，广西民族出版社，1984 年。

专门管理两大瑶区的赋税。后来，锦田仓与管理九所八户土地赋税的机构合并，成立了蓝山县管辖下的舜乡，也即是本研究所关注的地域范围。在这一历史过程中，王朝国家不断扩张，权力、文化不断向南岭渗入，从征瑶、抚瑶到设立瑶区，深刻影响了山地聚落的拓展模式。同时，随着族群间的交往和融合，特定的族群聚落景观也逐步形成。

2. 新旧瑶地分布的形成过程

新、旧瑶地之分隐含了瑶人原有田地逐渐被汉人占有并重新开垦田地的过程，也即旧瑶地已通过各种途径流转到汉人手中。根据1933年《蓝山县图志》中有关"新瑶地"和"旧瑶地"的记载，并结合实地考察，可推测两者大致分布在所城镇大麻乡、湘江源瑶族乡东部、大桥瑶族乡和荆竹瑶族乡等地。其中"旧瑶地"分散地坐落于蓝山县南部的山地和河谷。随着时间的推移，原来靠近中部舜水河谷的瑶地逐渐消退，新瑶地分别向东部和西部海拔更高的山地集中。联系前一节的分析，舜水河谷恰恰就是军屯拓展的主要区域。

军事行动、长期的族群互动和山地人群的生存策略，深刻影响了南岭山地族群聚落景观。16世纪军户、民户与瑶人之间的战争，实际上源于15世纪卫所军屯体制变迁所带来的土地扩张和人群重组，上述大桥堡之战和抚瑶官管区的划定，进一步扩大了军屯拓垦的空间。从16世纪中期至17世纪后期，军屯占有者（或假借军屯名义的土地所有者）沿着舜水河谷向蓝山南部继续进行土地垦荒活动，拓展了聚落空间。经历明清鼎革的混乱期之后，18世纪地方官府对户籍与赋税进行"理性"改革，也即上文所说的"卫所归并州县"和"联里朋甲"等政策和措施。使得这些土地所有者及其后代通过缔结合同户获得了合法的身份和土地占有权，延续了 17 世纪后期的人地关系格局。在此基础上，他们所缔结的社会组织，一方面拓展原先的组织关系，另一方面也萌生了更丰富的社会功能，正是这种制度变迁及其在山地社会的呈现，新、旧瑶地的分布和族群聚落景观逐渐形成。

在蓝山县的实地考察中，我们曾拜访了大麻乡西侧的军屯村，该村总共有三个主要的居民点，分别是赵姓、利姓、谢姓的村庄。根据访谈资料以及三个姓氏的族谱叙述，可以梳理出 18 世纪以后军屯村聚落发展的大致线索。利姓是"九所八户"之一，他们较早地占据了这一舜水之流的土地，其村庄名称直接被称作"军屯"。赵姓祖先于 19 世纪中期迁入军屯耕种，成为利家的佃农，其后与利家关系密切，获得在军屯村的定居权，并加入了"九所八户"联盟中的经济组织。① 谢姓的祖先据说十分贫困，大概在 20 世纪初才迁入该地，依附于利家，后来得到利家的同意，在军屯村西面山岭一处称作"禁山头"的地方居住。② "禁山头"这一地名带有很强的界限色彩，实际的地理情况也是如此，因为翻过这座山岭，即是紫良瑶族聚居区。在访谈中，利家非常强调他们的祖先在明清时期的战功，而赵家和谢家也十分肯定他们祖先的瑶族身份。由此可见，在"九所八户"新的屯田组织的发展下，军屯继承者与瑶人、山地与平原的人群产生了更为复杂的联系。

通过上述历史过程的追溯，我们可以看到军屯、民田以及瑶人等问题所涉及的制度对聚落格局的重要影响，我们由此可

---

① 《（天水郡）赵氏族谱》《籍贯户口》，1937 年刻本，不分卷。
② 《（陈留郡）谢氏族谱》《第三届重修宗谱序》，2005 年排印本，第 6—7 页。

以进一步深化对山地社会与国家扩张历史的认识。南岭山地在行政上、经济上和文化上均属于边缘地带，对于南岭或者其他边缘地带的研究和认知，应发挥施坚雅所谓的"人之互动的空间形构"的区域理论①，从跨地方边界的人与物的流动重新建立对区域的理解。人群的跨区域流动是山地社会的常态，当国家制度嵌入山地社会并发生转型之后，山地间的土地成为需要控制的重要资源。在王朝体制之下，对土地的控制依赖户籍身份，而户籍身份的获得，意味着土地权利和拓殖的合法化，这也就造成了山地社会的再结构化过程。这一过程并不是国家制度变迁造成地方社会响应的简单逻辑，而是国家内在于社会、国家制度和意识形态在地方社会呈现的双向关系。在此过程中的身份建构和族群互动，成为影响山地乡村聚落格局重构的重要机制。

3. 聚落的空间拓展

我们追述新旧瑶地形成的历史过程，前提是基于对 20 世纪以前南岭山地人群流动的活跃程度的充分估量。舜水河谷盆地并非封闭的区域，南岭走廊这一区域本身便具有流动性的重要地方传统。② 我们根据 1933 年《蓝山县图志》所记载的村落各姓氏迁入时间，并利用 GIS 技术呈现各村落成型的空间时序。

由 GIS 重建时空分布图的结果可知，在清代以后成型的村

---

① William Skinner, "Presidential Address: The Structure of Chinese History". *Journal of Asian Studies*, 1985, 44 (2): 271—292。

② 麻国庆:《南岭民族走廊的人类学定位及意义》,《广西民族大学学报（哲学社会科学版）》2013 第 3 期, 第 84—90 页。

落占大多数。其中，清代初期（顺治至雍正）村落的拓展主要位于今天所城镇（包括大麻乡）等地的河谷地带，也即明代军屯区，清代中后期（乾隆至光绪）迁入的各姓氏则主要向西部和东部的山区拓展。这显示出了在卫所裁革以及"九所八户"组织发展之后聚落格局发展的趋势。这一时期的地方志和当地石刻文献中也出现很多关于民户购买瑶地导致的纠纷事件。

卫所军屯的设置、裁革所带来的社会重组，并不是简单的军户向民户的转变，也不是单纯的军户、民户在土地拓垦过程中不断挤压瑶人的生存空间。而是应对制度的身份建构和长期的人群互动，使得民、瑶的身份界限渐趋模糊，其居住空间也呈现交融的形态。我们从民国县志所记载的民户、瑶户姓氏分布就可以看到这一点。另一方面，明代中后期以后，官府推行的瑶区治理政策，赋予世袭瑶官家族掌控了山区的部分主导权，这使得东、西山瑶区中瑶族的土地分布形态从分散走向集中，这种土地分布形态影响了后续的人居格局和族群聚落景观。

四、结论

通过南岭地区的个案，我们从跨区域的研究理论出发，在具体空间中考察卫所军屯体制的变迁、社会的重组和人群的互动，运用 GIS 技术重建该地区聚落拓展的空间时序并进行综合分析，同时又将分析判断重新回归村落考察和文献解读中去检验，可得到以下几点认识：

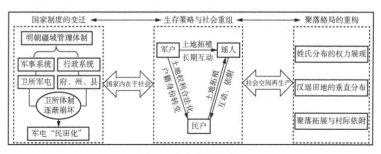

图 1　本文逻辑框图

1）明清两朝在南岭山地实行的疆土管理体制，特别是军事驻防体制的改革，以及随之而来的户籍与赋役改革，通过地方官府的具体施政，深刻地影响了南岭地区的社会结构和聚居方式。南岭各类人群为应对官方政策时所采取的生存策略，也使得特定的乡村聚落格局最终得以形成。

2）蓝山县的个案显示了乡村聚落变迁受到卫所体制改革后的强烈影响。该县南部村落大多数在清代以后成型，其分布和拓展过程系由明代军屯的河谷地带逐渐转向西部和东部的山区，反映了卫所体制变革及社会组织改变之后聚落格局的发展趋势。

3）在南岭山地，各类人群的分布、定义和定居形态是变动不居的。卫所军屯的转型及其土地拓展趋势，一方面造成社会的重组，一方面造成人群和聚落关系的改变。以汉人为主建立的合同户，不只是简单的户籍单位，更是稳定的社会组织。他们在土地的拓殖活动直接导致了瑶人的村落和土地向更高海拔的山地集中，形成今天的族群聚落景观。

4）结合我们在当地的调查及访谈所得，各姓氏迁居的故事提示我们，南岭山地的各个地方从来都不是凝固的空间，新旧瑶地的变迁固然反映了瑶人聚居区集中化的趋势，然而，日常的社会交往和市场交易必定造成错杂而居的格局。九所八户所成立的社会组织，在自身不断经营和拓展的过程中，又吸纳了其他姓氏群体，形成村落间某种程度上的依附关系。

相对于疆域尺度的国家普通历史地理信息系统，多尺度的区域性专题历史地理信息系统（HGIS）建设及综合分析，是国内外学术界在历史地理信息化发展中的一种新趋势，由此带出的新问题、新方向以及对时空进程的新理解和新表达，或可打通不同学科的畛域，更新和拓展区域历史地理的研究视角。如何在研究路径和成果展示方式上，希望尽可能探索和拓展交叉领域，构筑新的时空进程解释体系，探索更具前沿性的学术合作形式，是值得探索的方向。

本文对于南岭山地的历史地理研究，以蓝山县为个案，结合历史人类学的研究理念，在田野考察中把握资料的收集范围和历史数据的整理，厘清资料产生的机制，搭建合理性的历史数据结构，通过文献分析的问题预设和数据分析的相互检验，一方面帮助完善此前定性研究不够深入和细致之处，一方面将历史过程的阐述回归到聚落时空，分析人地关系的互动，同时，以此个案分析作为试验，以有助于进一步搭建多尺度的专题历史地理信息系统专题。在此研究理路之下，本文同时尝试对时间和空间进行更为弹性的理解，从描述文化要素的空间分布差异转向对文化景观及其整合的阐释，从区域社会、文化、政治体系的变动过程中理解人地关系，从而考察政治地理景观形成的机制。

中山大学历史地理研究中心

祭簿与房的运作

——以清代广东乐昌楼下邓氏为中心

李晓龙

　　宗族研究已经成为中国历史学、人类学最富有成就的领域之一，成果丰硕。[①] "房"是中国宗族研究的核心话题之一。虽然英国人类学家弗里德曼 1960 年代的经典研究指出，中国宗族是以祀产为基础的继嗣团体，祀产是汉人宗族社会建立、维系的基础，也是确立内部结构的关键，[②] 但是，台湾人类学家陈其南很快就批判了弗里德曼的解释。他认为弗里德曼的分析过于功能化，进而指出，在中国亲属制度中，只有"房"的观念，"即儿子相对于父亲称为一房"，才是厘清汉人家族制度的关键，房"直接明确地解明了一个家族的内部关系和

---

①　参见常建华：《二十世纪的中国宗族研究》，《历史研究》1999 年第 5 期；乔素玲、黄国信：《中国宗族研究：从社会人类学到社会历史学的转向》，《社会学研究》2009 年第 4 期。

②　参见莫里斯·弗里德曼：《中国东南的宗族组织》，刘晓春译，王铭铭审校，上海人民出版社，2000 年，第 63 页；Freedom, Maurice, *Chinese and Society: Fukien and Kwangtung*, London: The Athlone Press, 1966, p21。

运作法则"。^① 陈其南从中国本土文化出发，重视观念性的"房"在中国宗族体系中的重要性，厘清中国宗族文化中这一核心的习俗性制度，的确是弗里德曼之后，中国宗族研究的又一重要进展。陈其南之后，学术界加强"房"的研究，钱杭结合观念、功能与实际运作等角度，指出"房"是一个实体宗族的核心组织。^② 刘道胜通过对徽州文书的分析，指出房的形态可以是极富组织化、制度化的房族，亦可以是一个富有弹性的、松弛的家庭联合体。^③

但是，不管"房"是系谱观念与功能组织的直接结合体，还是主要表现为一种观念存乎于宗族成员心中，在中国传统时期广泛使用文字的社会中，是否会有一种文本来维系它呢？如果有，它是什么？它的形式与内容如何？通过这一文本，房的组织和日常运作如何得以维持？

以往的历史研究考察"房"的时候，主要依靠的文本是族谱，目的在于从房的角度去分析宗族的组织、结构、功能和运作。^④ 而社会人类学家则更多通过田野资料考察分家立房的

---

① 陈其南：《"房"与传统中国家族制度：兼论西方人类学的中国家族研究》，见陈其南：《家族与社会——台湾与中国社会研究的基础理念》，台湾联经出版事业股份有限公司，1990年，第129—213页。

② 钱杭：《中国宗族史研究入门》，复旦大学出版社，2009年，第50页。

③ 刘道胜：《明清徽州宗族的分房与轮房——以文书资料为中心》，《安徽史学》2008年第2期。

④ 参见王思治：《宗族制度浅论》，《清史研究》第4辑，1983年；冯尔康：《清人的宗族社会生活》，冯尔康、常建华主编：《清人社会生活》，天津人民出版社，1990年，第95—135页；陈支平：《500年来福建的家族社会与文化》，生活·读书·新知三联书店，1991年；张研：《清代族田与基层社会结构》，中国人民大学出版社，1991年；梁洪生：《家族组织的整合与乡绅——乐安流坑村"彰义堂"祭祀的历史考察》，周天游主编：《地域社会与传统中国》，西北大学出版社，1995年，第57—67页；冯尔康：《中国古代的宗族与祠堂》，商务印书馆国际有限公司，1996年；常建华：《宗族志》，人民出版社，1998年，第165—175页；郑振满：《明清福建家族组织与社会变迁》，中国人民大学出版社，2009年，等等。

过程。① 他们的研究中，维系观念性的"房"和实体性的"房"的存在与运作的文本明显缺位。实际上，这一文本广泛存在于明清时期中国的宗族活动中。郑振满、王日根考察福建宗族的经济构造、张研分析族田租入分配情形、黄挺研究广东东部地区的宗族功能、杨品优展现粤北宗族的祭祖风习时②，都曾使用或提及过当地宗族活动中的一种文本材料——祭簿。祭簿是一种常见的家族祭产的登记簿。但以往的研究对这一重要的文本材料，往往当作讨论宗族经济活动的史料使用，忽略了祭簿本身所具有的维系"房"的观念的这一深层涵义，也忽略了祭簿与"房"的运作之间的密切联系。显然，考察这种联系，有助于加深学术界对于"房"的理解。本文拟以清代广东省乐昌县楼下村邓氏宗族为个案，分析其祭簿中"房"的信息，通过讨论祭簿如何维系着"房"的观念与"房"的组织的存在，以及祭簿与"房"的日常运作之间的关系，以期在机制的层面上加深对中国宗族制度与宗族组织运作的认识。

---

① 参见 Hu Hsien—chin，"The Common Descent Group in China and Its Functions."*Viking Fund Publications in Anthropology No.*10，New York，1948；刘兴唐：《福建的血族组织》，《食货》第4卷第8期；Chen Chi—Nan，*Fang and Chia—tsu：The Chinese Kinship System in Rural Taiwan.* Ph. D. Dissertation，Department of Anthropology，Yale University，1984；林耀华：《金翼——中国家族制度的社会学研究》，生活·读书·新知三联书店，1989年；庄孔韶：《银翅——中国的地方社会与文化变迁》，生活·读书·新知三联书店，2000年；王铭铭：《社区的历程：溪村汉人家族的个案研究》，天津人民出版社，1997年；王铭铭：《社会人类学与中国研究》，生活·读书·新知三联书店，1997年。

② 参见郑振满：《明清福建家族组织与社会变迁》，中国人民大学出版社，2009年，第47—115页；郑振满：《试析闽北乡族地主经济的形态和结构》，《中国社会经济史研究》1985年第4期；张研：《清代族田与基层社会结构》，中国人民大学出版社，1991年；王日根：《明清东南家族文化发展与经济发展的动力》，《东南学术》2001年第6期；郑振满：《明清时期闽北乡族地主经济》，《清史研究》2003年第2期；黄挺：《清初迁海事件中的潮州宗族》，《社会科学》2007年第3期；杨品优：《从〈乐昌扶氏族谱〉看清代乐昌的祭祖传统》，《韶关学院学报》（社会科学版）2010年第1期。

一、轻"族"重"房"的楼下邓氏

乐昌县位于五岭南麓、广东韶关市北部，隋代开皇十二年（582）"省平石而立乐昌"①，沿袭至清，属广东韶州府，北与湖南宜章、汝城交界。楼下村是现今乐昌最大、历史较悠久的自然村，位于乐昌"廊田墟南约四公里的平原田野中心"，昔有"烟联千户"之称。② 地处乐昌东乡灵江流域，水利十分发达，"上有新塘，左右有禄溪、古岸、黄岸诸水……新塘水源穿岩而来"，"溉田千数百亩，一望坦平"③，素有"乐昌粮仓"之称。④1987年统计，该村有459户，2395人。⑤ 其村名，据说是因为当年置村之时，建有七座护村碉楼，村民沿楼四周扩建房屋而得名。楼下邓氏是广东乐昌县东乡的望族。现在该村仍以邓为大姓，约占其总数的80%。⑥ 据其族谱记载，邓亨甫为楼下开基迁之祖，他是陈朝永定初卢阳令邓平直之子，行五，"隋初为乐昌县宰，遂官居于邑之东乡楼下"。⑦

据英德人邓士芬民国五年（1916）所撰之《楼下邓氏第

① 同治《乐昌县志》卷1《沿革》，第20页b。
② 沈扬主编：《乐昌文物志》1985年铅印本，第30页，乐昌市档案馆藏。
③ 民国《乐昌县志》卷2《地理二·水利》，第12页b。
④ 参见罗其森：《乐昌楼下的邓姓宗族及其村落文化》，国际客家学会、法国远东学院、海外华人资料研究中心出版，2002年，第466页；乐昌县地方志编纂委员会编：《乐昌县志》，广东人民出版社，1994年，第68页。
⑤ 乐昌县地方志编纂委员会编：《乐昌县志》，第69页。
⑥ 罗其森：《乐昌楼下的邓姓宗族及其村落文化》，谭伟伦主编：《乐昌县的传统经济、宗族与宗教文化》，第466—467页。
⑦ 邓石英：《邓氏历代源流总记》，《楼下邓氏族谱》卷1，民国五年刻本，第10a—14a页。

七次续修族谱序》称，楼下邓氏之前曾经有过六次修谱。① 道光十八年（1838），自称亨甫公三十六世孙的邓模选在《重修邓氏族谱跋》中追溯了历次修谱的经过。他说，邓氏第一次整理族谱是在北宋绍圣年间（1094—1098），由"举人任潮州府教授荣公"，"缉其灰烬之余，纪其耳濡之旧源流，赖以可溯"，但惜未及付梓。其后，"（宋）淳祐庚戌赐进士翰林院学士、任皇宫教授、封朝散大夫梦荐公"，将"先世所遗之记载"增修刊印，是为第二次修谱。第三次修谱在元至元九年（1273）之后，"元岁进士任宣教俊夫公"、"赐进士任江西抚州府临川县教谕希文公"、"乡饮实敕光禄寺少卿子谦公"和"至元九年解元任湖广荆州府枝江县知县升授同知子元公"等人续修。明初，又有道权、道衡二公的重修。② 但是这四次修谱年代久远，记载不详，很难确认。邓氏有确切记载可查的首次修谱要等到清代乾隆十八年（1753），即所谓的第五次修谱。此后又历八十五年之久，于道光十八年（1838）重修，再则到民国五年（1916）的七修。

在中国传统社会中，修谱建祠一般极为受宗族所重视。近人的研究也多将祠堂、族谱、族产视为宗族组织最为重要的要素。③ 如清代的福建沿海地区与广东珠江三角洲地区，修谱建祠便相当盛行。在这些地区，族谱和祠堂一直起着形成和强化

---

① 邓士芬：《楼下邓氏第七次续修族谱序》，《楼下邓氏族谱》卷1，第18a—20b页。

② 邓模选：《重修邓氏族谱跋》，《楼下邓氏族谱》卷1，第114页。

③ 徐扬杰：《宋明以来的封建家族制度述论》，《中国社会科学》1980年第4期。并参见李文治、江太新：《中国宗法宗族制和族田义庄》，社会科学文献出版社，2000年，第117—126页。

宗族凝聚力的作用。^①尤其是宗祠，对于凸显宗族的力量尤为重要。清代珠江三角洲著名的大族——广州番禺沙湾何氏，其宗祠早于元末明初就已建成，历代重修，到康熙初年更是大规模重建宗祠留耕堂。康熙三十九年（1700）重建的留耕堂占地面积达 3434.25 平方米，规模宽敞，气势雄伟。刘志伟的研究指出："此后两百多年，何留耕堂一直作为沙湾何族的象征，对何族成员形成了相当强的凝聚力，并在地方上显示着沙湾何族的威势。"^②闽北在明清时期建祠之风也盛极一时，往往一村之内，祠开数十。^③福建莆田的白塘李氏，"从正统至成化年间曾三次修建祠堂，平均每次只隔十年"。^④宗祠的作用，除了每年定时的祭祖之外，在清初以后，钱粮催征也往往由祖祠负责，即由族长领导下的祠堂值理兼管。^⑤

与福建、珠三角等地相比，楼下邓氏对于宗族的功能似乎显得不够重视。清初以降楼下邓氏的三次修谱，不仅中间间隔时间长，而且族谱的编修过程略显随意，族谱的内容上也十分简单。乾隆十八年（1753）修谱，原本在前一年就已开始筹划，但由于"功程浩博"，纸费工资无出，议论纷纷，"或云论丁捐助，或云照粮派纠"，争执不下而搁浅。后来勉强修

① 参见刘志伟：《祖先谱系的重构及其意义——珠江三角洲一个宗族的个案分析》，《中国社会经济史研究》1992 年第 4 期；科大卫：《皇帝与祖宗：华南的国家与宗族》第 14 章《宗族制度的扩散》，卜永坚译，江苏人民出版社，2009 年，第 177—228 页；刘志伟：《历史叙述与社会事实——珠江三角洲族谱的历史解读》，《东吴历史学报》2005 年第 14 期。
② 刘志伟：《祖先谱系的重构及其意义——珠江三角洲一个宗族的个案分析》。
③ 郑振满：《明清时期闽北乡族地主经济》。
④ 郑振满：《明清福建家族组织与社会变迁》，中国人民大学出版社，2009 年，第 124 页。
⑤ 参见谭棣华：《清代珠江三角洲的沙田》第五章《沙田田赋》第三节《图甲制下的田赋征收方式》，广东人民出版社，1993 年，第 185—193 页；刘志伟：《清代广东地区图甲制中的"总户"与"子户"》，《中国社会经济史研究》1992 年第 2 期。

成，也不过收录各房先祖的墓志、祀文整理而成。乾隆十八年
（1753）邓桑的《道权公祀谱序》中讲得十分清楚："乾隆壬
申刊修族谱，癸酉告成，列祖之墓志、祀文咸登谱帙，于表今
垂后。"由于史料阙如，我们不能知道道光十八年（1838）修
谱的情况，但从民国五年族谱的内容和编修过程来看，基本上
还是沿袭了乾隆朝修谱的做法。民国五年之春，楼下邓氏集族
公议，认为"祖祠既建，学校既立"，族谱也"尤当急修"，
但由于楼下"族谱自道光十八年重修以来，迄今七十八载"，
而咸丰年间又遭"红头发匪兵燹"，以致"文献无征，谱牒残
缺"，如今全族欲修新谱，却苦于"世远年湮，何从考究"。
无奈之余，邓伦彝"邀同全英等亲到桂阳平塘村取谱而遍览
之，溯其源流，考其世系，始知支分派别也"。湖南桂阳平塘
村邓氏，其始迁祖为邓南甫，被认为是楼下始迁祖邓亨甫的兄
长。邓伦彝等回乡之后，"集合绅耆询查本族父老"，于是
"搜罗旧谱两本，又从后寨寻出两本，连同参观，凑成四本，
恰合全部"。① 由原先的谱牒残缺，无从修谱，到桂阳参阅别
家族谱归来以后，搜罗旧谱，凑成新谱，这一过程充分显示了
楼下邓氏一来对于族谱的编修实在生疏，二来从将旧谱四本凑
成新谱的做法，也可以看出，邓氏族谱比较随意。

　　与对待族谱的态度一样，楼下邓氏的宗祠也是废多修少。
邓豹作于乾隆六年（1741）的《重修祖祠碑记》一文，追溯
了清代族人修建祖祠的经过。邓豹，楼下人，雍正元年
（1723）乐昌岁贡生，② 他对于楼下邓氏祖祠始建于何时，已

---

① 邓桑：《道权公祀谱序》，《楼下邓氏族谱》卷1，第131页b；邓伦彝：《续修族谱记》，
　《楼下邓氏族谱》卷1，第21a—24a页。
② 同治：《韶州府志》卷9《选举表》，第28页a。

无从知道。据称，"祖祠其来已久，从前风雨漂摇，木拆墙崩"。到康熙十一年（1672），才进行第一次整修。而后"奈地狭隘，堂上高明昭朗，祠前之宽展开扩，未免缺然多歉"。纵然"数十年来子若孙思升而高之，曼而硕之"，"惟虑功程浩大，动费难支"。直到乾隆二年（1737），才集众"请匠扩修，捐金退地，前移排芳照墙，后扩栋宇寝室"，"而庙貌焕然一新"。咸丰年间，由于"发匪扰乱而祠宇尽被拆毁"，"其间荆棘丛生，芳草遍地，已历四十余载"。到光绪三十三年（1907）才再度整修。① 有清一代，宗祠凡三修，从现今保留的修祠碑文中，尤可感见祠堂之凄然状。修祠之过程，也透露出楼下邓氏宗族族产之薄弱。乾隆二年（1737）祠堂重修的资金来源，主要是依靠本族子侄兄弟"各量力捐金，或二三两、或四五两，多而至八、九两、十两不等"，并"以亨甫公祭仪递年减省，凑勤美举"。而光绪三十三年（1907）重修祠堂时，约需用银千有余元，但"当时尚不敷支给，尤赖本族殷户踊跃慷慨，先行挪用"，才得"助成美举"。②

那么，当地的社会生活中，是什么组织在起着最为重要的作用呢？我们发现，在楼下邓氏的日常活动中，比"宗族"更突出的是"房"的作用。与其他地区不同，遍寻其族谱和相关文献，楼下邓氏中并未见有作为一族之长的族长。笔者近年来在乐昌楼下的调查中了解到，现在楼下村主要居住的都是七房大行公和八房大集公的子孙。大行公与大集公都是伯暹公后裔，他们都有自己的公厅，如大行公房派的五福巷文魁阁，

① 邓豹：《重修祖祠碑记》，《楼下邓氏族谱》卷2，第90页a；佚名：《重建亨甫公祠宇记》，《楼下邓氏族谱》卷2，第90页b。
② 佚名：《重建亨甫公祠宇记》，《楼下邓氏族谱》卷2，第90页b。

就是七房子孙祭祖的地方。此外还有零星的伯敏公派下的九、十房，但居住分散，也没有自己的"公厅"。①

像大行公房这样的房派在楼下村到底有多少呢？所幸我们在民国五年（1916）的《楼下邓氏族谱》中找到一个当时领谱房派的记录。民国五年续修族谱共修了12部，"编定光裕堂字号，每字计四部"，"领者每部给谱费银十四大元"。《楼下邓氏族谱》卷四的"领谱字号"记录了这十二部族谱的分配情况，整理成表1，表中人物关系参见附图3。

表1中除大行公房以外，尚有其他房支，从备注栏的信息中大致可以断定，这其中的大部分房派都是居住在楼下的。大概由于近代以来战争、政治和社会变迁，导致人员的流失，如今楼下邓氏的构成主要以七、八房的子孙为主。但现在在楼下村，我们还是可以发现，到处可见用于祭祖的厅堂。当地人告诉我们，这是他们的"私厅"。按照当地人的讲法，拥有"公厅"的只有七房大行公和八房大集公两大房，其他私人祭祖的厅堂都称为"私厅"。七、八、九、十这四房人在村里都有很多私厅。我们也看到，还存在一些并不属于他们所说的这四个房的子孙的私厅，如邓洵晋房②。而属于楼下全体邓氏的邓亨甫公祠，也即前文提到的光绪年间重修的宗祠，一年只有清明时候全族的人才会集中到那里拜祭祖先，平时的祭祖活动都是在各自的私厅进行的。③ 邓氏宗祠的重修，也是由各房的房长促成的。康熙十一年（1672）的重修，由"房长"邓养谦

---

① 据笔者2009年4月24日在乐昌楼下村采访邓金华老人所知。邓属景旦公房，自称亨甫公四十一世孙。
② 邓洵晋为道权公派的后裔，育齐公之孙，世代关系详见图3。
③ 据笔者2010年7月27日在乐昌楼下村进行田野调查和与该村邓阳伟老人访谈中所知。

表1 民国五年楼下邓氏领谱各房情形

字号	领谱房	注解	世序	族谱中备注	后世子孙	祭产倡导人	备注
光字一号	沛仁公领	公名附麟	32世	系梦星公二房世孙			
光字二号	预所公领	公名洪谟	30世	系南金公长子	子邓巽；八世孙邓浚吉		"明举人邓巽建静波楼，在楼下村。"（民国《乐昌县志》，成文出版社，1974年，第603页）
光字三号	尧璧公领	公名珏	26世	系顺公长子，道权公适孙	邓鲁		
光字四号	天祐公领	公名锡	28世	系必玄长子，琳公适孙，道权公曾孙	八世孙邓钟谟	孝孙邓开周	"钟谟……乃乐昌楼下望族 篇 庆 公 之 孙"（二，P22）
裕字一号	继奎公领	公名宿	27世	系玟公长子	三世孙孙邓亲谦		康熙十一年倡修楼下邓亨甫公祠（二，P90）
裕字二号	鹏遥公领	公名养沼	30世	系大行公三子	孙邓上玮		乾隆二年倡修楼下邓亨甫公祠（二，P90）

续上表

字号	领谱房	注解	世序	族谱中备注	后世子孙	祭产倡导人	备注
裕字三号	天璧公领	公号耕读，名瑞	26世	系瑞公三子	六世孙邓遴；九世孙邓证	六世孙邓光斗；七世孙邓豹；十世孙邓模选	"东乡明经上遴公"（一，P235）
裕字四号	松溪公领	公号光甫，名炯	28世	系守公长子，瑞公嫡孙		八世孙邓敷德	邓炯，耕读公长孙（一，P246）
堂字一号	伯敏公领	公名顾	25世	系道衡公长子，颙公之兄			据笔者田野调查得知，伯敏公是楼下村邓氏的九、十房的共同祖先
堂字二号	东轩公领	公名爵	27世	系端公次子	六世孙邓豹；八世孙邓证		"（邓）证，邑之楼下人也……祖豹，讳文炜"（二，P59）
堂字三号	景旦公领	公名大行	29世	系俸公长子，籲公五房世孙		六世孙邓石德	据笔者田野调查得知，邓大行是楼下村邓氏的七房祖先
堂字四号	广崇公领	公名贻昌	34世	系籲公三世孙			

注：表中第1—5列内容是根据《楼下邓氏族谱》卷4《领谱字号》整理而成。6—8列内容根据族谱中收录的诸公祭簿、墓志铭整理而成。"备注"项中，除特别注出外均出自《楼下邓氏族谱》。（二，P22）表示材料出自《楼下邓氏族谱》卷2，第22页，其余皆同。

"论丁纠银起而修之"。乾隆二年（1737）也是"房长讳昌友、上玮、上任、上礼、上弼筹倡其事"。①

清明亨甫公祠祭祖的行为也启发我们，楼下邓氏虽然主要的日常运作都是以"房"为主，但并不意味着宗族就不存在了。始迁祖亨甫公祭的存在正表明，族人仍试图通过祭祀亨甫公来聚拢宗族的力量，只是由于各"房"自身的功能过于突出，而使得族的功能被弱化了。

"房"的地位的突出，与楼下邓氏分房祭祖的兴盛有着密切的联系。郑振满在福建的研究中也注意到了在宗族组织的发展过程中，普遍存在而且始终起作用的因素是各种形式的祭祖活动。② 同样的，虽然楼下邓氏并不太重视修谱建祠，但祭祖却是十分普遍的，只是楼下邓氏的祭祖活动更多地以"房"为单位来进行的。楼下邓氏分房祭祖早在明末清初的时候就存在了。大行公房的公厅五福巷文魁阁，康熙六十一年（1722）由大行公房内子孙"遂议重建之举，于是纠金卜吉，命匠庀材而盖造"，并于雍正元年（1723）立碑于文魁阁中。在碑文中，由始至终都以"本房"自称。③ 而这个由大行公"本房祖父弟侄孙辈"共同参与重修的文魁阁，便是大行公房内共同祭祖的地方。据称，文魁阁本"大明万历年间，景旦公名下捐俸起造，上立北斗魁星神位。每年清明在此祭公"。④

在"房"的祭祀活动中，祭簿受到了十分的重视。祭簿是祭产的登记簿。从清初开始，楼下邓氏就有大量的房派开始

---

① 佚名：《重建亨甫公祠宇记》，《楼下邓氏族谱》卷2，第90页b。
② 郑振满：《宋以后福建的祭祖习俗与宗族组织》，《厦门大学学报》1997年增刊。
③ 邓上衣：《重修文魁阁记》，碑今存楼下村五福巷文魁阁中。
④ 《景旦公祭田》，《楼下邓氏族谱》卷2，第3页a。

设置祭产，编修祭簿。如楼下耕读公房重建祭祀时，虽"苦心向佃，开荒野鸭塘、东山口祭田"，"仅足修坟挂纸"而已，但也要求必须"立烝尝，订为祀谱"。[①] 与楼下邓氏同样重视祭簿的乐昌九峰扶氏在《友闻公祭簿序》亦称："有祖不可无祭，有祭不可无田，而有祭有田又不可不登之于簿以传之子子孙孙也。"[②] 这则材料十分精妙地勾勒了祭祖、祭田与祭簿之间的密切联系。关于祭簿对于"房"的重要意义，我们将在下文再做详细讨论。

二、祭产：保证房的运作

前文表明，与其他地方不大相同，"房"的祭祀和祭簿才是楼下邓氏日常运作中最为重要的。祭祀必须建立在祭产的基础之上，而祭簿也是通过财产登记的方式与祭产发生关系。因此，只有厘清祭产在"房"的日常运作中的意义，才能理解祭簿对于"房"的作用，乃至其在中国宗族制度中的地位。

祭祖是中国一种重要的传统习俗。按照《朱子家礼》的要求："初立祠堂，则计见田，每龛取其二十之一以为祭田，亲尽则以为墓田，后凡正位附者，皆仿此，宗子主之，以给祭用。"[③] 要祭祖就得先有祭产。祭产是用于祭祀祖先的财产。楼下邓氏族人历来也相当强调祭产对于祭祀的重要性，地方士绅往往认为"祭贵乎仪，尤贵乎田，无仪则何以祭，无田则

---

① 邓模选：《续复明祖耕读公蒸尝序》，《楼下邓氏族谱》卷1，第246页 a。
② 扶必昌：《三大房祭簿序》，《扶氏族谱》卷11，第3页 a。
③ 朱熹：《家礼》，卷1《通礼·祠堂》，第2页 b，《文渊阁四库全书》，经部，第142册。

曰不祭"①。楼下邓氏控远公房的祀典，后世子孙久欲举行，但因"以祭产未充，恐不能备物"，所以一直未得进行。② 也就是说，祭产是祭祀的重要条件。而在楼下村，祭祖更多地发生在各房之中，祭产因而也就成为"房"之日常运作的重要因素。

祭产与"房"的运作息息相关，首先表现在"房"的祭祀之建立和维持，必须依靠祭产得以保障。据《续复明祖耕读公蒸尝序》记载：

> 先祖讳瑞，字天璧，号耕读，积德累仁，勤俭创业。……长子曰守，登恩选历知安远、咸宁二县事，次子曰爵，耆德乡宾。长房孙曰炯，次曰衮，岁贡生，授汀州府教谕，三曰燹，四曰荧，宫墙树帜焉。次房孙曰煌，曰煜，曰燿，曰灿。二子八孙，立为蒸尝，名为八房，一时济济多士，昔何盛哉。传至余世已六代。③

耕读公即邓瑞，生于正统七年（1442），殁于弘治十四年（1501）。邓瑞生有两个儿子，即邓守和邓爵，形成了系谱观念的长房和二房。长房和二房又分别育有四个儿子，各成四房，合共八房，如图1所示。八房子侄共立蒸尝，祭祀共同的祖先耕读公，从而形成了耕读公这一房派。后来，在明清鼎革之际，"因遭贼乱掳劫三载，田段荒芜，张周李隐匿，祭簿火

① 邓近高：《家吉公祭谱序》，《楼下邓氏族谱》卷2，第113页。
② 邓廷熹：《控远公祭谱序》，《楼下邓氏族谱》卷2，第67页b。
③ 邓豹：《续复明祖耕读公蒸尝序》，《楼下邓氏族谱》卷1，第246页a。

焚，轮管子侄，置之不理"，耕读公祭祀遂遭废除。① 也就是说，祭产是"房"的祭祀顺利进行下去的重要保障。

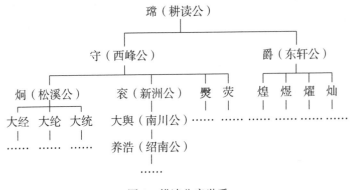

图 1　耕读公房世系

要建立"房"的祭祀，就必须先设置"房"的祭产。并且，顶房②祭产的设置，一般要求必须是各个下房的共同参与。如前例，为了重建耕读公祭产，康熙四十九年（1710），耕读公六世孙邓光斗"率八房子侄兄弟招佃开垦"，后"将东山口租谷八房分收完粮，基背蚊冲等田六分各管，独野鸭塘一十五亩之田存为蒸尝"。③此中反复强调八房共同参与祭产的开垦，正在于申明在这个过程中，作为顶房财产的祭产的形成，是由各个下房的子孙招佃开垦得来的。与之相似的，乐昌九峰扶氏若彭公房在建立其祖先祭祀时，"以两房丁口有愿入祭者，每丁纠钱若干，凑积生放"，作为若彭公"挂扫之资"、

① 邓豹：《续复明祖耕读公蒸尝序》，《楼下邓氏族谱》卷 1，第 246 页 a。
② 陈其南指出：依世代间的相对性，上辈的房可成为"顶房"，下辈的房称为"下房"。参见陈其南：《"房"与传统中国家族制度：兼论西方人类学的中国家族研究》，陈其南：《家族与社会——台湾与中国社会研究的基础理念》，第 134—135 页。
③ 邓魁士：《续复明祖耕读公蒸尝序》，《楼下邓氏族谱》卷 1，第 247 页 a。

"蒸尝之费",而"其不愿入祭者不得与祭"。[1] 也就是说,只有参与祭产的设置,才能获得参加祭祀的资格,而祭产便作为顶房的公共财产。为了维护这一公共财产,房内子侄就必须想方设法地保证祭产不被私吞。因此到雍正八年(1730),耕读公房也才有"正长邓英士窥破弊端,虑及久远,……另批花茅岭曾庚秀、已生二人耕作,递年纳租一阡六百斤","照清明时价同子侄发粜买猪祭扫"。所谓"弊端"是指祭产原"系本房耕作,亦止纳租一阡一二不等,临祭方自互相推诿"。[2] 即是说,本房耕作之时,难免有所侵吞,以致临祭相互推卸责任。邓英士此举,将祭田交与外人耕作,收纳租谷,正在于维护祭产作为"房"的公共财产的职能。

这种通过设置祭产建立"房"的祭祀的做法,在楼下邓氏内部是相当普遍的。在耕读公房派之下,经过多次的分房,形成了多层的房派层属关系。按照陈其南的说法,长、次二房是耕读公的两个基础房,八房及八房析出的其他房派,则属于不同层次的扩展房。[3] 在这些扩展房中,开垦祭田作为房产也是相当常见的。耕读公的长、次二房就分别有着自己的祭产。

康熙三十四年(1695),"俊逸耆颐者曰玉招,曰乔岳,宫庠奇伟者曰辰,曰裴,曰褧,曰宬","轮丁出金,买受土

---

[1] 扶朝熙:《延字若彭公祭序》,《乐昌扶氏族谱》卷11,第31页a。
[2] 邓魁士:《续复明祖耕读公蒸尝序》,《楼下邓氏族谱》卷1,第247页a。
[3] 陈其南指出:"一男子及其妻和儿子们,相对于该男子之父亲而形成这里所谓的'基础房'……由四代以上的人所构成者,皆成为扩展房或扩展家族。"关于基础房和扩展房的讨论,参见陈其南:《"房"与传统中国家族制度:兼论西方人类学的中国家族研究》,陈其南:《家族与社会——台湾与中国社会研究的基础理念》,第135页。刘道胜则认为基础房产生源于分房,并随着世代的推演,多个世代的基础房的联属就构成了扩展房。参见刘道胜:《明清徽州宗族的分房与轮房——以文书资料为中心》。

名牛牸豚田六亩二分五厘"，以续西峰公的祭典。① 西峰公即长房邓守，曾任湖广咸宁县知县。② 次房邓衮，号东轩，亦有祭产共田三十亩零三分。这些祭产均是"照房分讫"。③ 邓守的儿孙辈中，也建有新洲、南川、绍南三祖祭产与松溪公祭产。新洲公即邓守次子邓衮，南川公即邓衮之子邓大舆，绍南公即邓大舆之子邓养浩。养浩生有六子，一子早逝无嗣，所以"相传至今共有五房"。乾隆初年，这五房为了"追溯三祖创垂之功"，将"土名铜坑及小塭、官寨等项田亩，计粮一石九斗有余"，"立为蒸尝，岁时合荐"。松溪公即邓守之长子邓炯，其下有三子，长房曰大经，二房曰大纶，三房曰大统。乾隆五十九年（1794），松溪公之八世孙邓敷德"将祖遗资积贮，续置田若干以大蒸尝"。④ 以上耕读公房派下的若干例子告诉我们，每一个祭产单位的形成，其实它仍然是作为另一个顶房的下房，即使是在我们这个讨论中处于最上层的耕读公这个祭产单位，在文献中也被视为"籲公三房"。⑤ 籲公即邓籲，生有五子，分别是瓒、琛、璕、玹、瑾。耕读公排行第三，故称三房。在楼下邓氏族人的眼中，它们仍然也只是被视作为"房"。像上文耕读公房这样层层设祭的房支，在楼下邓氏中

---

① 邓预：《西峰公续祀祭谱序》，《楼下邓氏族谱》卷1，第178页。
② 同治《乐昌县志》卷8《选举》，第21页 b。
③ 《东轩公祭田》，《楼下邓氏族谱》卷2，第11页 b。
④ 佚名：《新洲、南川、绍南三祖祭产记》，《楼下邓氏族谱》卷1，第158页 a；邓洵卓：《松溪公祭谱序》，《楼下邓氏族谱》卷2，第46页。
⑤ 参见《楼下邓氏族谱》卷4附录。

并不少见，如显豕公房、源彻公房、柏岗公房、联云公房[①]等。非独楼下邓氏如此，乐昌县城以南柏沙地区的骆氏家族中，正二公的"所有祭产，收租完粮办祭，房长收掌"，"不得房内人等挪移"。[②] 江西兴国县"聚族而居者，必建祠堂，祀始迁祖及支祖，每祠必置产以供祭祀。"[③] 福建崇安县《吴氏家乘》也称："宜于谱内分别某房为某祖立祭田若干亩于某乡、某地，以免于争。"浦城县《水南房氏族谱》则规定："各房嫡祖自置祭田，粮、租亲派管理，外房不得越占。"[④]

祭产一旦受到破坏，"房"的正常运作就会受到影响。康熙五十五年（1716）邓开周的《天祐公祭谱序》中记载：

> 择其腴田，爰立祭典，以为蒸尝之资，递年三房轮流管祭，其来明矣。迩因乙丑年红贼猖乱，田亩荒芜，簿牒焚毁，停祭历数寒暑，挂扫致多愆期，将吾祖先于若息若忘之间耳。[⑤]

引文表明，天祐公原本已经设有腴田作为祭祀之用，每年由三房轮流管祭。天祐公即邓锡，有一子邓南金，邓南金传三子，即所谓三房，长曰洪汝，次曰洪猷，三曰洪震。三房"择其

① 显豕公房内，显豕公及其三世孙景旦公、四世孙鹏遥公均设有祭产。源彻公房内，源彻公及其孙育卉公、三世孙渭占公设有祭产。柏岗公房内，柏岗公及其孙大荣公、三世孙养谦公设有祭产。参见《楼下邓氏族谱》"祭田"，卷2，第1—19页。联云公，被称为梦荐公之十三世孙，生子五，其中驹昌、贻昌、宁昌三人均设有祭产，又有孙九，其中舜仁也设有祭产。参见佚名：《联云公墓志》，《楼下邓氏族谱》卷2，第61—62页。
② 扶哲仕：《庚一公至正二公祭序》，《骆氏族谱》和字部下卷，第9页a。
③ 同治《兴国县志》卷11《风俗》，第11页b。
④ 参见崇安县《吴氏家乘》，清抄本，《祭田考》；浦城县《水南房氏族谱》卷1《宗规条款》。转引自郑振满：《明清时期闽北乡族地主经济》。
⑤ 邓开周：《天祐公祭谱序》，《楼下邓氏族谱》卷1，第162页。

腴田，爰立祭典，以为蒸尝之资。""乙丑年红贼猖乱"，乙丑疑为己丑之误。据《乐昌县志》记载，顺治六年（1649），亦即己丑年，该年冬天，"红头贼掠东、北二乡，蹂躏经月"。[1]后来乐昌知县张运昌请来韶兵驻防，红头贼这才退去。引文中的"簿"当指祭簿。经过此次红头贼之乱，天祐公房的祭田荒芜，祭簿文书遭火焚而不存，由此导致了天祐公的祭祀无法进行，"停祭历数寒暑，挂扫致多愆期"。

祭产遭到破坏的例子并不少见。乾隆年间，景公房内就曾因不肖子孙出卖祭田而导致祀典一度遭受影响。乾隆五十二年（1787）邓石德《太高祖景公祀典序》云：

> 余太高祖景公之祭，高叔祖与余曾祖辈创立之，其来久矣。讵料有土名和顺，祭田泻远，佃户欠租，逃亡者屡，众议遂欲将此田转卖，移远就近，以为便于管业计。余曰：此似是而实非之说，此端断不可开，概房内子侄众多，保无有愚不肖者，乘间生觊觎乎？倘此田亦卖，必有论房瓜分之势，孰肯出力阻之。奈谋之其臧，则俱是违；谋之不臧，则俱是依。而太高祖之祭遂因之而蛊矣。[2]

此处景公即景旦公邓大行，万历乙亥年拔贡[3]，选任巫山知县，"爱民课士，捐俸修学，士民歌颂，建有祠祀之"[4]。材料中提到，邓石德十分反对卖田之举，即便是因为"祭田泻远，

---

① 同治《乐昌县志》卷12《兵燹》，第8页a；参见康熙《乐昌县志》记载："国朝顺治五年后，红头贼之乱，出没山溪等处。"康熙《乐昌县志》卷5《兵制》，第61页b。
② 邓石德：《太高祖景公祀典序》，《楼下邓氏族谱》卷1，第192页。
③ 民国《乐昌县志》卷15《人物上·选举表》，第3页a。
④ 康熙五年《乐昌县志》卷7《人才志》，第10页b。

佃户欠租，逃亡者屡众"，而想将田转卖而于近处重新置田，也是不允许的。他认为房内子孙恐有不肖者，会"乘间生觊觎"，这将导致"论房瓜分"。但他没有能够成功阻止，如其所料，终"太高祖之祭遂因之而蛊"。景旦公祭自顺治十六年（1659）就"已经设立蒸尝"，但"历年既多事尚简略"。到乾隆十八年（1753），邓魁贤等"兹议重修并登祀谱"，从而完善了景旦公的祭典。① 邓石德为了维持这种秩序，在祭田几乎无法收益的情况下仍然坚持不能将祭田转卖，为的是祭田转卖可能威胁到已经确立的房的秩序的运作。

祭产的破坏和瓦解，甚至会导致顶房的重组。首云公房重置祭典的过程，就是一个房的秩序的重整过程。首云公即邓开汉，有子三，即邓隽赓、邓隽飔、邓羽能。乾隆十一年（1746），有楼下邓隽赓、邓隽飔与邓羽能三兄弟，"共将灵江庙右侧录江、铜坑等处腴田一十三亩零"，立为其祖首云公蒸尝，此后由三房递年"轮流收管办祭，历廿余年"。但等到邓隽飔死后，其子邓巨亮等，"时乘运蹇，陡兴终窭之歌，情愿将此祭田拆卖，暂不与祭，以为营生计"，试图分化变卖祭田。在"经房族屡劝"无效之后，邓羽能与侄子邓生发，即邓隽赓之子，"等不得已，于丙戌春，将田三房均分，以三分之一，该田四亩有奇，分与巨亮、毕朗、迎祯兄弟出卖"，首云公祭"自此一息"，祭祀被迫停止。②

---

① 李实发：《景翁邓太老先生祀谱序》，《楼下邓氏族谱》卷1，第191页。
② 邓生发：《首云公祭谱序》，《楼下邓氏族谱》卷1，第181页。

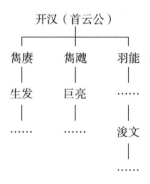

图 2　首云公房世系

为何将三分之一的田亩分出，就迫使首云公的祭祀停止了呢？邓生发的解释是："厥后季父与余等感春露秋霜，无日不以再立为念，奈产业微薄，难骤复兴。"以剩下三分之二的田产是否就无法办祭了，我们无从知道，但是在乾隆三十四年（1769）邓羽能死后，邓生发与邓浚文，即邓羽能之孙，"克绍前烈"，"同心共事"，"以二房未分之田租，岁生其息，自甲午年始，递年只取利息，备仪众祭，而田租仍积凑不需，此祭由是复兴于兹"，"不觉有八载"。这不是甚为奇怪？其实亦不然。我们看到，乾隆三十四年之后参与首云公祭祀的，已经只有两房，而且新立的蒸尝也"递年两房仍轮流收管办祭"，业已由原来的三房变成了现在的两房，剔除了原来邓隽飔一房。乾隆四十五年（1780）邓生发所作祭谱序也为"特录二房复立之梗概，以示后世云尔"。① 我们注意到，此时已不将邓隽飔这一房后代纳入首云公房内看待了。大概邓羽能尚在的时候，不忍首云公后代分崩离析，故不再设祭，而等到邓羽能

---

① 邓生发：《首云公祭谱序》，《楼下邓氏族谱》卷 1，第 181 页。

死后，儿孙辈已经不再过度念及于此，故重立蒸尝设祭，而排除了邓隽飔一房。

综上所述，从祭产对于"房"的日常运作的重要性来看，保护祭产无疑是维持"房"的日常运作至关重要的任务。许多地方历来也都很强调对祭产的保护。广东顺德县《文海林氏族谱》称："族中各祖烝尝，祀典所关，有田则祭，无田则废，诚重事也。凡各尝田，皆当世守勿失，寸土不容轻弃。"①福建莆田浮山东阳陈氏家规也规定："祭田，祀典所关，不许私借典挂，违者呈官追回。"② 而在文字社会中，最为直接、有效的办法就是对祭产进行登记。所以，"房"在设置祭产之后，就必然要设立一本祭簿。也正因为种种破坏祭产的行为的存在，才使得楼下邓氏更加强调祭簿对于"房"的重要性。楼下东塘公后人邓开周在被要求为其祖祭簿作序时，曾向房长询问为何不将东塘公祭簿与东塘公之父天祐公的祭簿"合而序之"。房长的回答是："有是祭必有是簿以记之，曷为同?"③不同的祭祀对应的是不同的房，一本祭簿只能对应一个祭祀，不能将二者合而为一，"房"和祭簿的关系也由此可见。

三、祭簿：维护祭产与祭仪

由于跟祭产的密切联系，祭簿成为"房"日常运作中不

---

① 同治七年广东顺德《文海林氏家谱·家规》，转引自李文治、江太新：《中国宗法宗族制和族田义庄》，社会科学文献出版社，2000年，第310页。
② 嘉庆二十二年福建莆田《浮山东阳陈氏族谱·家规》，转引自李文治、江太新：《中国宗法宗族制和族田义庄》，第37页。
③ 邓开周：《东塘公祭谱序》，《楼下邓氏族谱》卷1，第290页。

可或缺的文本。祭簿通过登记祭产的收支情况、规范祭仪祭规等，进而确立了"房"的运作规程。为了维持祭祀和保护祭产，地方士绅也十分重视和强调祭簿，使得祭簿所形成的一套秩序成为了"房"日常运作中最重要的法则。

在楼下邓氏中，祭簿被视作维持"房"的祭祀活动的重要文书。前文表明，一旦祭产遭受破坏，作为联接各房的祭祀就无法进行下去，因此，祭产的登记显得十分重要。前引康熙五十五年（1716）邓开周的《天祐公祭谱序》中新置祭产并要求登记祭簿的事情，其云：

> 物本乎天，人从乎祖。雨露之感，百世而犹有同心，矧现在之曾玄，敢或置之？时维丙申，风木典思，祀事复举。房长怯年远日久，子孙众多，侵流而侵失，曰：祭则祭矣，靡簿，伊何命续之。可咛语众曰：自今以始，祭其有汝曹，尚恪遵先典，祭祀以时。余与众唯唯而退，及受命，疑矣。灯下携簿，捉管成序，不觉喟然叹曰：嗟乎！读书而不知义，非孝子也。《祭统》有言：夫祭必夫妇亲之，所以备内外之官也。官备则俱备。君子之祭也，必身亲莅之。因而为之述土田，先簿正，登而录之，使后之子子孙孙得睹簿而勿替也。①

此处之丙申年，当是指康熙五十五年，也即1716年。前文提到，顺治年间由于天祐公的祭产遭到破坏而使祭祀中止。正如所称"物本乎天，人从乎祖"，为人子孙者，祭祖必不能忘，

---

① 邓开周：《天祐公祭谱序》，《楼下邓氏族谱》卷1，第162页。

于是到丙申这一年，复举祀事。其时，房长指出："祭则祭矣，靡簿，伊何命续之。"即是说，虽然现在祭典已经建立，但是如果没有祭簿，祭典是无法延续下去，因此要求编修祭簿。房长是一房之长，分理各房之事，掌一房之实权。① 这里掌管天祐公祭祀事宜的重要人物的身份是房长，也正说明，天祐公这个祭产单位实际上也是个"房"。祭产不存，则祭祀不再，祀事虽举，祭簿不修则祭祀难久，只有"述土田，先簿正，登而录之"，才能使后世之子子孙孙有簿可凭，不致废弃祖先祭祀。也就是说，通过祭簿建立了一套秩序来保障顶房对祭田的所有权，从而确保顶房的祭祀活动能够一直进行下去。

虽然目前所见楼下村的祭簿内容多是保留在民国五年编修的族谱中，但所幸我们在邻近的白石镇上黄村收集到十几种祭簿，大为补充未见祭簿原件之遗憾。根据所见的祭簿原件，足证我们对于楼下村的论证。以上黄村欧氏《上观公祭簿》为例，该簿扉页写明"民国十年辛酉岁长房抄写祭簿交与二房办祭收租"，内容包括了先祖考妣行述、各房轮祭顺序、计开上坟挂扫规仪祭品、开列祭产及相应的收租分配方法、计开各房子孙鸿名丁口等。比较其他祭簿，所包含的内容大致相似。

可见，祭簿能够有效地维持"房"的日常运作，与其自身具有的功能是分不开的。在祭簿中清楚登记祭产，并对于每年的祭产的收入和支出也一一登记。楼下村《育卉公祭谱议条》中明确规定："办祭轮房管理，所有一切祭器并祭内粮

---

① 参见李文治、江太新：《中国宗法宗族制和族田义庄》，社会科学文献出版社，2000年，第129页。刘道胜也指出：在轮房机制下，为了有效履行所轮值的族务管理，以房为单位设置具体管理祠务者的现象，在明清徽州十分普遍。参见刘道胜：《明清徽州宗族的分房与轮房——以文书资料为中心》。

米，俱系轮管之人收租完纳，不得赖抗遗累下手。"① 上黄村的《宝谟公祭簿》说明得更加清楚："当祭者收租后，速将铜钱五百文作为纸笔工资，择本房通文理及字画端正细心谨慎之人抄写祭簿、规仪、田亩、租税数目一本，交与下手"，"不许错写，草书并失遗一字者，即罚抄写人之铜钱五百文"，"甚临下手挂扫之日，倘无祭簿交出，如此怠慢其事，众议重罚"。② 祭簿需是一年一年登记、抄录清楚。

祭簿中另一重要的内容是祭祀用品和仪式的详细记载，并对于房内成员参与祭祀有严格的规定：房内成员不得无故缺席祭典，祭祖之日"无故不到祭主厅堂礼拜者，不许赴席"。③"光绪二十八年长房轮值办祭，合房子孙众议，上坟挂扫胙肉，……如有不到坟，并无分"。④ 那么，如何确定都有哪些必须参与祭祀的子孙呢？考明世系，开列"各房子孙鸿名丁口"于祭簿中就十分重要了。上黄村各种祭簿中都详细列有子子孙孙名单。而白符乙在楼下邓氏《六吉公祭簿》中也提到："邓君骏声，一日偕其弟侄，持其先君六吉公祭簿及行状、世系示予，命予一言以弁其首。"⑤ 乐昌九峰扶必昌在重编大房祭簿时，也强调"博搜残简，广采遗编，有世系可考者，旋命男辈录之，有数目可查者，亲自搦管以清之"。⑥

从乾隆十五年（1750）邓崟所撰《复兴显冢公祭小引》中，我们可以感受到祭簿对于地方社会的重要性，据载：

① 参见佚名：《东轩公祭田》，《楼下邓氏族谱》卷2，第11页b；邓洵恕：《育卉公祭谱议条》，《楼下邓氏族谱》卷2，第99页b、第100页a。
② 上黄村《宝谟公祭簿》，民国十四年四房抄，不分卷。
③ 邓洵恕：《育卉公祭谱议条》，《楼下邓氏族谱》卷2，第98a—98b页、第100页a。
④ 上黄村《上观公祭簿》，民国十年长房抄写，不分卷。
⑤ 白符乙：《六吉公祭簿》，《楼下邓氏族谱》卷2，第69页a。
⑥ 扶必昌：《海公祭簿序》，《乐昌扶氏族谱》卷11，第10页a。

> 盖上年虽祭，然祭仪非薄，论丁分俵颁胙，未及于房长绅衿，不甚雅观，故未登簿，无有定规。……即于今岁之春，集众酬议，先簿正其祭器，定具颁胙，房长绅衿之胙，照簿颁行。[①]

这里所谓的"先簿正其祭器"，是指要通过设立簿书，以使祭祀之器符合礼制。也就是说，登祭簿目的在于确立定规以规范祖先祭祀，并非简单地确定祭产。过去显豕公祭"祭仪非薄"，"未登簿，无有定规"，如今通过祭簿，确立一套祭祀运作的章程，即祭祀仪式和颁胙分俵，并从今以后，便可以"照簿颁行"。楼下《闰发公六房祭谱序》就表达得更为清楚："祭业依照六房轮管轮办，自长及少，周而复始，务要遵祭部（簿——笔者注）规定章程办理"。[②]

简言之，祭簿通过文字记录规范了宗族的运作，它几乎包含了祭祖的方方面面的内容，是"房"的祭祀中不可或缺的文本。祭簿不仅对祭产的情况进行了详细的登记，而且还包括了祭产分配原则和各种规范祭祀的内容。通过祭簿，"房"规范了祭产的分配原则，以及祭祀的仪式和章程。祭簿具有如此重要的意义，并非楼下邓氏的特例。乐昌柏沙骆氏称："清厘尝业，重订祭簿，申明旧章，以期永守"。[③] 此处说得更为明白，祭簿的作用就在于申明章程以便后世子孙能够遵照执行，以确保"房"的财产不被破坏、隐匿。一旦失簿，就会造成秩序的混乱。乐昌九峰扶氏"三房所立蒸尝，始初原自井

---

① 邓崟《复兴显豕公祭小引》，《楼下邓氏族谱》卷1，第251页b。
② 邓伦彝：《闰发公六房祭谱序》，《楼下邓氏族谱》卷，第109页b。
③ 李传盛：《友志祖祭序》，《骆氏族谱》"和"字部卷下，第10页b。

然"，后因兵燹，"失谱失簿"，以致"假公济私，兜肥己囊"，"递年草簿零星，常多奓争莫辩"。① 粤北以外，如康熙十二年（1673）江苏如皋人范方在讨论祭祀与祭簿之关系，也称："岁不可无祭，祭不可无簿。寝与墓，皆祭也。皆祭则皆簿。簿不正则物之丰俭，仪之疏密，办于临时而无以豫立，所失不既多乎？寝墓、祭簿之设，断乎不可以已也。……后之人，得以览焉。庶几乎其于前人无旷典失仪之诮，其于后人有洽宗睦族之思，世世子孙仿而行之，尊尊亲亲，其意可油然而生矣。"② 范方，字令则，康熙年间南通州如皋县人。③ 范氏此语，可谓一语中的，道出祭簿的重要职能就在于将祭祀文本化，使其得以"世世子孙仿而行之"。所谓"无旷典失仪之诮"、"有洽宗睦族之思"，就是使得借助祭簿所形成的一套规则得以在日常运作中得到贯彻，以达到"尊尊亲亲"的目的。而福建瓯宁县屯山祖氏的例子也给这种借助祭簿维持宗族运作的模式提供了有力的佐证。延至清道光初年，祖氏只设有二支祠，而未建宗祠、未修族谱，"每逢春秋墓祭，合荐始祖暨六代列祖，所以致其同敬合爱者，惟籍田产、祭簿，派祭首以聿修祀事，稽丁男而充广积。掌是簿者，上交下接，后先承理，直同家乘，什袭珍藏"。④

---

① 扶必昌：《三大房祭簿序》，《扶氏族谱》卷11，第3页a。
② 范方：《世怡堂增订祭簿序》，范方：《默镜居文集》卷1，第4页b，《四库禁毁丛刊》，集部，第133册。
③ 参见嘉庆《如皋县志》卷16《列传一》，第50页a。
④ 《始祖溪西公祭簿序》，民国《闽瓯屯山祖氏宗谱》卷8，转引自郑振满：《宋以后福建的祭祖习俗与宗族组织》。

结　语

　　祭簿通过文本形式确立起作为宗族的核心组织——"房"的运作秩序，体现了具有深远文字传统的中国的宗族制度与没有文字的非洲部落社会发展起来的宗族理论的重大差异。楼下邓氏的个案启发我们，祭祀的确立和祭产的形成，有助于有效地联结房内子侄，而这种联结关系最终需要通过祭簿加以确认和维系。与传统中国其他地区一样，祭祖是楼下邓氏各房日常运作最为重要的事情，而祭产的破坏往往会导致"房"的祭祀的中断。为了使祭祖能够延续下去，对祭产的保护就变得十分重要。祭簿的作用就在于保护祭产和维持祭祀的规范，符合了"房"的运作的需要，因此也受到了地方士绅的重视和利用。祭簿将祭祀文本化，保护祭产不被私吞瓦解以及维持正常的祭祀秩序，"房"的日常运作因此也得以维持。祭簿建立的秩序往往成为了"房"日常运作中最重要的法则。

　　尽管笔者的研究只限于楼下邓氏的个案，但是祭簿和房之间的这种密切联系，并非只是一时一地的特例。楼下邓氏因为对于族的功能不够重视，因而使得祭簿的意义相对突出，从而使我们发现了祭簿在中国宗族之中的重要性，而其他地方宗族的功能太过于明显，祭簿与房的功能表现的相对也较弱，但这并不意味着房与祭簿在这些地方的缺位。我们发现，祭簿这种文书在浙江、福建、徽州，以及广东的潮州、乐昌、番禺等地区都广泛存在,① 这将给我们提供了非常宝贵的"房"的研究的文献材料。祭簿中所蕴含的信息,对于我们深入"房"的层面探讨宗族内部的日常运作和各房派相互之间的联系,以及进一步加深对中国传统乡村社会和宗族制度的认识,有着重要的意义。

中山大学历史学系(珠海)

附图　楼下邓氏世系简图②

---

① 参见《浙江家谱总目提要》,浙江人民出版社,2005 年;刘道胜:《明清徽州宗族关系文书研究》,安徽大学 2006 年博士论文,未刊稿,第四章《明清徽州宗族关系文书分类考述》第一节《祭祀关系文书》;王日根:《明清东南家族文化发展与经济发展的动力》,《东南学术》2001 年第 6 期;黄挺:《清初迁海事件中的潮州宗族》,《社会科学》(上海)2007 年第 3 期;杨品优:《从〈乐昌扶氏族谱〉看清代乐昌的祭祖传统》,《韶关学院学报》(社会科学版)2010 年第 1 期;光绪《番禺小龙孔氏家谱》,藏中山大学图书馆。
② 图中仅略出楼下邓族一些比较重要的祖先以及与本文相关的一些人物,其他均做省略。部分人物采用某某公形式,是为了和本文出现的人物对应。世系排序是按照民国五年《楼下邓氏族谱》自身的排列,追邓亨甫为始祖,如 20 世,即表示邓亨甫公 20 世孙。

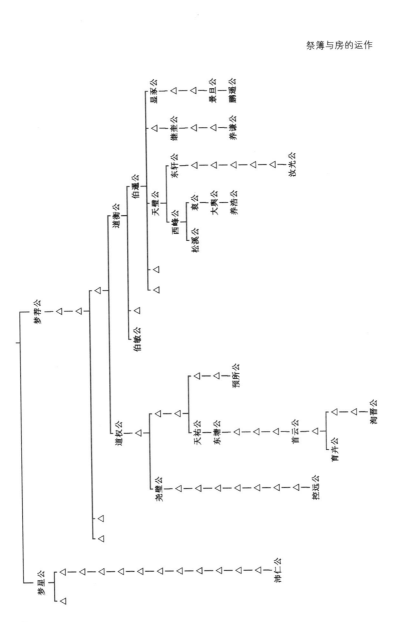

山林开发与宗族社会之建构

——湖南永明县黄甲岭欧阳氏的宗族管理模式

田思晨

一、前言

湖南永明县（今江永县）黄甲岭乡欧阳氏是一支传说自唐末迁居以来一直活动于当地的"名门望族"，延续至民国已然成为富甲一方、派系众多的大宗族。其中仅民国十三年族谱中收录的祭田便有三十处左右，宅居地也达十六处，且分散于黄甲岭乡各村。这种分布广阔且宗族势力雄厚的现况，与欧阳氏族在发展过程中对宗族历史的建构和对周边山林的开发密不可分。明清时期国家对于山林产权管理意识薄弱，山林之人通常借助"籍坟占山"的观念和行为作为其山林所有权的象征。[①] 而在宗族建设中，最重要的一项便是对祖先坟地的记载。因此，欧阳氏通过成立宗族的方法，以建构统一的祖先记忆作为其征占坟山的证据。在这一过程中，祖先与宗族便成为

---

① 杜正贞：《晚清民国山林所有权的获得与证明——浙江龙泉县与建德县的比较研究》，《近代史研究》2017 年第 4 期。

地方社会所公认的礼仪标签。

值得注意的是，在南岭山区的田野考察中笔者发现，据称分布于不同村落的欧阳氏各房支虽然在宗族历史与祖先记忆上如出一辙，但各房常常在村内设有单独的祠堂和门楼，并在门楼附近立碑明界。换言之，作为地方大族的欧阳氏在宗族建设过程中，居于各村的房支其实拥有较大的自主权。这种族与房的关系引起了笔者的关注。近几十年来，关于房的问题中外学者形成一套从理论到地区的系统研究，具有丰富的社会意义。西方中国宗族研究代表性人物弗里德曼（Maurice Freedman）曾提出，作为群体的宗族，除了因拥有共同姓氏而存在形式上的合作外，还会以某些传统的联合为基础与其他宗族对抗。同时为保持这种联合，宗族通常会建立族田、祠堂等公共土地，这些公共财产的世代保持需要借助宗族的强大来维系。① 台湾学者陈其南认为费里德曼的观点过于功能性，忽略了宗族的"系谱关系"。他提出汉人家族制度是根据一般民间约定俗成的一套关于房与家族的文化概念所建立的模式，即"系谱模式"，并特别强调了作为"房"的男系宗祧群体的作用。② 关于宗族的功能和文本记载，科大卫、刘志伟等人的研究突出强调意识形态、商业化与宗法制度三个因素共同影响下的宗族组织在乡村社会发展中的作用。他们认为宗族是明清社会历史演变大势下的一种文化创造，并成为文化资源与控产结构。③ 科

---

① 费尔德曼：《中国东南的宗族组织》，刘晓春译，上海人民出版社，2000 年，第 4—5 页，第 17 页。

② 陈其南：《房与传统中国家族制度——兼论西方人类学的中国家族研究》，《汉学研究》1985 年第 1 期；《汉人宗族制度的研究——弗里曼宗族理论的批判》，台湾大学《考古人类学刊》1991 年第 47 期。

③ 乔素玲、黄国信：《中国宗族研究：从社会人类学到社会历史学的转向》，《社会学研究》2009 年第 4 期。

大卫亦提出，用祖先的名义将各家各户组合起来的过程并不总在真正家庭脉络下进行，追寻祖先、把某房某派纳入或逐出谱系时总会重构宗族历史。①

郑振满曾将宗族组织划分为三种基本类型，分别是以血缘关系为基础的继承式宗族、以地缘关系为基础的依附式宗族和以利益关系为基础的合同式宗族。② 在福建地区的宗族研究中发现，合同式宗族作为一种互利性组织，是继承式宗族与依附式宗族的必要补充，这一联宗通谱的形式不仅突破血缘与地缘关系的界限，同时建立在各方协作和平等互利的基础上，使宗族组织具有普遍适应性。③ 因此，结合黄甲岭欧阳氏的发展特点，笔者以为欧阳氏宗族是各村欧阳氏因利益关系在不同时期逐渐联合形成的同一宗族，其本质应为郑振满提出的合同式宗族。对于黄甲欧阳氏来说，之所以采取合同式宗族的方式进行宗族建设，实乃其在山林开发过程中为应对与外族抗争所采取的必要宗族策略和纳粮当差与入住当地的必要选择。科大卫曾提出，地方社会的成员通常会选择重要且实际可见的礼仪传统指示物作为礼仪标签，这些礼仪标签建立在正统的概念之上，并与正统的"传统"相重叠。④ 赵世瑜则补充，地方人群会巧妙利用象征国家的礼仪标签建立符合自身需求的治理模式，并努力使国家接受。⑤ 换言之，欧阳氏族对黄甲岭地区坟山征占

① 科大卫：《皇帝与祖宗——华南的国家与宗族》，卜永坚译，江苏人民出版社，2010 年 10 月，第 218 页。
② 郑振满：《明清福建家族组织与社会变迁》，湖南教育出版社，1992 年，第 62—118 页。
③ 郑振满：《清代福建合同式宗族的发展》，《中国社会经济史研究》1994 年第 4 期。
④ 赵世瑜：《结构过程·礼仪标识·逆推顺述——中国历史人类学研究的三个概念》，《清华大学学报（哲学社会科学版）》2018 年第 1 期。
⑤ 赵世瑜：《结构过程·礼仪标识·逆推顺述——中国历史人类学研究的三个概念》，《清华大学学报（哲学社会科学版）》2018 年第 1 期。

的诉求和对入住权的需要，使得祖先与宗族成为当地山区社会特定的礼仪标签，最终形成了拥有共同祖先记忆的合同式宗族。

综上可见，在山区宗族的建设过程中，进一步厘清其祖先建构过程与山林开发的联系，对了解区域社会有着重要的意义。故受以上研究的启发，本文将以黄甲岭欧阳氏为个案，试图借助欧阳氏族谱中明清乃至近代湖南永明黄甲岭欧阳氏的宗族发展与实际情况，并结合族谱中所载欧阳氏与外族土地来往记录和土地诉讼进行梳理，讨论黄甲岭地区的宗族在山林开发中如何通过修谱等方式进行祖先记忆的重构，以及在这一过程中宗族与房派所发挥的作用，进而对黄甲岭地区的宗族模式有更深一步的认识。文中主要史料来源是光绪二十六年的《欧阳宗谱》、1924年的《永明黄甲欧阳氏族谱》与永明地方县志等。

二、唐末始祖迁入说与宗族初建

传说欧阳氏一族乃当地望族，在元代的《元一统志》中就已经提到："黄甲岭，本名寒拍町，在永明县南三十里兴华乡。皆青石，无峻岭。有欧阳氏居其旁，登进士第，故讹为今名"。[①] 这表明，至少在元代，就已有欧阳氏活动于湖南永明县黄甲岭一带。

永明县位于湖南边陲、庞岭南麓，粤桂湘三省交界处，汉

[①] 《元一统志》，解缙编：《永乐大典》第9卷，大众文艺出版社，2009年。

属营蒲县管辖,隋改永阳县,唐"武德四年(621)移于州西南,贞观八年省,天后又置,天宝元年改为永明"。[①] 五代时期先"朱梁后为马氏所处",[②] 北宋统一后"熙宁五年(1072)省永明县入营道县,元祐二年复置"。[③] 此后至"明洪武元年定为永明县,属道州府。九年改府为州,始隶永州府道州,"下辖七乡,编户十六里。[④] 明末清初为"胜国永国公曹志建所处",直至"顺治六年定南下"方将永明纳入版图,编户十二里。[⑤] 又因周边苗瑶众多,常受瑶蛮之乱,明初设立卫所后其行政区划方有所稳定;几废几置之间,犹见永明县地方社会之动荡性。黄甲岭乡地处永明县东南部,东以大源岭山脉为界与江华瑶族自治县接壤,南与松柏瑶族乡、广西富川瑶族自治县毗邻。"惟以山岭猥杂,民居甚稀"[⑥],多山多岭、纵横交错的地理区位使当地形成了众多被群山环绕的村落。清代设都时黄甲岭乡为永明中六都,下统黄甲岭、塍下井、三脉下、石岭等十一村,直到新中国成立后方改为黄甲岭乡。这些村落经过地方社会的扩展,最终于清末民初的族谱记载中呈现出被当地多姓以族群为单位进行划分的现象,例如目前看到的石岭村申氏、欧阳氏,黄锦村何氏,谷母溪卢氏,黄甲岭村欧阳氏等。

---

① 李吉甫:《元和郡县图志》卷29《江南五》,中华书局,1983年,第713页。
② 康熙四十八年《永明县志》卷1《沿革》,《中国地方志集成·湖南府县志辑》,江苏古籍出版社,第49册,第16页。
③ 李攸:《宋朝事实》卷19《升降州县二》,中华书局,1955年,第297页。
④ 康熙四十八年《永明县志》卷1《沿革》,《中国地方志集成·湖南府县志辑》,江苏古籍出版社,第49册,第16页。
⑤ 康熙四十八年《永明县志》卷1《沿革》,《中国地方志集成·湖南府县志辑》,江苏古籍出版社,第49册,第17页。
⑥ 辜天佑:《湖南乡土地理教科书》第五册第十四页,《湖南乡土地理教科书·湖南乡土地理参考书》,湖南教育出版社,2009年,第51页。

　　根据黄甲岭欧阳氏和当地其他宗族的族谱记载，欧阳氏最先迁入黄甲岭地区。在此之前，当地几乎未载有其他氏族。欧阳氏始迁祖是欧阳岩，曾任唐末推官，据说其父欧阳宠（858—914）为渤海欧阳璟十三世孙，于唐末任春陵检察官，卒于官职，"卜葬于永阳寒柏岭之龙母至"，又因欧阳岩"爱寒柏之山水秀丽，遂徙而家焉"，为"继别之宗"①，从而于朱梁时期完成了迁至永明县黄甲岭的全过程。

　　自渤海迁来以后，欧阳岩便一直定居此地。欧阳岩生四子晟、昇、昊、晏，其中欧阳昇一房被追为永明黄甲欧阳氏的先祖。大约于南宋初期有欧阳昇后代、六世孙纹、绂、绪、缙四子"因其祖宗积功累仁之德，（于正寝之东）创建家庙，匾其额云：敬义堂"作为族内的公共祭祀场所，"欲奉祀之无疆，因开千百年之绪虑，无田之祭，更集七十亩之田，由是祖宗之庙食有永"②，同时"选族中廉能者为掌金，以主其墓田租税之出入与子孙行第之薄，三年一满"。③ 换言之，有宋以来族内兄弟四人建祠买田，并由族人负责耕种，是为祭田；择族内廉能之人负责祭田税收等公共事务，并定期举行祭祀仪式、规范家礼，三年一任，称为掌金。

　　关于六世祖建设家庙并设置墓田的记载，最早见于族谱中收录的明永乐五年（1407）陕西道监察御史何器所作《黄甲阳欧敬义堂记》。宋代对于祠堂家庙的建设管理等级森严，依当时礼制，唯有世家大族与品官之家方有资格修建；且"于

① 郭世英：《族谱后序》，《永明黄甲欧阳氏族谱》1924年版，卷1，不分页。
② 欧阳良昱：《谱书总论》，《永明黄甲欧阳氏族谱》1924年版，卷1，不分页。
③ 何器：《黄甲阳欧敬义堂记》，《永明黄甲欧阳氏族谱》1924年版，卷1，不分页。在隆庆《永州府志》卷5《人物表中》中亦记载开禧时期有欧阳钵登科进士。

正寝之东修建祠堂"的规定实出于朱熹《家礼》，六世祖作为传说中的南宋初期之人，其于宋代修建"敬义堂"的真假有待商榷。但不可否认的是，六世祖纹、绂、绪、缙四人的设定最终构成了永明欧阳氏的房派基础。从族谱记录来看，此后活动于永明黄甲一代的重要欧阳氏子孙，均出于此四房，其中尤以绪公一脉的一房悦公之孙钵公和二房悛公之孙锁公两派后嗣为主，纹公一脉的后代曾于明景泰时期加入修谱行列，但最终的掌权者仍属绪公后代，绂、缙二房则不见踪迹。

八世有纹、绂、绪三公的孙辈十一人，其中绪公派的一房悦公之子汝颖、汝作兄弟同科登宋淳熙庚子（1180）乡榜，在族祠前立双桂牌坊，这一佳话亦收录于康熙四十八年的《永明县志》中。同时汝颖公三子欧阳钵登宋宁宗"开禧元年（1204）状元毛自知榜"进士，并为此将寒栢町更名为黄甲岭，[1] 在《元一统志》中有相似记载。

后因后族人日盛、祠堂弗容，元代时有欧阳钵曾孙、十二世凤州同知欧阳伟捐钱重修祠堂，并将"其家之旧谱并族人所藏诸本，正其同异，列其世次，为谱一篇"[2]。欧阳伟具体为何时之人已无可考，但关于其捐建祠堂与修谱图的文本记录却较六世祖建家庙更早。在族谱中收录的最早一篇文献——明洪武十九年（1386）由国子监助教陈南宾所作的《永阳黄甲欧阳氏敬义堂记》中便已明确记录欧阳伟的功绩。文本中提及：

（欧阳伟）捐□财鼎建堂三间，二庑门屋，庖湢无所

---

① 郭世英：《族谱后序》，《永明黄甲欧阳氏族谱》1924年版，卷1，不分页。
② 欧阳克俊：《渤海郡欧阳谱系小引》，《永明黄甲欧阳氏族谱》1924年版，卷1，不分页。

不周。又为廊于堂之后，以置龛影。合族之先祖食禄者用漆饰柏主，以章其贵。立墓田、置祭器，纪五伦大字于石刻，法朱子家礼以奉祀。①

景泰四年致仕官何惟贤在《族谱前序》中曾言："十三世（即上文所提十二世）孙凤州同知（欧阳）伟始为谱图，并置墓田四十亩，择族中子弟一人为掌金，岁收田之所入以供四时祀事。复立敬义堂一所……"②，欧阳伟通过这样的方法，将当时日益扩展的欧阳氏族凝聚起来。朱子《家礼》中言："君子将营宫室，先立祠堂于正寝之东。祠堂之制，三间外为中门，中门外为两阶，皆三级。"③ 结合当时官宦之家可设家庙、祭高祖以下五代的规定，欧阳伟于元代重建祠堂的记录应是理所应当。两相对比，似乎元代始建敬义堂的说法更为可信。此后直到明代重修祠堂与族谱，再无相关宗族建设的内容。而欧阳伟所修的谱图，也被后人以"元季兵兴，宗人逃难，斯堂斯文煨烬漫复存"④ 一以概之。

永明欧阳氏的迁居故事基本已成为地方文献的定论，"始祖唐末迁入"与敬义堂的建立被当作宗族历史记录下来并为后人传承。陈南宾所撰《永阳黄甲欧阳氏敬义堂记》中记载：

> 太学生欧阳悬果谨厚笃实，读书不倦。予尝进之暇日

---

① 陈南宾：《永阳黄甲欧阳氏敬义堂记》，《永明黄甲欧阳氏族谱》1924 年版，卷 1，不分页。
② 何惟贤：《族谱前序》，《永明黄甲欧阳氏族谱》1924 年版，卷 1，不分页。
③ 李文炤：《家礼拾遗》卷 1《通礼》，岳麓书社，2012 年，第 609 页。
④ 陈南宾：《永阳黄甲欧阳氏敬义堂记》，《永明黄甲欧阳氏族谱》1924 年版，卷 1，不分页。

> 立馆下谓曰：吾宗家世业儒，自宋时构堂于居正寝之东，颜之曰：敬义堂……元季兵兴，宗人逃难，斯堂斯文煨烬漫复存。圣朝龙兴，逃者还、乱者定。长子忠等乃相与谋曰，盖新斯堂以承先志……越十有五年，嗣孙悬果由县庠生补太学弟子员，以文学授福建之侯官县丞。[1]

在明洪武初期的祠堂重建中，主持者为绪公之二房悛公后代、第十二世孙欧阳德忠，与文本中记载的欧阳悬果是堂爷孙关系。悛公之孙欧阳锁生七子，分别是浚、淞、津、濂等七人，其中仅有浚公、淞公和津公三房活跃于当地，欧阳德忠便属其中浚公一房。我们甚至可以结合"十有五年"进一步猜测，在欧阳氏族人的认知里，明代敬义堂的建设时期为洪武四年，而主持修建之人，已然从欧阳伟所属的悦公派变为悛公派的后裔，但都属绪公一脉。为彰显此次重修祠堂之重要性，除前文所提及的国子监助教陈南宾和陕西道监察御史何器外，欧阳氏族人还邀请了翰林院学士刘三吾与永明知县杨观，四人分别于洪武至宣德期间先后作"敬义堂记"共四篇。这种邀请地方官员为敬义堂作序的传统据说自元代已经开始，且传言元代题记曾刻录于祠堂内部。但正如陈南宾所讲，本族人对于这些题记也仅有所闻却不知其真伪，更无文本留存下来。自此以后，历次重修谱序中均涉及"（欧阳）钵擢高科，改寒柏为黄甲"的记载。可以说，《元一统志》所记载的黄甲岭改名传说一直为此后的欧阳氏族所传承。

总之，直到明代中期族人重修族谱时，宗族发展历程实际

---

① 陈南宾：《永阳黄甲欧阳氏敬义堂记》，《永明黄甲欧阳氏族谱》1924年版，卷1，不分页。

是由各方文献资料杂糅汇总而成，包括各房支保留的旧谱、长辈的口耳相传和敬义堂内的题记等，且涉及的房支主要为绪公一脉。时间越往后，族的故事也在文献传抄和互相继承中不断丰富起来。这也是为何在族谱中所载景泰至民国期间多次重修的谱序中，永明欧阳氏的家族历史叙述总是大致相同的。而这些记录最终由清中叶的欧阳氏再次收集编订，成为欧阳氏族谱的主要文本记载，为欧阳氏重建宗族、开发山林提供了重要的文本依据与制度参考。永明欧阳氏也正是通过收录和传承前人的记录，将族人的历史不断向前延展，逐渐完成了对宗族历史的建构。

三、明代欧阳氏宗族的扩展与坟山设立

永明县处于三省交界之地，境内苗瑶人数众多，地势复杂，历来遭受兵燹之祸。元明鼎革之际，当地曾遭受较大动乱。元至正初"县中猺峒屡窃发，为民害"，十二年（1352）"土贼邓四拘乱，畔服不常"。[①] 这一动乱直到洪武二年（1369）方平定。为加强对地方社会的管理，明政府曾于洪武时期设立永州卫与永宁卫，又于二十九年（1396）增设枇杷、桃川等千户所隶属永宁卫。[②] 其中枇杷所位于黄甲岭西南部，距其仅三十里左右。因此，对于黄甲欧阳氏来说，明代的宗族建设与当地瑶乱和卫所设立息息相关。随着族群的扩大，军、

---

① 吴滔：《县所两相报纳：湖南永明县"四大民瑶"的生存策略》，《历史研究》2014年第5期。

② 李贤等：《大明一统志》卷65《永州府》，三秦出版社，1990年影印本，第1008页。

民、瑶的生活空间相互交错，欧阳氏甚至出现与军户联宗的现象。

自洪武四年前后重建祠堂以来，黄甲欧阳氏严苛家法，族中子孙日益繁盛。宣德十年（1435），永明知县杨观在《黄甲欧阳氏敬义堂序》中曾这样评价欧阳氏族：

> 余自太学蒙擢令于兹，每闻其家法之严，故常器重之矣。去年秋因旱灾，蒙撤委正官躬抚绥细民。道经其所居之里，而其族之长而贤者欧阳克明率众子弟威仪济济，远出迎候。予知其贤，因造其室。①

欧阳克明乃欧阳钵的后裔，在族谱中曾收录有欧阳克明于永乐三年为医馆所撰写的《恒德堂记》一篇。同时光绪《永明县志》中记有其孙欧阳光之事迹，文中亦提及欧阳克明，内容如下：

> 欧阳光，字东之，禄从子也。祖父德，字克明，性质厚不好侈靡。经史晋家皆研究之以古文辞鸣于时。御史何器见所作，激赏之，欲以人才荐诸朝。德固谢以不涉世务……其（欧阳克明）所作序记论辨题曰《书余翰墨》经乱散佚，且尽其存者由争珍贵之。②

换言之，永乐五年为黄甲欧阳氏作《敬义堂记》的御史何器

---

① 杨观：《黄甲欧阳氏敬义堂序》，《永明黄甲欧阳氏族谱》1924年版，卷1，不分页。
② 光绪《永明县志》卷37《人物志二》，《中国地方志集成·湖南府县志辑》，江苏古籍出版社，第49册，第510页。

曾对欧阳克明有知遇之恩；宣德十年克明又曾以"族之长者"身份接待知县杨观。这一记载或为我们讨论明代欧阳氏的宗族建设提供一定背景。

按谱所载，悦公一脉世代读书。这一家学渊源一直影响着子孙后代，其中克明之孙欧阳光就曾与叔父——二房悛公后裔欧阳禄一同学习，并于弘治时期先后登榜进士。为此，族谱特意将欧阳禄与欧阳光二人的事迹与皇诏收录其中以彰显家族声望。在《皇明进士登科考》中记载：

> （一）（弘治十二年乙未三月十五日）第三甲二百二名赐同进士出身……欧阳光 湖广永明县人
>
> （二）（弘治十五年壬戌三月十五日）第二甲九十五名赐进士出身……欧阳禄 湖广永明县人[1]

登科进士后几年内，欧阳光因为官正直、得罪宦官刘瑾而为其所陷，终身不得为官。此后欧阳光无奈归乡，并在永明当地设立馆舍教学后生。在现存的族谱中，我们可以看到大量欧阳光回乡后为族人所撰的墓志、寿序等文章。值得注意的是，《明清进士题名碑录索引》[2]中注明欧阳光乃军籍出身。结合欧阳光之家学传统，自八世祖汝颖公、九世祖欧阳钵到祖父欧阳克明，其均为书香门第之家，未曾提及有军籍户口，何以到欧阳光一代出现军籍科考记录。笔者以为，这或许与明景泰时期的合族修谱有关。

景泰四至五年由十七世孙欧阳克俊和欧阳永庆组织重修的

---

① 俞宪：《皇明进士登科考》卷9，明嘉靖刻本，第五册，第32页 a、第38 页 b。

② 参见朱保炯、谢沛霖主编：《明清进士题名碑录索引》，上海古籍出版社，1963 年 8 月。

永明欧阳谱图是目前可看到的最早一次重修族谱记录。本次重修的契机为景泰初年的"瑶蛮之乱"。谱中有载："旧簿曾因景泰纪元庚午岁瑶蛮之乱，出于风饕雨蚀，残缺不堪"。[①] 此次事件在《平猺碑》中亦有记载：

> 维景泰纪元春二月二十，有八富川灵亭乡下设源猺人盘性子作梗，纠合泠水诸源猺人廖八子辈，于是岁三月之初，走往邻封湖广江华永明二县会合。彼处民猺王茂、何音保等妖言煽惑，集众千余人蚁聚，地名八尺漯。置立巢栅，伪称胜道君王，名号将，逞恶出掠，以流毒乡邑……[②]

瑶人盘性子、廖八子之乱自富川县延伸至永明县，荼毒乡里。待祸乱平定后，景泰四年时任掌金的欧阳克俊"因典祠祀、掇遗简残编而修补"族谱；景泰五年，新一任的掌金欧阳永庆在克俊的基础上继续完成族谱编订。在本次重修中，族人邀请致仕官零陵县的何惟贤和永明县教谕山阴郭世英二人分别作《族谱前序》和《族谱后序》，克俊本人也著有《渤海郡欧阳谱系小引》一篇，并在该文中将永明欧阳氏一族附入欧阳文忠公所撰的渤海欧阳氏一脉。同时，也正是在这一次的修谱中，欧阳氏族人将黄甲欧阳氏与枇杷所军户欧阳氏相联。

按谱所载，本次主持修谱的掌金欧阳永庆为十七世孙，属于纹公一脉；此前洪武至宣德时期的记载中，活动于黄甲岭一

---

① 欧阳永庆：《欧阳氏子姓行第序》，《永明黄甲欧阳氏族谱》1924 年版，卷 1，不分页。
② 光绪《富川县志》卷 11《艺文》，《中国方志丛书》第十九号，台湾成文出版社，1967 年影印本，第 109 页。

代的欧阳氏均属绪公后裔。在光绪《永明县志》中曾收录有欧阳永庆的祖先、十一世欧阳云腾的事迹。其中提及：

> 欧阳云腾，字梅庭，父渥。宋时辟广西经干。云腾家世儒业，富篇籍尽涉猎……元季兵起，寇掠（欧阳）弦以兵法部伍乡里子弟，众尊为万户，寇畏之。洪武初以其山砦长，非受命于朝，谪戍道州、再谪凉州卫，后赦归。[1]

此处所提到的欧阳弦便是欧阳永庆的祖父。欧阳永庆的祖父弦曾于洪武时期谪戍卫所，后被赦免回乡。故我们可以推测，永庆一脉极有可能是生活在黄甲岭地区、并于洪武时期被谪戍充军。通过明代初期的融合，纹公一支开始与绪公派的欧阳氏有所联系。其后嗣欧阳永庆甚至于景泰五年被选为欧阳氏族的掌金，并带领族人重修族谱，继而通过修谱将本房附入黄甲岭欧阳氏一脉。这也解释了为何在明初的族谱文献中，未曾有纹公房派的踪迹。

当然，欧阳永庆也确实不负众望，创设了"谱图"、"集录"和"子孙行第"分开记载的永明欧阳氏族谱编撰模式。所谓谱图，实质是欧阳氏后嗣的世系图，包括"子孙行第与年月日时娶配妻室，以及令终厝葬地名"，以便日后"子孙之得有考"。集录，其形式借鉴自欧阳文忠公的《集古录》，按族谱中说法是"采扩诸名公所作文词，装演编帙而成"，目的在于"纪前人之行事，稽支派之疏戚俾，百世之后子子孙孙

---

[1] 光绪《永明县志》卷37《人物志二》，《中国地方志集成·湖南府县志辑》，江苏古籍出版社，第49册，第504—505页。

皆知欧阳祖宗之为人"①。子姓行第，则是将子孙的名字辈分划分清楚，以"正昭穆之序"。

欧阳永庆在所撰写的《欧阳氏子姓行第序》中，将二世祖由原先堂记所提及的昇公一人扩充为晏、昊、晟、昇四人："岩生四器，曰晏、曰昊、曰晟、曰昇。晏昊晟未及述。"② 根据我们在永明县搜集到的其他欧阳氏族谱记载，晏、昊、晟三公均在某一世由黄甲岭迁居别处，例如江华、枇杷所等地，仅留昇公一脉生活在黄甲岭地区。其中尤以昊公为代表：

> 昊公生黄甲岭。子斌公徙居石下村，次子汉贤公又迁居宁远西洞村。第六世孙善从公大明洪武为正军，至永明枇杷所守御，而家居斯也。③

此中关于祖先建构的痕迹便显而易见了。正如科大卫所言，用祖先的名义将各家各户组合起来的过程并不总在真正家庭脉络下进行，追寻祖先、把某房某派纳入或逐出谱系时总会重构宗族历史。④ 欧阳永庆通过本次修谱，不仅将本房附入黄甲永明一脉中，甚至与枇杷所等地的欧阳氏相互参订，共同追溯祖先为欧阳宠，从而扩大了宗族势力。对于枇杷所等地的欧阳氏来说，通过这样的方法将其祖先可追溯到渤海郡一脉。对于黄甲岭欧阳氏来说，其族群范围则更加广阔，欧阳氏族在当地的势

---

① 杨宏：《欧阳氏集录后续》，《永明黄甲欧阳氏族谱》1924年版，卷1，不分页。
② 欧阳永庆：《欧阳氏子姓行第序》，《永明黄甲欧阳氏族谱》1924年版，卷1，不分页。
③ 《湘粤桂欧阳氏通谱》1934年版，卷2，不分页。
④ 科大卫：《皇帝与祖宗——华南的国家与宗族》，卜永坚译，第218页。

力也因此得以提升；甚至有可能为族人提供军籍科考的机会，例如前文所提及的欧阳光。

这种宗族势力的联合与提升，为黄甲欧阳氏族进行坟山管理提供了一定的保障。明代的欧阳氏族人已经将坟山管理视为宗族关注的重点，尤其到了明代中后期，当地已经有借助坟地保护山林土地产权的意识。成化八年（1472），悦公一房后嗣欧阳永胤曾重修先祖欧阳悦之墓，并拜托永明县儒学训导周凤撰写《悦公墓志》一篇。墓志中载：

> 吾（永胤）祖悦，即致晚六官有茔在地，名濯锦，墓田三处以供其祀。先父亦尝序其略矣。各坟虽有提名碑，而未纪其实。胤等置碑四而立吾祖坟前左右，历书坟山林地界、墓田坐落亩数，与夫为戒文，以规本宗支裔珍守斯地，而勿或废坠住守猺户。①

换言之，欧阳氏族人设有题名碑作为祖先坟地的位置标记。同时为保证山林界限分明，组织族人重修墓地，甚至将地界与墓田坐落亩数皆单独立碑言明，作为其享有山林所有权的证据。"勿或废坠住守猺户"一句则说明，成化时期当地民与瑶的居住已成混乱状态，有瑶人耕种占据民田的现象。欧阳永胤立碑或是为阻止这一行为而被迫采取的应对措施。

同时可以看出，此时的欧阳氏已经强调自己属于某房支，如欧阳永胤会刻意提及自己属悦公一脉后裔，在祭祀中也以悦公为主。这样的记录在其他房派的管理中同样有所体现，乾隆

---

① 周凤：《悦公墓志》，《永明黄甲欧阳氏族谱》1924年版，卷1，不分页。

六年族人欧阳昱曾抄录其祖先可铨公和文瑞公于嘉靖时期设立帮学田之事：

> 始祖可铨公设立帮学田三十六工，以养后学俾游泮者，有所需志上者，无外想也。后因曾祖欧阳复蒙恩在庠叨享一世，祖欧阳锡蒙恩岁贡叨享一世。不迪，遂动以浮言而发有逸口，而祖父（文瑞公）素志淡薄，因付出帮递，与彦房均分两半当差。①

可铨公乃二房悛公后裔，属前文所提七房中的淞公一脉。嘉靖时期为帮族人求学，可铨公设立帮学田三十六工。其子欧阳文瑞因为人淡薄，将学田与兄弟欧阳文赟的后代彦房均分用以当差。姑且不论其中田土的争端问题，我们可以看到，在嘉靖时期已经有族人设立学田资助本房后代的现象。也就是说，明代的欧阳氏族已经出现"各管各业"的房派管理模式。

综上可知，明代以前生活在黄甲岭地区的欧阳氏主要是欧阳绪公一脉的悦公和悛公两房后代，期间名人辈出，又有子孙科考荣登进士。洪武以后，随着卫所的设立和瑶乱的发生等，社会流动性相对增强，地方社会人员构成更为复杂。尤其到明中期，由于族群的扩大，民、瑶、军户居住混杂，族人对于山林产权的诉求也相对此前有所增加。基于此，景泰时期族人通过修谱将黄甲岭地区的欧阳氏整合为同一宗族，例如欧阳永庆一脉便很有可能是此时才被纳入宗族谱系中；甚至联合枇杷所等其他地区的欧阳氏重构祖先记忆，在

---

① 欧阳昱：《文瑞公墓田原委记》，《永明黄甲欧阳氏族谱》1924年版，卷1，不分页。

提升宗族势力的同时也借宗族与祖先保护坟地产权，以此作为山林所有权的象征。

四、清代合同式宗族的确立与坟山所有权象征

明清鼎革之际，黄甲岭地区再次遭受动乱影响。崇祯十六年（1643），张忠献兵破武昌，后破湖南各州县，此后湖南地区被曹志建占据。① 这一次的兵燹带给欧阳氏族人较大冲击，本族人曾这样评价："奈地连粤界，境多穿窬，最惨者弘光丙戌（1646）之时，猺苗千百劫虏，各处半遭毒害可幸者。"② 直到顺治六年孔有德南下平叛，方将永明纳入帝国版图。康熙初年，当地又有"富川县谷塘猺目廖文胆、恭城茅塘猺目王天贵乘虚而起，纠党数千人，越界劫虏春陵江永，俱为震动。"③ 此后十二年爆发"三藩之乱"，（康熙十三年）永明为逆泸吴三桂兵所陷，至十八年始恢复。④ 简言之，清初的几十年里，永明县"一困于曹志建，又困于郝永忠，又困于吴三桂，烽烟相望"。⑤

屡次三番的社会动荡使得生活于当地的欧阳氏族人流离失

① 康熙四十八年《永明县志》卷14《杂记》，《中国地方志集成·湖南府县志辑》，江苏古籍出版社，第49册，第176页。
② 欧阳昱：《谱书总论》，《永明黄甲欧阳氏族谱》1924年版，卷1，不分页。
③ 康熙四十八年《永明县志》卷14《杂记》，《中国地方志集成·湖南府县志辑》，江苏古籍出版社，第49册，第180页。
④ 光绪《永明县志》卷29《职官志一》，《中国地方志集成·湖南府县志辑》，江苏古籍出版社，第49册，第441页。
⑤ 吴滔：《县所两相报纳：湖南永明县"四大民瑶"的生存策略》，《历史研究》2014年第5期。

所，最终造成康熙中叶族人"逃者逃、没者没，债基荒芜，纵有一二家，且亦寄居别地"① 的结果。直到康熙二十年（1681）动乱平息，黄甲欧阳氏族方才重新开展宗族建设工作。康熙四十四年（1705），浚公一脉的欧阳常镟担任族长，与淞公后裔欧阳运雍等人因"历世既久，（敬义堂）几浸圮颓"②，带领合族一同重建祠堂，并邀请太学生候选教谕眷教弟何广泳思氏撰写《重修敬义堂记》一篇。同时因族中"风俗日下，道德不讲，同姓之中败人之家业者有之，玷人之名节者有之，惊人之塚穴者有之，冒人之山岗者有之"，③ 欧阳运雍又于康熙五十二年（1713）组织合族户老重修族谱，并与族中子弟一同撰写谱序。

在康熙以后的宗族重建中可以发现，参与修建祠堂与族谱之人已经不同于明代强调由纹公或绪公等后代的某一人负责，而通常是由担任族长的某一房发起，各房均有人员参与其中且共修谱序，例如康熙四十四年主持重修祠堂的便是浚公与淞公两房的后裔。明代的族人尚且重视宗族的整体性，他们常常会称自己是永明宠公一脉六世祖纹公或绪公的后裔。随着18世纪以来族人的扩散和派系的混杂，清代的欧阳氏族人已经很难考证自己究竟属于哪一公后代。因此在追溯祖先时，他们会特意提及自己属于某一世某房的子孙。如乾隆十年（1745）淞公一脉的欧阳良昱受石岭村欧阳氏叔侄请求，帮助该支修房谱时便提及：

① 九单公：《九单异姓同门论》，《永明黄甲欧阳氏族谱》1924年版，卷1，不分页。
② 何广泳思氏：《重修敬义堂记》，《永明黄甲欧阳氏族谱》1924年版，卷1，不分页。
③ 欧阳镶：《续修谱序》，《永明黄甲欧阳氏族谱》1924年版，卷1，不分页。

所以吾辈七房同出于镳公之一人。今已各为详录，以不磨其所。①

这种对房的强调与清代以来欧阳氏族的建设有关。前文曾提及，顺治六年永明划入清代版图后，地方政府便开始进行都和甲的区域重划，并于顺治八年将上六都与黄甲岭乡所在的中六都合为一里。每里又分"十递"，规定一切杂差俱照里递分当。② 这一制度在欧阳氏族谱中亦有涉及。道光二十年修谱时，欧阳钵后嗣九甲公曾撰写《九单异姓同门论》一文，其中言及："（清初）族属一姓，而分为十递，仅有花户朋粮以当差，断无异姓同门而共户"。③ 从中我们可以看出，对于当时的欧阳氏族人来说，拥有宗族身份是族人共户纳粮当差的凭证。此后因康熙时期吴三桂等人的动乱，当地人员流失惨重，清初规定的"大役之名十递轮流当差"令百姓苦不堪命。该文中记载：

奈至（康熙）中叶，今昔殊观，钱粮固已在下，人丁亦且稀少，一里不能如人一递，一递不能如人一家。呜呼，苦莫苦于吾中六，弱莫弱于吾中六。④

基于此，康熙四十七年（1708）永明知县周鹤请求裁撤里长，

---

① 欧阳昱：《石岭家谱序》，《永明黄甲欧阳氏族谱》1924年版，卷1，不分页。
② 康熙四十八年《永明县志》卷5《赋役》，《中国地方志集成·湖南府县志辑》，江苏古籍出版社，第49册，第54页。
③ 九甲公：《九单异姓同门论》，《欧阳宗谱》光绪二十六年版，卷首，不分页。
④ 九甲公：《九单异姓同门论》，《欧阳宗谱》光绪二十六年版，卷首，不分页。

此后"小年大役各项杂差一并无征丁粮正供，令民自称投柜，弊除利兴，民甚便之"。① 这样的改革使原本位于不同里甲单位且共户的欧阳氏各房拥有更高的主导权。在《九单异姓同门论》中九甲公曾提到四姓入户当差一事，此处的"单"等同于"甲"②，具体内容如下：

> 至雍正七年，分适有蒋才良、卢玉瞻、义亥生、卢国青四人离居故土，均无户籍。因欲入户齐当差役，时立合同一纸，言定宅基一所于厅地之外，两半均分。③

九甲共户的欧阳氏族人为解决本户无人当差应役的问题，甚至允许外姓入户，并与四姓签订合同区分地界。换言之，虽然康熙后期已经裁撤里长制度，但各甲的纳粮当差事宜实际仍由该甲共户的宗族房支负责。这也是为何在实际的田野考察中，我们发现欧阳氏族人被划分为不同的甲，且各甲之间界限明晰，并设有门楼以作区别。

当然，作为共户当差的凭证，黄甲岭乡各房欧阳氏又存在合族进行修谱建设的诉求，但此时的宗族联合已与明代有所区别。在欧阳氏族谱中，笔者曾看到族人在道光二十年修谱时立有宗族修谱合同一则，名之《续修连环族谱公议》，其中阐明欧阳氏族的内部管理方式，内容如下：

---

① 康熙四十八年《永明县志》卷5《赋役》，《中国地方志集成·湖南府县志辑》，江苏古籍出版社，第49册，第54页。

② 关于永明县单与甲的问题，具体研究可见吴滔：《明代中后期兵制与阳山杀手的土著化》，《中山大学学报（社会科学版）》2017年第6期。

③ 九甲公：《九单异姓同门论》，《欧阳宗谱》光绪二十六年版，卷首，不分页。

> 谱者所以明世系，上本宗祖，下及子孙，继继承承，有隆无替。若用阴谋私修侵占他人山场地段、祖坟以及住宅后龙，则非贻厥孙谋之道也。故合族公议，凡山场地段住宅后龙照旧各管各业，一概不得登谱。所以谱用连环一样，□于十二部，中稍有参差不符，即系私造伪谱，决不以为凭矣。因叙数言登诸谱，以传确据云。①

科大卫曾提出乡村社会"入住权"的概念，主要指生活在乡村的人享有与土地产权分离、在村庄中修建房宅和开发周边荒地的权利。② 这种入住权与土地管业权分开的模式，为我们理解黄甲欧阳氏宗族的族房关系提供一定启示。从欧阳氏族的公议中可以看到，合族修谱其实是清代以后的欧阳氏为建设合同式宗族所采取的重要方式之一。各房族人通过与其他房派联宗修谱的方法，在证明其欧阳氏族人身份的同时，以此作为共户纳粮当差和享有入住权的凭证。此处的入住权指对住宅后龙的管业，包括对宅基地与周边荒地的开发和建设，该权利属于登记在谱的欧阳氏各房派之人。这也解释了在族谱的编撰中，欧阳氏族人通常会特意强调某一房居住于黄甲岭地区某村落的某宅，例如前文所提的欧阳永庆一脉居住在黄甲岭西的登庸宅，浚公一脉居住在黄甲岭中部的驷桥宅等，不同的宅名便是入住权的象征。

同时为杜绝房与房之间的权利纠纷，各家所管之业一概不

---

① 《续修连环族谱公议》，《欧阳宗谱》光绪二十六年版，卷首，不分页。
② 科大卫：《告别华南研究》，《学步与超越——华南研究会论文集》，香港文化创造出版社，2004年3月，第9—30页。

登记在谱。各房所拥有的周边山场地段、祖坟等土地产权，实质由各房自行管理，并借助宗族的形式联合起来并获得对周边山场的开发与占有权；对外则以族谱所载祖先坟地作为坟山所有权的重要依据。黄甲岭地区山林众多，土地肥沃，在当地发现的契约文书中山林田地买卖也占有较大的比重，可见当地人常以山林田产作为其营生手段。但是，明清时期国家对于山林所有权的保护意识并不明确，《大清律例》中关于山林财产的规定与处罚仅可见于"盗卖田宅"、"盗园陵树木"与"弃毁器物稼穑"几条，且重点均在坟山争讼。因此，通过族谱中记载田产和记录祖先坟地位置作为所有权象征，是黄甲岭欧阳氏维护产业的重要证据。在《九单异姓同门论》一文里，九甲公亦强调对本房坟山的管业，内容如下：

> 阅旧谱，和公派下未载坟墓者，一百有余人。今九甲坟山一处，时号地名古子岗，有古墓二十五塚。谱内只载得十八塚外，明锡公葬此，其余后附葬六塚，虽无碑记，查谱载古号地名岗复洞，知其某穴为某公墓。然总属失墓之诸公，子孙宜急修整祭褂，毋令他人侵占。[①]

换言之，清代欧阳氏族除实地立碑外，同时借助族谱中所登记的祖先坟地位置证明对坟山的管业权。这样的宗族建设诉求最终使得祖先记忆与宗族成为当地社会公认的礼仪标签。而"坟山占籍"的方式也一直影响着黄甲岭地区的欧阳氏族人，

---

① 九甲公：《九单异姓同门论》，《永明黄甲欧阳氏族谱》1924年版，卷1，不分页。

直至民国时期仍旧发挥作用。当本族人与外族出现土地纠纷时，谱载坟地便成为了最直接的证据。笔者将以一则民国时期争讼为例，展现欧阳氏族"坟山占籍"的实际运作方法。

1912年农林部在新定的林政方针中提出："凡国内山林，除已属民有者由民间自营并责成地方官监督保护外，其余均定为国有，由部直接管理，仍仰各该管地方就近保护，严禁私伐。"[①] 1915年6月30日颁布的《森林法施行细则》中亦规定"公有或私有森林之所有权之变更"，均须于三个月内上报政府[②]。由此可见，在民国初期政府承认山林私有权的情况下，村民如何证明自身的所有权，是生活于山区群体所需要面对的问题。对于当地而言，"坟山占籍"便是证明所有权、解决族人与外族土地纠纷的有用证据之一。

欧阳族谱中载有一则1921年江华县知事公署的二审诉讼判决书，控诉人是欧阳氏的三十一世孙欧阳彩虹和三十三世孙欧阳昺圭，两人是堂爷孙关系，均为石岭村津公的后代。被控人是申家的申维泰和申行楠。诉讼双方住在石岭村，出现争议的地方位于石岭村东北部的大源岭。大源岭地处永明县与江华县分界处，上有多家坟地，且直至民国时期大部分已成为无名坟。据族谱记载，申欧双方在大源岭上各有所管之坟地。1920年六月欧阳牛崽之妻死，欲葬于该岭。还未及下葬，申维泰等人称此地乃申氏所管被欧阳氏盗葬，其上有申家祖先四壹公之墓为证，在当地发现的申氏族谱中亦收录有四壹公墓志一篇。

---

① 陈嵘：《历代森林史略及民国林政史料》，金陵大学农学院森林系林业推广部，1934年版，第65页。

② 陈嵘：《历代森林史略及民国林政史料》，1934年，第68页。

申氏于同年七月上诉至永明县知事公署进行判决，本次判决认为欧阳氏造伪契，将该地归于申氏管业。欧阳家不满此次判诉，又于次年（1921）上诉至江华县知事公署，也就是欧阳族谱中收录的这一次。第二次判诉结果如下：

> 永明县属大源岭申姓称黄色冲、欧姓称正涧之坟地，判令该争塚下以四壹公之墓为起点，直下至平地归申姓管业，争塚上以凤公金龟朝斗之墓为起点，直上至岭顶归欧阳管业，左右均至岭坡为界，两起点之中间双方不准进葬，岁时各祭各祖，控诉审讼费由两造平均负担此判。①

其中凤公乃石岭村欧阳氏祖先，属津公一脉。在本次判决中我们可知，申欧两家因祖先墓地位置产生了冲突，申家认为欧阳家占用其所管业的大源岭黄色冲之地下葬，欧阳家则认为该坟地名为正涧、属于自家管业，并未占用申家之地。在判决的过程中，双方均以族谱中载有祖先坟地作为证据。后因当地无名坟太多无法判断，最终将该地划分，双方各管一处。由此可见，以谱载坟地作为山林所有权证据，是当地所普遍认可的。

综上可知，战乱导致宗族内部的混乱和族人对山林资源争夺的诉求，清代以来居住于黄甲岭地区的欧阳氏各房支通过联宗的方式进行合同式宗族建设，并达成"各管各业"的日常管理原则。各房以族谱记载作为共户纳粮当差和入住权的凭证，获得住宅后龙的管业权；在实际的运作中，各房又借宗族

---

① 《江华县知事公署民事判决书》，《永明黄甲欧阳氏族谱》1924 年版，卷 1，不分页。

形成山场地段、祖坟等产权利益共同体，并以谱载祖坟的位置作为山林所有权的象征，当与外族出现争讼时，以此为据进行山林产业的争夺。在这一过程中，宗族与祖先逐渐成为了当地社会的礼仪标签，最终形成了我们现在所看到的黄甲岭欧阳氏宗族。

五、结语

正如刘志伟所言，宗族虽然是基于血缘继承关系的群体，但其发展却并不单纯是基于生殖行为的世代繁衍过程，而是在这一自然过程上加入了一系列社会行为的文化过程。[①] 对于生活在山区的宗族来说，其族谱的修编过程往往与族人所处的地理、社会环境有一定关系。黄甲岭欧阳氏一族作为生活在永明地区的地方大族，声称其唐末已迁居于此，有宋以来建立敬义堂作为家祠，且有绪公一脉活跃于黄甲岭当地。直至明中期，欧阳氏纹公一脉通过联合黄甲岭其他欧阳氏族人共同修谱的方式将本房附入其中，并与枇杷所等地的欧阳氏重构祖先记忆，以此来提升本族在当地的势力和声望。由于民、瑶、军户混杂，族人已出现借宗族与实地立碑保护墓田的意识。此后因兵燹之祸，明嘉靖至清康熙年间，祠堂与族谱均已废置。为重新掌控对地方山林的管业，清代欧阳氏各房联合进行合同式宗族建设，并以族谱作为共户当差和入住权的凭证，进而获取对山

---

① 刘志伟：《祖先谱系的重构及其意义——珠江三角洲一个宗族的个案分析》，《中国社会经济研究史》1992 年第 4 期。

场等资源的占有权；当与外族出现坟山争讼时，将谱载坟地作为证据对山林产业进行争夺。最终完成了欧阳氏宗族的建构过程。

从永明县黄甲欧阳氏的个例中我们可以看到，明代以后山区宗族的建设与发展，与其对周边山林资源的争夺和开发是密切相关的。不同支派的人通过对祖先记忆的重构，完成了对地区宗族的建设，从而使宗族成为支撑族人进行山林开发的有效保障。在这一过程中，宗族与祖先作为一种地方公认的礼仪标签，为族人争夺坟山提供了依据。

中山大学历史学系（珠海）

附图 永明欧阳氏世系图

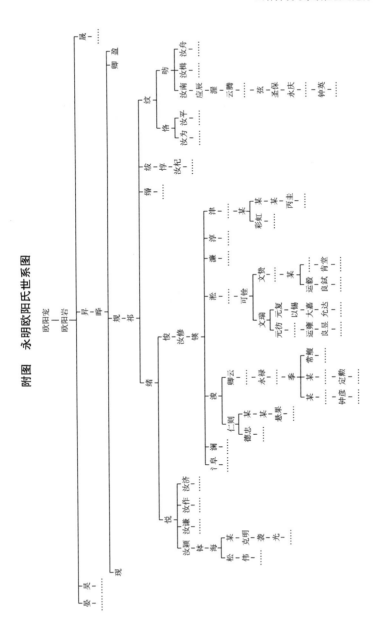

生态变迁、族群关系与国家认同
——晚清"客家"族群认同建构的历史背景

黄志繁

一、导言

　　1990 年以来，大陆客家①研究公认比较大的进步是对罗香林关于客家血统源自中原汉人的观点的质疑和修正。② 但是，在客家的源流与形成问题上，学者们意见并不统一。虽然大多数学者支持客家是南迁汉人与南方土著民族"融合"的结果，但在客家具体形成时间和以何种民族为主体问题上，学界意见纷争，难有定论。学术意见不统一的后果是，虽然客家学事实上已经成为了一门独立的学科，但对"客从何来"、"什么是客家"一类基本问题，学界并无共识，这多少是个尴尬的局

---

① 本文所讨论的客家研究基本上限于大陆客家研究，台湾客家研究由于其自身的历史族群的重要性，发展的逻辑和道路与大陆客家研究不同。

② 比较突出的著作有房学嘉：《客家源流探奥》，广东高教出版社，1994 年；谢重光：《客家源流新探》，福建教育出版社，1995 年；陈支平：《客家源流新论》，广西教育出版社，1997 年；等等。

面。出现这种情况，根本原因在于大陆学界理论上无法超越罗香林。虽然大多数学者对罗香林研究方法有超越之处，例如房学嘉运用了大量田野调查资料补充文献资料之不足，陈支平把非客家人族谱与客家人族谱进行比照，但是，他们和罗香林都承认一个共同的前提，即族源和血统直接决定了民系的文化特质，或者文化的先进性决定了客家的特质。正因为有此共同的前提，学者们对罗香林的质疑才采取了和罗香林同样的方法，即从族源上来认定客家，将客家先入为主地认为是拥有先进文化的群体。

　　进入 21 世纪，客家学研究出现了范式更新，即用"族群—认同"范式取代了"民系—文化"。① 应该说，在"族群—认同"的研究范式之下，已经基本超越了罗香林开创的理论范式。研究者们发现，客家成为一个自我认同的族群是相当晚近的事情，其背景是晚清广东三大族群互动。② 晚清广东"客家"、"广府"、"潮汕"三大族群的冲突刺激客家人开始自我书写族群历史，不但加强了族群的自我认同，也直接导致了客家学的产生。由此看来，在客家族群自我认同意识形成之前，是否存在一个所谓的"客家"民系是个相当值得怀疑的事实。

　　最近陈春声的研究也表明，在"客家人"最重要的聚居

① 黄向春指出客家界定中的两种理论方法与框架，即"民系—文化"论与"族群—认同"论，参考黄向春：《客家界定中的概念操控：民系、族群、文化、认同》，《广西民族研究》1999 年第 3 期。另外，其他学者也提出了族群概念在客家研究中的重要性。参考庄英章：《试论客家学的建构：族群互动、认同与文化实作》，《广西民族学院学报》2002 年第 4 期；周建新：《客家研究的文化人类学思考》，《江西师范大学学报》2003 年第 4 期；周建新：《族群认同、文化自觉与客家研究》，《广西民族学院学报》2005 年第 2 期。
② 参见程美宝《地域文化与国家认同——晚清以来"广东文化"观的形成》，见杨念群主编《空间·记忆·社会转型："新社会史"研究论文精选集》，上海人民出版社，2001 年，第 387—417 页；刘平《被遗忘的战争》，商务印书馆，2003 年。

地韩江流域，把"客家人"视为一个族群的观念形成的关键之处，在于实现对日常生活经验所形成的人群分类观念的超越。在这一过程中，近代族群分类意识的传入、近代教育的推广和近代城市兴起所引起的生活方式的改变，起了重要的作用。① 问题到此似乎解决了，但是，似乎很少有人关注客家人自我书写族群历史时，面对的是怎样的"历史"。换言之，客家人建构其族群认同的历史背景和文化基础是什么？我们有理由相信，客家族群意识不是凭空产生的，而是有一定的历史基础，建构客家族群意识的前贤必须面对他们所处的历史背景和传统，正如前引陈春声论文谈及"客家"人族群意识产生时所言："这一观念的形成，明显受到该地域百姓口耳相传的关于祖先来源的'历史记忆'的影响"。因此，要深刻了解"客家"族群认同之形成，还必须对晚清以前"客家"地区的社会变迁、人群迁徙和历史文化进行认真清理。笔者以为，只有这样，才能真正地回应客家学界比较关注的"客家是什么"等关键性问题。

关于明清时期赣闽粤边界社会变迁与族群变化的研究。比较经典的是梁肇庭的研究。根据他的研究，在16世纪和18世纪两次经济飞速发展的背景下，赣闽粤毗邻地区的人们向四面移民拓展，并在19世纪与移入地土著形成了"土客冲突"，实现了由文化群体向族群的转化，也就是成为了"客家人"。② 然而，梁氏的研究着眼点在于"客家"族群认同意识的转变，

---

① 陈春声：《地域认同与族群分类——1640~1940年韩江流域民众"客家观念"的演变》，《客家研究》创刊号（台湾），2006年。

② 参考梁肇庭（Sow-Theng Leong）：*Migration and Ethnicity in Chinese History: Hakkas, Pengmin, and Their Neighbors*, Stanford: Stanford University Press, 1997。

因而关注更多的是赣闽粤边界地区人群与外部交往与冲突的历史，而相应地忽视了对赣闽粤边界内部的经济发展、人群迁徙和社会变动的历史。本文即拟在前人研究基础上，对明清时期赣闽粤边界的生态变迁、人群迁徙与社会变动进行研究，以有助于回答"客家是什么"等问题。

二、山区开发与流民运动

自宋至清，特别是明清时期，赣闽粤边界地区最根本的变化当是生态的变化，即赣南、梅州、汀州三地经历了一个由烟瘴之地转变为人口稠密、人地关系紧张之地的过程。这一过程实际上也是山区开发的过程。山区开发的主导力量来自于因各种原因进入山区的流民。但是，就开发的时空序列来说，三地并不一致。这种不一致以往常被研究者所忽略，但正是这种时空上的开发不一致导致了三地接纳和向外迁徙流民时空的不一致，从而进一步导致了本区域移民的差异，移民的差异又导致了地方文化的差异。从这个意义上说，讨论该区域"客家"文化必须仔细分析本区域山区开发的时空差异。

一般地说，如果一个地方人口较多，特别是官方控制的户口较多，则意味着该地方开发已经到了一定的程度，也就是说户口数字是衡量地区开发的重要指标。因此，本文从户口统计数字入手对本区域山区开发的时空差异进行分析。

根据何炳棣的研究，在明清时期的众多户口数字中，洪武二十四年（1391）、乾隆四十一年（1776）、1953年的户口数字具有比较高的可信度。^① 曹树基关于明清时期人口数字的推测也相当重视这三个年份数字的作用，在他关于明清时期的《中国人口史》著作，对这三个年份的分府数据进行了估算，这就为本节的分析奠定了基础。

表1依据曹树基估算的人口数字，对明清时期赣州、南安、汀州、嘉应州分府人口增长情况进行了排列。

从表1中可看出，从明初到清中期，赣闽粤边界的户口都有很快的增长。增长最多的是嘉应州，增长了近85倍，而增长最少的南雄州，只增长了不到2倍，其次是汀州，增长了4倍多。而乾隆四十一年到1953年，三地人口增长很慢，赣州府和汀州府甚至人口还有所下降。以上户口数字说明了两个问题：第一，明初至清中期是三地山区开发最为迅速的时期，正是在这一时期，三地一改以往人烟稀少的烟瘴之地景象，变成人烟稠密之地；第二，清中期，也就是乾隆晚期，三地的区域开发基本上到了传统时代农业生产的顶峰，致使部分地区人口比清中期还有所减少。^②

笔者更感兴趣的是户口数字所揭示出来三地之间的开发的时空差异。从表1所列的数据中不难发现，明初到清中期三地人口增长速度从高到低分别为：嘉应州、韶州府、赣州府、南安府、汀州府、南雄府，它们的增长倍数差异相当大，分别为：84.80、9.35、7.90、7.59、4.35、2.02。从中可以推测

---

① 何炳棣：《明初以降人口及其相关问题（1368—1953）》，葛剑雄译，生活·读书·新知三联书店，2000年。
② 赣南和闽西人口比1953年减少的一个重要的原因可能是战争，两地在第一次国内革命战争年代是重要的红区，战争应当使人口有所减少。但是，自1934年红军长征后，该地区很少有大规模的战争，到1953年则经过了20年的恢复，战争对两地人口的影响不应估计太高。

表1 明清时期闽粤赣边界地区分府人口增长情况

时间\府名	赣州（万）	比上一统计年增长（倍）	南安（万）	比上一统计年增长（倍）	汀州（万）	比上一统计年增长（倍）	韶州（万）	比上一统计年增长（倍）	南雄州（万）	比上一统计年增长（倍）	嘉应州（万）	比上一统计年增长（倍）
洪武二十四年（1391）	36.6	—	7.5	—	29.1	—	10.3	—	8.7	—	1.4	—
乾隆四十一年（1776）	289.9	7.92	56.9	7.59	126.5	4.35	96.3	9.35	17.6	2.02	121.5	84.8
1953年	263.2	0.91	70.0	1.23	121.1	0.96	116.5	1.21	33.40	1.90	149.9	1.23

资料来源：《中国人口史》（第四卷），表2—13（第53页），表4—12（第131页），表4—15（第141页），复旦大学出版社，2000年；曹树基：《中国人口史》（第五卷），表4—20（第134页），表5—6（第182页），表5—16（第200、201页），表5—17（第201、202页），复旦大学出版社，2000年；嘉靖《兴宁县志》卷3《地理部·食货》；道光《长乐县志》卷6《经政略·户口》。

说明：（1）清乾隆十九年（1754），嘉应州乃由明代的程乡县为基础发展而来，从赣州府中析出宁都、瑞金、石城三县，成立宁都直隶州，宁都直隶州人口纳入赣州统计；

（2）明代无嘉应州，嘉应州乃由明代的程乡县为基础发展而来，但雍正十年（1732）以程乡、镇平、平远设立嘉应州时，割惠州府兴宁、长乐两县属之，故嘉应州所属地区洪武二十四年的口数应为程乡县、兴宁和长乐三县的总和。

197

出三地在明以前的开发程度：梅州（嘉应州）在明以前基本处于未开发状态，否则不可能增加将近85倍的人口，即使指官方控制人口而言，而不是全体人口，这个数字也是相当惊人的；韶州府也是开发程度有限；南雄和汀州则相对而言有一定程度的开发，因为在赣闽粤边界中南雄和汀州人口增长最少，虽然也有2~5倍，但扣除人口统计的不实和农业生产发展所带来的土地供应人口能力的增加，我们可以推测汀州在宋代已经有了一定的开发，明初到清中期则是继续着这种开发的趋势，没有大规模的人口突然增加的过程；赣南（赣州和南安府）人口清中期比明初增加了将近8倍，这主要是因为明清时期大量流民涌入开发山区的结果。①

表2　洪武二十四年（1391）汀州、赣州二府各县

及程乡、兴宁、长乐三县人口

府名	县名	户	口	户口比
汀州府	长汀	13693	61253	4.5
	上杭	11158	68726	6.2
	宁化	12588	60766	4.8
	清流	12613	51068	4.0
	连城	5824	31936	5.5
	武平	4157	17278	4.2
	总计	60033	291027	4.8

---

① 曹树基：《明清时期的流民和赣南山区的开发》，《中国农史》1985年第3期；万芳珍、刘纶鑫：《客家入赣考》，《南昌大学学报》1994年第1期；《江西客家入迁原由与分布》，《南昌大学学报》1995年第2期；罗勇：《略论明末清初闽粤客家的倒迁入流》，《国际客家学会研讨会论文集》，香港中文大学、亚太研究所、海外华人研究社，1994年出版；梁洪生：《从兴国移民姓氏看赣南客家迁徙：对赣南早期客家的一种思考》，《客家研究辑刊》1996年第1期；饶伟新：《明代赣南的移民运动及其分布特征》，《中国社会经济史研究》2000年第3期。

续上表

府名	县名	户	口	户口比
赣州府	宁都	32702	157306	4.8
	赣县	24160	104678	4.3
	兴国	14153	56370	4.0
	石城	3807	16754	4.4
	雩都	3911	16698	4.3
	瑞金	1421	5722	4.0
	会昌	691	3078	4.5
	信丰	638	3109	4.9
	安远	293	1445	4.9
	龙南	260	1246	4.8
	总计	82036	366406	4.5
清嘉应州	潮州府 程乡	1686	6989	4.1
	惠州府 兴宁	722	2626（3249）	3.6
	长乐	868	3302（3906）	3.8
	总计	3276	14144	4.3

资料来源：嘉靖《汀州府志》卷4《食货》；嘉靖《赣州府志》卷4《户口》；光绪《嘉应州志》卷13《食货》；嘉靖《兴宁县志》卷3《地理部·食货》；道光《长乐县志》卷6《经政略·户口》。

说明：（1）宁化县口数用曹树基校正过的数字，参见所著：《中国人口史》（第四卷），复旦大学出版社，第131页；

（2）兴宁和长乐三县户口比数值过低，因此，用户均4.5口标准进行了修正，括号中的人口为修正人口。

实际上，如果我们仔细研究洪武二十四年（1391）三地的分县户口则可进一步地确定三地开发在时间上的差异。表2

列出了洪武二十四年三地的分县户口数字。表2中，人口超过
1万的县有长汀、上杭、武平、宁化、清流、连城、宁都、赣
县、兴国、石城、雩都（于都）11县。汀州府所属6县全部
人口过万，赣州府十县中则有近一半人口过万，其余一半人口
相当稀少，有的县如安远才千余人，梅州则无一县人口过万。
其中，汀州府除连城外，长汀、上杭、武平、宁化、清流四县
人口均超过5万，而赣州府则只有宁都、赣县、兴国三县人口
超过5万。在传统时代，一个县人口达到5万人，已经是相当
的规模了。特别是，我们注意到，赣州府所属人口过5万的三
个县，都是农业生产条件相对较好的县，而汀州府属人口过5
万的四个县，农业生产条件远远不如宁都等三县。

那么，是不是因为汀州比较早得到了开发呢？表3列出了
宋元时期赣州、南安、汀州、梅州、韶州、南雄等六州的户数
和人口密度。从表3中可看出，除梅州外，赣闽粤边界地区基
本上都是在北宋末年到南宋中后期之间出现了户口的快速增
长，元初则除南安外，户口数普遍急剧下降。韶州虽然没有南
宋的户口数据，但是，韶州在乾道二年（1166）因人口增加，
增设了乳源县，足见其户口仍然一直是在增加的。[1] 梅州户数
在北宋末年到南宋中后期也有所不同增长，但始终维持一个相
对较低的人口密度，到了元初则又回到了北宋初年的水平。

很显然，元初这一区域户口数量的减少和宋末元初文天祥
以该区域为主要的抗元战场有关。不过，我们不能把户口的减
少归因于战争，更重要的是该区域长期动荡的局面，使元廷并
不能很好地控制该区域，特别是大量的"化外之民"没有被

---

[1] 吴松弟：《中国人口史》（第三卷），复旦大学出版社，2000年，第560页。

纳入官方的统计系统。① 换言之，元代该区域真实人口并不是真的减少，而是官方掌握的户口数字减少。

表3　宋元赣闽粤边界各府户数及人口密度

单位：户/平方公里

时间 府名	太平兴国五年 （980）		元丰元年 （1078）		崇宁元年 （1102）		南宋中 后期		至元二十七年 （1290）	
	户数	密度	户数	密度	户数	密度	户数	密度	户数	密度
赣州	85146	2.8	98130	3.2	102609	9.0	272432	10.6	71287	2.4
南安	—	—	35799	5.7	37721	6.0			303666	8.1
汀州	24007	1.3	81454	4.5	—	—	223433	12.0	41423	2.3
梅州	1568	0.3	12372	2.7	—	—			2478	0.5
韶州	10756	1.0	57438	5.4	—	—			19584	1.9
南雄	8363	1.8	20339	4.4	—	—	30000	6.5	10792	2.4

资料来源：吴松弟《中国人口史》（第三卷）表4—2（第129、131、133页）、表4—4（第152、153页）、表7—2（第340、341页）、表11—9（第495页）、表11—11（第500页）、表12—4（第555页）。

实际上，直到元末，汀州和赣州都分别控制在陈友定和熊天瑞等地方豪强手中。但是，明初的情形完全不一样。陈友定和熊天瑞都被朱元璋部队打败，明王朝基本控制住了赣闽粤边界局势。所以，毫不奇怪，明初的户口数字比元朝增加了许多。

根据表3，我们基本可以推断，除梅州开发程度有限外，北宋中期至南宋中期是赣闽粤边界人口快速增长的时期，尤其

① 参考黄志繁：《抗元活动与元代赣闽粤边界社会》，《江西师范大学学报》2003年第5期。

是汀州，到了南宋末年，人口密度是赣闽粤边界中最高的，其增长的速度超过了生态条件更好的赣州。根据吴松弟的研究，福建全省在元丰以后保持了较快的人口增长速度，导致成为南方五路中人均耕地最少的地区。[①] 汀州府宋元共六县，北宋增设了上杭、武平、清流三县，说明北宋是其山区开发相当重要的一个时期。进入南宋，汀州的人口仍然在逐渐增加，南宋初年，汀州还增置了莲城县（连城县）。虽然经过南宋末年和元初的战争，但结合以上对元初闽赣边界的形势之分析，可以肯定的是，汀州的真实人口并没有减少多少，所以，到了明初，汀州呈现出户口数字相对较多的局面。梅州则是宋元时期开发程度最低的一个地区。不仅在宋代户口没有大规模的增长，到了元末及明初，依然还是地旷人稀的局面。实际上，梅州作为一个府一级的行政单位，宋元时期一直没有稳固的地位。梅州先后在北宋熙宁六年至元丰五年（1073—1082）、绍兴六年至十四年（1136—1144）、元贞元年至延祐四年（1295—1317）三个时期内被并入过潮州府。明洪武二年（1369 年），终于正式被废除，成为潮州府下设的程乡县。直到雍正十一年（1733），才恢复府一级的建制，成为嘉应州。这显然是和梅州所管辖的人口稀少，开发程度不够有关系。

结合以上 5 个表格的分析，我们可以得出关于赣闽粤边界山区开发时空差异分析的三个结论。

第一个结论：北宋至元代，赣闽粤边界已经有了一定程度的开发。其中，赣南的一些生态条件比较好的县最早开发。然而，就整体而言，汀州又是这一时期开发程度最高的，开发程

[①] 吴松弟：《中国人口史》（第三卷），第 500—501 页。

度最低的是梅州，到了明初，梅州在三省边界各府中，是人口最少的一个地区。

第二个结论与第一个结论密切相关。毫无疑问的是，明中期至清中期是赣闽粤边界山区开发的高潮，基本上完成了山区开发的历史性任务，奠定了今日的人口和生产格局，但是，其中汀州和南雄州，[①] 因明以前已经有一定程度的开发，其增加的户口和开发的强度远不如其他地区，而这一时期则是梅州进行大规模开发时期，户口增加和开发的强度都超过以往任何历史时期，也在三省边界中最为突出。

第三个结论则是针对赣南而作出的。赣南是三省边界中地域范围最广的一个地区，所以，必须考虑其开发的内部区域性差别。观察表2、表3，我们不难发现，赣南在宋元时期开发的只是生态条件比较好的河谷盆地县份，宁都、赣县、石城、兴国、雩都5县都有比较大的河谷冲积平原，而赣南山区的广大山区县则人口稀少，属于地旷人稀状态，其开发基本上是在明中期至清中期期间完成的。[②] 因此，赣南在宋元时期已经有了一定程度的开发，但是，主要的户口集中在生态条件较好的盆地和河谷地带，而广大山地的开发则是在明清时期完成的。其他地区也有此区别，一般而言，都是盆地河谷地带先开发，而山地最后开发。但是，由于各种地形交错复杂，往往是盆地和山

①　南雄州的宋元时期人口密度虽然和赣州差不多，但是，根据表2—1，明初到清中期，它人口增加的并不多，这表明以前它已经有了一定的开发。南雄开发比较早的事实，应当和它地处大庾岭交通要道有关。
②　关于明初赣南人口减少，曹树基认为是因为鼠疫，笔者不同意他的看法，认为动乱和化外之人没有纳入官方统计，也是重要原因，但总体上，赣南山区人口相当稀少。参考曹树基：《赣、闽、粤三省毗邻地区的社会变动和客家形成》，载《历史地理》第14辑，上海人民出版社，1997年；黄志繁：《"贼""民"之间：12—18世纪赣南地域社会》，第108页。

地、丘陵镶嵌在一起，所以从整体上看不如赣南明显。

综合以上结论，我们可以对宋至清三省边界地区开发的时空序列作如下表述：北宋中期至元代，三省边界普遍有了一定程度的开发，但是，地区差异很大。整体而言，汀州等地开发程度比较高，梅州等地则开发程度比较低；明中期至清中期，三省边界山区进入山地开发高潮，这一时期则是梅州进行大规模开发时期，汀州和南雄州增加的户口和开发的强度远不如其他地区，韶州和赣南则介于其间，也是山地开发的重要时期；赣南的开发呈现出内部差异，宋元时期主要是大面积的河谷和盆地开发时期，而广大的山区县的山地开发则是在明清时期基本完成的。

山区的开发实际上是和流民运动联系在一起的。正是因为呈现出这样的地区开发差异，赣闽粤边界之间的移民流动与之相应：北宋至元之间流民主要聚集在汀州，南宋时期赣南一些盆地县也进入一定数量流民；而明中期以后，流民则从汀州大量进入赣南的山地和粤东北的山区；到了清初，由于赣南的动乱造成大量田地荒芜，汀州和粤东北的流民又开始大量地涌入赣南。

这一流民运动轨迹，显然和单纯从中原移民的角度论述三地移民状况，明显不同。虽然对移民迁入的时间还有分歧，但许多研究者相信，客家先民（大致相当于中原移民）是先进入赣南，再进入闽西，接着进入粤东北地区的，最后再倒迁回赣南地区的。[①] 姑且不论赣闽粤边界地区是否接纳了那么多中原移民,[②] 就赣闽粤边界地区而言,区域之间的流民流动显然并不完全遵循由赣南再闽西再粤东北的地理规律,而是宋元之际主要集聚在汀州,导致了汀州山区的开发和地区的发展,[③] 而赣南人口第一次大发展应该是在南宋时期,但只限于盆地和河谷等生态条件较好的县,到了明清时期,流民从汀州等地扩散至赣南和粤东北,促进了赣南和粤东北山地的开发,清初,由于赣南的动乱和田地荒芜,又导致了大量的汀州和粤东北流民再次进入赣南。

比较值得关注的是,这样一幅流民迁徙的图像直接影响了三地的社会文化变迁轨迹。闽西的土客冲突与族群关系的调整可能是在宋元时期完成的,[④] 而赣南和粤东北则在明清时期必须面对土客冲突的问题。而赣南由于土著已经有一定的基础,土客之间的冲突与斗争更为激烈,粤东北则由于土著力量相对弱小,土客冲突并不明显,只在若干地区冲突与表现,粤东则几乎成为了"客籍"流民的天下。另一个需要注意的问题是,

---

① 这方面罗香林的论述起了非常关键的作用,他说:"客家先民,大抵本自中原南下徙赣,再由赣徙闽,由闽徙粤,其与宁化石壁发生寄居关系。"参考所著:《唐代黄巢变乱与宁化石壁村》,载《国文月刊》第四卷合订本,转引自罗勇:《客家赣州》,江西人民出版社,2004年,第35页。谢重光也认为,中原移民唐中后期主要移民赣南,宋元之际主要移民粤东,闽西则在唐末至宋初和两宋之际大量接纳中原移民,参考谢重光:《客家源流新探》第二章第一节,福建教育出版社,1995年。

② 吴松弟注意到宋元时期闽粤赣地区并没有关于大量风俗习惯与土著不同的人口记载,并由此推出了"客家源流南宋说"。见所著:《中国移民史》(第四卷),福建人民出版社,1997年,第353—362页。

③ 谢重光就注意到了宋代汀州的发展,参考所著《闽台客家社会与文化》,福建人民出版社,2003年,第68—75页。杨彦杰则主要强调了元代汀州的发展,见所著《闽西客家宗族社会研究》,客家传统社会丛书(2),国际客家学会、海外华人研究社、法国远东学院,1996年,第4—6页。

④ 关于这一问题,刘永华作过研究,参考所著:《宋元以来闽西社会的土客之争与佃农斗争》,《中国社会经济史研究》1993年第2期。

在流民迁徙与山区开发的互动过程中，土著的"畲"、"瑶"也在经历着一个"国家化"的过程，这一过程同样对"客家文化"之形塑有重要影响。关于这一问题，下文将专门阐述。

三、"化内"与"化外"：族群关系研究之一

流民进入山区开发，带来了山区生态的变化。生态的变化又引起流民与各种人群的冲突。就明清赣闽粤边界而言，流民与原住民"畲"或"瑶"、流民与土著编户齐民是两对主要的族群冲突关系。这两对族群关系的冲突与融合是以山区社会接受"国家"认同观念为前提的。[①] 也就是说，只有在山区开发导致"化外之区"不断进入"化内"版图的前提下，流民、"畲"、"瑶"、土著等人群之间的融合才会为正统王朝所接纳并带来自身身份的改变。同样，只有在共同接受"国家"认同观念的前提下，他们之间的族群冲突才会明显起来，因为他们需要共同争夺土地、科举名额、户籍等在正统体制之内生存所必需的资源。

在广大的南方山区，一直生活着许多"化外"之民，这些"化外"之民身份复杂，很难真正从族源上进行区分。就赣闽粤边界而言，主要有三种值得关注的化外之人，即"峒"、"畲"、"瑶"。这些化外之民在史籍中多有记载，清代人对这一地区的瑶人之分布描述如下：

---

① 关于国家认同与土客关系，可参考黄志繁：《国家认同与土客关系：明清赣南族群关系》，《中山大学学报》2002 年第 4 期。

> 五岭绵亘数省，自广西、广东、湖南，以至江西、福建，岭巅所在多猺人耕种，去住荒忽，名过山猺。而广西、广东、湖南三省交界处，有平坡千里，万山环抱，南通连州，北负永州，西枕平乐，东隔韶、连，为猺人祖宗以来巢穴聚集之处，名八排猺。大道自连州三江口入为咽喉，永州九嶷山为背脊，广西桂岭为首，湖南骑田、江西大庚赣岭为尾。永州猺匪系过山猺，有生猺、熟猺二种。熟猺与近山汉人杂居，风气略同。生猺言语不通，嗜欲亦异。熟猺强富，生猺瘠贫。生猺常听熟猺指使。是二是一，如鬼如蜮，所以啸聚动成千百，猖獗遂连三省者，地势联络然也。①

可见在湖南、广东和广西交界处有大面积的瑶人居住区，而江西、广东和福建之交界处，亦承其余脉，有瑶人在此居住。

那么，这些瑶人和畲人是什么关系呢？以往研究者多致力于从民族族源上进行各种分析，并产生很多争论，但是，可以得到公认的一点是，无论其是否属于同一民族，畲和瑶应该有类似的族源与习俗。② 实际上，在史籍中，畲、瑶往往混称，很难区分。而从文献上看来，"峒"更多的是在泛指的意义上使用，特别是与"溪"联系在一起组成"溪峒"一词时，更多的是泛指山居的各族类。刘克庄的《漳州谕畲》中说："凡溪峒种类不一：曰蛮、曰瑶、曰黎、曰蜑，在漳者曰畲。"③

---

① 葛士浚：《皇朝经世文续编》卷92，《兵政十八·蛮防》，台湾文海出版社，1972年。
② 施联朱主编：《畲族研究论文集》（民族出版社，1987年）中收集了多篇讨论畲瑶关系的论文，有兴趣的读者可以参考。
③ 刘克庄：《后村先生大全集》卷93《漳州谕畲》，《四部丛刊（缩印本）》，文物出版社，2015年影印本，第59册，第799页。

可见在宋人看来,"畲"、"瑶"可能都是"溪洞"中的一种。当然,他们之间的复杂关系远非本文可以说清楚,也超出了作者的能力,因此,本文不纠缠于民族成分问题。只想就"峒"、"畲"、"瑶"三者相关的历史文献作一简单梳理,并以此为基础讨论在山区开发和国家认同的背景下明清赣闽粤边界族群关系变动。

根据笔者对赣南的研究,认为所谓"峒"与"非峒"之间的差别更重要的不是种族,而是文化上的"汉"与"蛮夷"的分野。在文献中,关于蛮瑶畲僚的记载十分混杂,很难区分汉与非汉,区别峒民与省民更关键的一点,可能在于是否如省民承担同样的赋税,从现代的"民族"概念出发,把"峒民"理所当然地看作少数民族,"峒寇"则是少数民族起义的看法其实并不准确。① 笔者以为,这个结论同样也适用于"畲"和"瑶"。从根本上来说,我们其实很难区分"畲"和"瑶"的民族成分,尽管他们可能有一些共同的特征。谢重光认为"畲族"和"客家"一样是个文化的概念,颇有见地。② 但是,

_____

① 研究华南地区"非汉民族"日本学者有白鸟芳郎、竹村卓二、佐竹靖彦等人,其中比较突出的是冈田宏二,他发表了一系列论文探讨华南地区非汉民族的社会史,研究涉及中国各王朝的羁縻政策、种族分类、生计形态、峒丁及社会、马政和民族等许多方面,他的研究对本文启发很大。但是,冈田宏二还是以现代的民族概念来分析文献中的"峒"与"畲"、"瑶"等族群。参考〔日〕冈田宏二:《中国华南民族社会史研究》,赵令志、李德龙译,民族出版社,2002年。中国学者则习惯于把峒寇问题看成少数民族起义,例如赵继颜:《中国农民战争史(四)》(宋辽金元卷),湖北人民出版社,1991年。李荣村则认为在宋代文献中,"溪峒"一词其特殊的含义,峒地全在山谷盆地里,"宋代溪峒一词多指作蛮夷或其居住地,以与汉人居住的省地有所区别,因此省民十之八九应是汉人,而峒民则十之八九多属蛮夷",因此,不可将《宋会要辑稿》所记之溪洞与洞民理解为居住在山洞中的民人。参考李荣村:《溪峒溯源》,台湾《国立编译馆刊》,第1卷,第1期。笔者曾对此问题进行过初步的论述,参考黄志繁《"贼""民"之间:12—18世纪赣南地域社会》,生活·读书·新知三联书店,2006年;《宋代南方山区的峒寇:以江西赣南为例》,《南昌大学学报》2002年第2期。

② 参考谢重光:《畲族与客家福佬关系史略》,福建人民出版社,2002年,第8—11页。

还可以在此基础上作更进一步的探讨，即回到历史的场景，从制度上进行探讨。如果我们回到历史的场景，就会发现，用现代的民族概念去理解古代的族类概念，其实很不准确。在中国传统社会中，并无民族的概念，而在汉人文献和语境中，主要是从文化上区分"华""夷"，从制度上确定"汉"与"蛮"的界限。也就是说，其实统治者是站在"华""夷"之辩的立场上在文化上对"汉"与"蛮"进行区分，同时又在赋役制度上划定"汉"与"蛮"的界限。对于统治者来说，在实际操作中，更为方便地区分两者的办法就是看其是否承担赋役。

关于畲人不纳税，正史和文集中也多有记载。《宋史》卷四一九，《许应龙传》载："距州六七十里曰山斜，峒獠所聚，勾耕土田，不输赋。"这里的地名号为"山斜"，而"斜"有可能与"輋"同音，而"輋"与"畲"则同义，即上引《宋史》中的"峒獠"可能为"畲"民。刘克庄在著名的《漳州谕畲》说："畲民不悦（役），畲田不税，其来久矣"①

在早期的畲族文献中，也保留有畲人祖先不用承担赋役的记载。广东潮安县凤凰镇石古坪村蓝氏《图腾画卷》在描述了著名的畲族盘弧传说之后说：

　　犬王奏帝，犬言：我不要平洋田地。帝曰：何？我要百姓，并免纳粮供国。我深山，离田三尺，离水三分，并（由）吾子孙永远耕种，不与军民等人混争。如坟林，只留中心一十八步，亦不与官员子弟争阻（执）。如有此

---

① 刘克庄：《后村先生大全集》卷93《漳州谕畲》，第799页。

情，送官究治。又奏，吾不要京城居住，我要深山空谷居住。①

这段文字记载固然是传说故事，但是，却反映了早期畲人居山垦殖且不承担赋役的生活状况。

类似的记载在畲人族谱中多有记载。丰顺县潭江镇凤坪村蓝氏《汝南堂长房族谱》有记载曰："敕赐御书录券与子孙都记。三姓俱是盘、蓝、雷，宗祖摇（瑶）人，居会稽山七贤洞，免差役，不纳税粮，永乐人，兹将垂记，谨具于后。"②增城市正果镇上水村畲族《盘蓝雷氏族谱》也有类似记载："平皇问瑶人居住何处？青山为活，面道乡村，求乞官司，不得妄行取问瑶人税租，具状赴官。若乱追户瑶人租，准一条罪。"③ 广泛见于各类畲族文献的一首畲人歌谣是畲人早期生活的真实写照：

> 火住青山千万山（年），刀耕火种力如田，
> 斑衣赤领常常着，长胜（腰）木鼓答家先，
> 酒醉归家休莫恕，不理东西南北眠，
> 手执横弓求野肉，有甚弓（差）人求税钱，
> 富人说是我声低，马瘦毛长不敢嘶，
> 破屋更招连夜雨，斜花又被狂风吹，
> 富人来到贫家处，迎前近接胜如官，

① 朱洪、李筱文：《广东畲族古籍资料汇编——图腾文化及其他》，中山大学出版社，2001年，第3页。
② 朱洪、李筱文：《广东畲族古籍资料汇编——图腾文化及其他》，第7页。
③ 朱洪、李筱文：《广东畲族古籍资料汇编——图腾文化及其他》，第17页。

答（若）是有人来取税，柴头木棍过头缠。①

这首诗比较真实地反映了早期畲人生活。结合以上文献，可看出早期畲人生活有两大特征：一是生产方式与汉人不同，不是以农田耕作为主，而主要是垦山为生，其居住地也远离汉人聚集地，所谓"我深山，离田三尺，离水三分"；一是不向官府交纳赋役，官府也不得主动向他们征求赋税。

笔者以为，以上两大特征可以适用于自宋以来的"峒"、"畲"、"瑶"等山居的族类。关于畲人的生产方式乃是刀耕火种，学界已有公认。在文献中，本来就"畲"、"瑶"经常混称，可以想象，"瑶"人之生产，亦离不开耕山。宋人周去非的《岭外代答》中就说："猺人耕山为生，以粟、豆、芋魁充粮。其稻田无几，年丰则安居巢穴，一或饥馑，则四出扰攘。土产杉板、滑石、蜜蜡、零陵香、燕脂木。"②

前面已经论述，从文献上看来，"峒"更多的是在泛指山居的各族类。上引刘克庄的《漳州谕畲》中说："凡溪峒种类不一：曰蛮、曰瑶、曰黎、曰蜑，在漳者曰畲。"③可见在宋人看来，"畲"、"瑶"可能都是"溪洞"中的一种。更进一步地思考，则会发现问题还不是那么简单。"峒"通"桶"，意指山间的盆地，上引李荣村文亦认为峒地全在山谷盆地里。笔者也结合相关史料，分析认为宋代赣南峒寇作乱频繁出现表明的正是山间盆地的开发过程。④

---

① 朱洪、李筱文：《广东畲族古籍资料汇编——图腾文化及其他》，第22页。
② 周去非：《岭外代答》卷3《外国门下·猺人》，《文津阁四库全书·史部地理类》，商务印书馆，2006年影印本，第590册，第50页。
③ 刘克庄：《后村先生大全集》卷93，《漳州谕畲》，第799页。
④ 黄志繁：《"贼""民"之间：12—18世纪赣南地域社会》，第66—79页。

　　由此出发，可以判定，宋代赣闽粤边界开始出现一个开发山间盆地的过程，其动力应当是笔者在赣南研究中揭示出来的生态压力。根据曾雄生的研究，采取畲田这种刀耕火种生产方式的民族迁徙必然会与周边民族发生冲突，而唐宋经济重心的南移加速了这种碰撞的到来。① 因此，宋代赣闽粤边界山间盆地之开发，可以想象，必然是汉人与"蛮"人共同开发的结果。正是在此背景下，汀、赣之人大量地迁徙到各地，刘克庄的《漳州谕畲》说："南畲隶漳浦，其地西通潮、梅，北通汀、赣，奸人亡命之所窟穴。畲长技止于机毒矣，汀、赣贼入畲者，教以短兵接战，故南畲之祸尤烈。"② 说明汀、赣之省民南宋末年就开始向外迁徙。大量的"省民"进入"峒"中，与峒民和该地区一直存在的私盐贩混在一起，酿成南宋汀、赣二州比较严重的"峒寇"与"盐子"问题。③

　　这一趋势在元代得到了继续。元代赣闽粤边界地区，出现过一次相对较大规模、持续时间较长的"畲"、"汉"合流的过程。这一过程，已为众多研究者所观察到。④ 在这一轮"畲""汉"合流的过程中，有许多汉人进入畲区，特别是闽赣边界，汉人进入畲区，有助于改变畲人比较原始的刀耕火种的生产方式，促进山区的开发，明初汀州人口并未减少就是明证。

　　明代中期以后，赣闽粤边界掀起新一轮的山区开发热潮，山区的"化外之民"与因各种原因进入山区的人民混杂在一

---

① 曾雄生：《唐宋时期的畲田与畲田民族的历史走向》，《古今农业》2005 年第 4 期。
② 刘克庄：《后村先生大全集》卷 93，《漳州谕畲》，第 799 页。
③ 黄志繁：《"贼""民"之间：12—18 世纪赣南地域社会》，第 66—79 页。
④ 参考谢重光发表了一系列论文谈及这一时期的畲汉融合问题，其观点集中体现在所著：《畲族与客家福佬关系史略》（福建人民出版社，2002 年）和《闽台客家社会与文化》（福建人民出版社，2003 年）。笔者也对此问题有所关注，参考拙著：《抗元活动与元代赣闽粤边界社会》，《江西师范大学学报》2003 年第 5 期。

起，导致边界山区社会动乱频繁，族群关系变得复杂起来。

明代瑶乱比较突出的是粤东北，早在天顺年间粤北就发生了瑶乱，"天顺七年，广西猺獠犯翁源，梯城燎门。是年再犯。"① 弘治年间，瑶人开始在大望山进行大规模的瑶乱，"猺人散居大望山大信、田岲角，终岁艰食，且去邑远，其性易动。弘治末，其党胡荫、彭锦屠牛，官府执之，急诛连甚，众遂拒捕，啸聚而起，至不可支。"② 此后大望山之猺贼一直困扰着官府。我们注意到，大望山之瑶贼之所以势力得到增长，是因为大量的流民进入山区开发所致。大望山也叫大帽山，位于兴宁县北九十里，南界潮州府的程乡，北界赣州府的安远县，层峦叠嶂，茂林丛棘，横亘三省，是赣粤闽三省流民集聚的场所。到正德年间流民数量和势力进一步增长，"聚徒数千，流劫乡村，攻陷建宁、宁化、石城、万安诸县，支解平民，捉掳官吏。"③

赣南此时则畲贼不断骚扰，最著名的当是蓝天凤、谢志珊在南安府的叛乱，有史料称："其大贼首谢志珊、蓝天凤，各又自称'盘皇子孙'，收有传流宝印画像，蛊惑群贼，悉归约束。即其妖狐酷鼠之辈，固知决无所就；而原其封豕长蛇之心，实已有不可言。"④ 根据当时官方的报告，这伙畲贼人数达致8000多人。当时官方报告如下：

① 同治《韶州府志》卷24，《武备略·兵事》，《广东历代方志集成·韶州府部》，岭南美术出版社，2009年影印本，第3册，第480页。
② 嘉靖《兴宁县志》卷4，《人事部·猺蛋》，《广东历代方志集成·潮洲府部》，岭南美术出版社，2009年影印本，第37册，第138页。
③ 光绪《惠州府志》，卷17，《郡事上》《广东历代方志集成·惠州府部》，岭南美术出版社，2009年影印本，第4册，第243页。
④ 王守仁撰，吴光等编校：《横水桶冈捷音疏》，《王阳明全集》卷10《别灵二》，上海古籍出版社，2011年，第379—380页。

查勘得南安府所属大庾、南康、上犹三县，除贼巢小者未计，其大者总计三十余处，有名大贼首有谢志珊、志海、志全、杨积荣、赖文英、蓝瑶、陈日能、蔡积昌、赖文聪、刘通、刘受、萧居谟、陈尹诚、简永广、蔡积庆、蔡西、薛文高、洪祥、徐华、张祥、刘清才、谭曰真、苏景祥、蓝清奇、朱积厚、黄金瑞、蓝天凤、蓝文亨、钟鸣、钟法官、王行、雷明聪、唐洪、刘元满，所统贼众约有八千余徒，且与湖广之桂阳、桂东、鱼黄、聂水、老虎、神仙、秀才等巢，广东之乐昌，巢穴相联盘据，流劫三省，为害多年。①

同时，又有大量瑶贼出没于湖南和广东边境，从当时湖南官方的报告看来，瑶人之乱已经到了触目惊心的地步。其文称：

本县四面，俱系贼巢。正德三年以来，贼首龚福全等作耗，杀死守备都指挥邓旻；虽蒙征剿，恶党犹存。正德七年，兵备衙门计将贼首龚福全招抚，给与冠带，设为瑶官；贼首高仲仁、李宾、黎稳、梁景聪、扶道全、刘付兴、李玉景、陈宾、李聪、曹永通、谢志珊，给与巾衣，设为老人。未及两月，已出要路劫杀军民。动辄百千余徒，号称高快马、"游山虎"、"金钱豹"、"过天星"、"密地蜂"、"总兵"等名目，随处流劫。正德十一年七月内，龚福全张打旗号，僭称"廷溪王"，李宾、李稳、梁景聪僭称"总兵都督将军"名目，各穿大红，虏民抬轿，

① 王守仁撰，吴光等编校：《攻治盗贼二策疏·王阳明全集》卷9《别录一》，第347页。

展打凉伞，摆列头踏响器；其余瑶贼，俱乘马匹。千数余徒，出劫乐昌及江西南康等县，拒敌官军。后蒙抚谕，将贼首高仲仁、李宾给与冠带，重设瑶官。未宁半月，仍前出劫。本年正月十六日，一起八百余徒出劫乐昌县，虏捉知县韩宗尧，劫库劫狱；又一起七百余徒，打劫生员谭明浩家；一起六百余徒，从老虎等峒出劫；一起五百余徒，从兴宁等县出劫。切思前贼阳从阴背，随抚随叛。目今瑶贼万余，聚集山峒，声言要造吕公大车，攻打州县城池。官民彷徨，呈乞转达，请调三省官军来剿。①

从上文中，不难看出，官方对这一地区的猺贼束手无策，对其实行招抚，设立瑶官，反而让其更为发展壮大，至正德十二年，已经达万余人之多。

根据史籍记载，可以判定，弘治至正德年间，是赣闽粤边界"畲"、"瑶"之乱最为猖獗的时期。《明实录》有记载：

江西輋贼广东浰头诸贼悉平。先是江西广东湖广之交，溪峒阻深。江西上犹等县輋贼谢志山等据横水桶冈诸巢，广东龙川县贼池仲容等据三浰头诸巢，与猺贼龚福全等联络。亘千百里，时出攻剽，势甚猖獗，将连兵乘虚入广。②

正德十二年（1517），朝廷派王阳明担任南赣巡抚，负责剿灭

① 王守仁撰，吴光等编校：《攻治盗贼二策疏》，《王阳明全集》卷9《别录一》，第349页。
② 《明武宗实录》卷164，正德十三年秋七月己酉条，《明实录》，台湾"中央研究院"史语所校印本。

三省边界盗贼。正德十三年（1518），王阳明联合三省力量，基本上剿灭了以上盗贼。但是，终明之世，南赣地区的盗贼并未根除，①只是在后面的记载中，很少看到如这一时期大规模的"畲"、"瑶"之乱了。

实际上，"民"和"畲"、"瑶"等化外之民之间的界限并不清楚，正如前所述，他们之间最本质的区别在于是否承担赋役，编户一旦脱逃户籍，进入山地林区，就可能被称为"畲"、"瑶"；同样的，原来具有"畲"、"瑶"身份的人，只要承担赋役，就可能转化为民。正如刘志伟所指出的，"明代广东'盗寇'实际上是两种看似相反的社会流动方向汇合而成的一股力量，一是本地的'蛮夷'的逐步汉化，一是原来的编户齐民逋逃脱籍。"②这就要求我们从山区开发的大背景下去理解明代赣闽粤边界活跃的"畲"、"瑶"人群。

在山区开发、地方动乱的背景下，对于官方来说，人民一旦脱离官方体系进入山区，就成为了"化外"之民，而脱离官方控制的山区则被视为"化外"之区。王阳明面对大面积"盗区"之扩大，即感叹："处处山田尽入畲，可怜黎庶半无家"。③正因为如此，官府一直在进行一个努力，就是不断地把各类逃离官方控制的"化外"之民变成编户齐民。所以，我们常常可以看到，官府在大规模地剿灭盗贼之后，把大面积

① 唐立宗：《在"盗区"与"政区"之间：明代闽粤赣湘交界的秩序变动与地方行政的演化》，台湾大学文史丛刊（118），台湾大学出版委员会，2002年；黄志繁：《在贼与民之间：南赣巡抚与地方盗贼——以王阳明为中心的分析》，《中国社会历史评论》，第四辑，商务印书馆，2002年。
② 刘志伟：《在国家与社会之间——明清广东里甲赋役制度研究》，中山大学出版社，1997年，第108页。
③ 王守仁撰，吴光等编校：《桶冈和邢太守韵二首》，《王阳明全集》卷20《外集二》，第823页。

的"化外"之民收编为民。《明实录》有如下记载：

> 广东清军监察御史刘训言：高州、肇庆两府归化徭人往
> 往被信宜泷水徭贼诱引，四出攻劫，累遣人招抚，虽一时从
> 化，终非经久之计。乞如琼州府例，拘集徭首，推保有能抚
> 管五百户以上者授以副巡检，一千户以上者授以典史，二千
> 户以上者授以主簿，就于流官衙门到任，专抚徭人。或有别
> 项猺贼出没，悉听总兵官调遣，同官军剿杀。[1]

可见尽管瑶人屡次被招抚，仍很难真正让官府放心，唯有真正
设立如汉人般的流官，编立户籍归其管理，才是官方最愿意看
到的结局。

　　明代对动乱过后的"畲"、"瑶"之区最有力的控制措施，
应是在其上设立县治，永久地控御地方。这也是惯常的做法，
例如正德十二年（1517）设立的崇义县，就是为此目的而设
立，所谓"本县原系残破地方，仅为抚畲而设，名虽县属之
俦，实则罢弊之甚，近以畲贼抢攘，生民荼毒最苦。"[2] 表4
列出了明代初中期因"畲"、"瑶"之乱而设立的县治的情况。

表4　明代初中期因"畲"、"瑶"之乱而设立的县治

项目	归化县	永定县	崇义县	平和县
动乱者	大帽山瑶贼	大帽山瑶贼	上犹畲贼	大帽山瑶贼
设立时间	成化六年	成化十四年	正德十二年	正德十三年

---

① 《明英宗实录》卷167，正统十三年（1448）六月壬戌条。
② 嘉靖《崇义县志》，《杂记》（不分卷），《原国立北平图书馆甲库善本丛书》，国家图书馆
出版社，2013年影印本，第361册，第269页。

表 4 只是列出了史籍中明显有"畲"、"瑶"特征之地区设立新县的情况，实际上，明代赣闽粤边界设立的 12 新县中，大多数都与"畲"、"瑶"之乱有关系，只不过不如以上几县明显而已。

新县治的设立，表明官方统治范围的扩大，同时也意味着化外的"畲"、"瑶"被纳入官方统治，成为官方体系内的编户齐民，这一过程也是他们"汉化"的过程。经过这一转变，他们从生产方式到精神面貌都逐渐向"汉"人转化。到了清代中期，随着山区开发的基本完成，许多所谓的"畲"、"瑶"人已经变得和"汉"人相差无几了。

正因为经历了这一转变，在地方志中，经常可以看到后面方志修撰者对前面方志修撰者关于"畲"、"瑶"人记载的惊讶。以兴国为例，康熙四十三年（1704）始任兴国知县的张尚瑗有文记曰：

> 太平乡崇贤里有山民户，国初兵燹，土旷人稀，流移争集。闽广之侨户，自为党类，势遂张，来自郴连间者，相率摈而孤之，号为山野子。其人多为雷、蓝、毕三姓，占耕其土自为婚姻，不敢出里巷，既久，力农蓄积，属籍输赋。邑人之狡者，笼其田于寄己籍中，而蚀其盈羡，遇有遣粮辄归之山民，官欲为清厘，不可得也。甲寅寇孽即平，某巡简指为余盗负固，欲请兵禽狝之，乃号哭，泥首丐死，而畏匿益甚，邻郡皆哂兴邑山民为异类，与猺獞狼黎比。黄君惟桂始诱化之，俾自立户。黄去则仍匿迹诡寄，笼田之徒愈恐吓使不敢出。又二十余年，予因编册审丁，广为劝谕，按名核其诡寄，重惩之。三阅月，始就厘

正，削去山民之名，与土著一体，有名之丁，悉造庭听
唱，鱼贯抃踊。盖迩年来，其人固益驯习晓畅，究其初，
特为奸民所愚，岂真狉狉野鹿哉。予之术非有加于黄君，
不过踵而行之。但黄君著《治兴异迹》，作《山民图》，
环目鴃舌，出入必挟刃，妇稚皆能博生，与予所见大有迳
庭焉。①

从其姓为"蓝、雷、毕"来看，这些来自"郴连间"的山民，
可能是湖南的畲民，他们来赣南开垦"既久，力农蓄积，属
籍输赋"，获得户籍，成为了编户。尽管曾遭受"闽广侨户"
和土著之民的欺压，但到康熙十二年（1673）左右，兴国知
县黄惟桂已经准许他们"自立户"。又过了二十年，到上文作
者张尚瑗任兴国知县时，则"削去山民之名，与土著一体"，
已经与一般编户相差无几了。因此，作者才奇怪自己所见之
"山民"，与黄惟桂所绘之"山民图""大有迳庭"。

　　笔者以为，这一"畲"、"瑶"族群特征转变的过程，正
是山区开发不断深化和国家认同观念不断扩大的过程。

四、国家认同与土客冲突：族群关系研究之二

　　流民进入赣闽粤边界地区，必然带来一个问题，就是与土
著如何共处一地，如何共享山林土地等自然资源、户籍科举等
文化资源，如何共同面对和处理社会问题。显然，由于立场不

---

① 康熙《潋水志林》卷17，《近录·志事》，《天一阁藏历代方志丛书》，国家图书馆出版
社，2017年影印本，第617册，第579—581页。

一致，两者是不可能持一致意见的，于是，争斗不可避免。在这个争斗过程中，作为先来的土著，[1]由于先控制着本地的户籍和土地等资源，在竞争中处于优势地位。但是，流民总能冲破各种阻力，获得与土著抗衡的力量。他们的争斗是全方位的，从山林土地到户籍学额，从坟墓祖山到文化身份，其中，户籍和学额的争斗是其中关键。因为只有拥有合法的户籍，流民之"正统"身份才能被官方认可，才能与土著站在同一竞争线上，而学额则由于是通往仕宦的第一通道，也是政治资本和权力获得的起点，又指标有限，因而，争斗亦激烈非常。

在明清赣闽粤边界山区中，闽西的汀州由于明代以来，人口增加并不如其他地区迅猛，流民进入的不多，而是比较早就成为流民输出地区，土客之间的冲突并不明显，赣南明清时期土客关系演变笔者已经作了研究，[2]因而，本文基本不讨论这两个地区的土客关系问题，而重点讨论粤东北的土客关系。

明初粤东北各府县都采取了招徕流民承种荒芜田地的政策，许多流民都因此顺利定居并入籍。明初至成化年间，流民藉着官府的招徕多在粤东北生态条件较好的山间盆地承种荒田，定居入籍。而随着荒芜田地被重新耕种，已没有更多的荒田来接纳流民。明成化、弘治以来，流民已成为不可遏制的一股浪潮，这时的流民更多是进入尚未开发的粤东北山区。特别是正德以后，流民往往突破政府的禁令自发流动到山区进行垦

---

[1] 本文的"土著"，主要指纳入国家统治体系，并被认为是本地人的编户齐民，而不是指山区原住民——土著"畲"、"瑶"等人群。

[2] 汀州估计在宋元间有比较激烈的土客冲突，但已有的研究也只限于推论，真正能看到的确实记载的并不多，参考刘永华：《宋元以来闽西社会的土客之争与佃农斗争》，《中国社会经济史研究》1993年第2期。关于赣南的明清时期的土客关系演变，参考黄志繁《"贼""民"之间：12—18世纪赣南地域社会》，第171—224页。

殖。这个时候，官府不再实行招徕政策了，而是主要采取剿的手段进行镇压，官府往往在平定大规模叛乱后，把这些叛乱之民重新纳入其控制体系。除了这个途径，流民要获得土地，殊非易事，但是，流民往往能冲破各种阻挠，运用各种手段获得户籍。下面通过对族谱资料的分析来进一步论述这个问题。

据梅县（明代为程乡县）《杨氏族谱》载，杨氏明初由福建汀州府宁化县迁入程乡县，其《始祖远绍公家传》对这一经过有这样的描述：

> 公姓林，传七世而易杨姓。原籍福建汀州府宁化县石壁村人，元明之交，兵燹骚然，宁民转徙。公所善戴姓结伴携家入粤，初抵程之东境，见阴那五指奇峰插天，沂流而上，至蓬辣之浒，缘逐而八十余里，为半迳村，山环水曲，窈然而深廓其有容。公指谓戴曰：'兹村荒山可辟，爰集宁处无逾于斯。'遂定居焉。时值明初定鼎，徭赋繁重，增户例当加役，公以瞻乌方定，丁口仅存，不能独一面，而邻居杨姓者，籍旧丁单，苦以应役，乃寄籍于杨，计租均役，欢如骨肉，不知其为异姓也。无何杨没无嗣，户籍无所属，公不能自引避，任籍输课如旧，为杨经营窀穸，岁时祭扫必诚必信，迄今四百余载，子孙展祭公茔者，必备物虔祀杨墓，无敢忘其始焉。[1]

从记载来看当时林氏始祖远绍公携家来粤并非由于官府的招徕，故而没有取得户籍。林氏始祖为了逃避繁重的赋税，因此

---

[1] 梅县《杨氏族谱》卷首《家传·始祖远绍公家传》，杨兆清等修，清宣统二年（1910）刻本。

寄籍于邻居杨姓，两户人家以一个户籍应役，在外则称为一家，"欢如骨肉，不知其为异姓也"。联系前引正德《兴宁县志》所载"及知县夏则中招携流亡，民虽欲集而病官田税重，莫肯承籍，则中请以官田减同民产，定赋□之分民耕业，稍缀贯"① 来分析，明初粤东北地区招徕流民，因为"官田税重，而莫肯承籍"，可见当时确实"徭赋繁重"。对于初来的流民家庭而言，寄籍他户实是迫于生计的无奈选择。在杨氏死后无嗣的情况下，程乡县林氏就一直以邻居杨氏的名义"任籍输课"。

梅县林氏户籍真正得到官方的认可，则是明嘉靖年间（1522—1566），官府剿灭林朝曦为首的流民活动以后的事了。对于林朝曦为首的流民活动，官方志书有较详尽的记载。乾隆《嘉应州志》记曰：

> 林朝曦、陈绍禄，嘉靖四十年，二贼纠党聚众，劫掠江西、福建、广东两省，流毒日甚。四十一年，自处州破庆源、龙泉二县，突归程乡，夜屯南门呐喊，邑大震。知县徐甫宰初抵任，登城谕之曰："尔等为我百姓，何得无礼？明日入城相见可也。"及谒见，贼以黄金四十两为寿，却之。复予五十金劳之，许以请抚，曰："从北往来，莫见疑也。"设宴款待，贼酣宴往赴，尽醉而归。久之贼党徐东州为子所杀。甫宰复请朝曦及黄子云议其罪，

---

① 正德《兴宁县志》卷1《乡都》，《广东历代方志集成·潮州府部》，岭南美术出版社，2009年影印本，第37册，第10页。

伏兵擒解军门伏诛。绍禄遁徐溪，为其族人所杀。[1]

从这段史料的描述来分析，林朝曦为首的流民团伙并无意与官府对抗，他们声势浩大"夜屯南门呐喊，邑大震"却并未攻入城中，而且还一再向县令献金示好，只求"许以请抚"，并表明无其他意图，只不过"从北往来，请莫见疑"。流民的一系列举动，都可以说明他们并不是一般的杀人掠货的盗贼。他们的行动之所以被官府视为强贼，只是因为他们没有合法的身份，未取得户籍。也正因此，他们才会急切的"请抚"，希望获得官方认可的合法身份。

梅县《杨氏族谱》对林朝曦身份也有一段描述，其文曰：

> 公讳仕瓒，号西崖，善德公之次子也。自曾祖缵业公祖齿德公及父善德公，承三世祖种德公孝友之训，家庭雍睦，力勤稼穑，世隐德，年远不能具述。公器识宏远，智能料事，尤笃于行谊，有重望，为乡党所推服。族有林二者，于公为无服兄弟，素行无赖，公恶其不法，率族众驱逐之。既而闻江西有流寇林朝曦，挟其党陈绍禄等三十六人，肆掠郡县，势日猖獗。公合族老而谋曰："是殆即林二矣，不先事首明，恐害吾族。"先是远绍公迁居初定，丁口仅存，不能独自开籍，因寄籍于杨，合供徭役，而姓则仍林也。公于是诣县具陈林二不法事，请即以寄籍之杨为姓，以别其属，县主许之，遂易林为杨。洎贼突归程乡，公集乡人堵御严拒，星驰赴县，密献所以制贼之策，

---

[1] 乾隆《嘉应州志》卷8《杂纪部·寇变》，王之正纂修，清乾隆十五年（1750）刊本，上海图书馆藏。

县主徐公纳之，及贼薄城，徐公从容镇静，不遗一矢，而群贼悉就戮矣。讨贼事，志载甚详。事平，县主以公年高望重，举行乡饮酒礼，延公为大宾，并亲送"耆德优宾"匾额以旌之。以孙绅任福建永宁卫经历，貤赠公为征仕郎。公生于正德乙亥年十一月二十八日申时，终于万历五年二月二十二日未时，享年六十有三。

赞曰：公更姓保世，去危就安，诚先几之苦哲哉。自远绍公由宁迁程，至公之身凡七世，世业农桑，淳庞浑相之风几于顺帝之则矣。忽遇非常之变，使巨蘗速殄，合族无害，固祖宗忠厚之积累，有以阴祐之，而易林为杨，当寄籍之初亦若有前定焉。此吾族转移之一大机也。自公之子若孙易农而士，文学肇兴，甲科继起，书香传薪，于今十余世矣。公之承先启后，厥功懋哉。[1]

据族谱的叙述，林朝曦本名林二，是文中所述的西崖公的"无服兄弟"，因"素行无赖，公恶其不法，率族众驱逐之"。由此不难判断，林氏家族自明初从福建迁来程乡县，至此时一直未获得合法户籍。因此，在林二等一些林氏家族子弟参与流民团伙的劫掠活动后，由于害怕"不先事首明，恐害于族"，西崖公"诣县陈林二不法事"，并请求"即以寄籍之杨为姓，以别其属"，当时的县令徐甫宰"许之"。林氏家族以改姓为代价，最终取得了官府认可的户籍，也获得了合法的身份。这实在也是一种无奈之举，因为当时程乡县有大量未取得户籍的流民活动，而此时又有林氏子弟参与其中，为了与其他流民团

---

[1]　梅县《杨氏族谱》卷首《家传·七世祖西崖公家传》。

伙区别开来，也为了家族的更好发展，林氏改姓杨，原来寄籍的户籍于是顺理成章成为合法户籍。另外林氏在改姓之后，还主动与官府合作，平息了当时流民活动造成的社会动荡，"洎贼突归程乡，公集乡人堵御严拒，星驰赴县，密献所以制贼之策，县主徐公纳之。及贼薄城，徐公从容镇静，不遗一矢，而群贼悉就戮矣。"林氏家族通过改姓、与官府合作平乱等行动，极大提升了家族在当地的影响力，"县主以公年高望重，举行乡饮酒礼，延公为大宾，并亲送'耆德优宾'匾额以旌之"。林氏家族取得合法户籍之后，家族子弟也获得了参与科举考试的资格，林氏（杨氏）也实现了从流民到土著的转变。合法户籍的取得对杨氏的发展极为重要，其族谱的编纂者也称"此吾族转移之一大机也，自公之子若孙，易农而士，文学肇兴，甲科继起，书香传薪，于今十余世矣"。此后，杨氏子弟参加科举更是人才辈出，其《八世祖孝友公传》中有这样的叙述："公讳曰昌，字汝禄，号仰文，西崖公长子，性至孝，事父母愉色婉容，先间承志，终其身如一日。……识见高明，天姿英卓，承累世力农务本之业，奋志读书，独见古人大意，而归于践履笃实，出而应试，则冠其军。顾不屑屑谐俗，专以庭训诗礼为本。子五人，孙十二人，悉皆蜚声庠序，品优行卓。贡八，大学者四人，登仕籍者三人。吾族文学之兴实自公始，值有明万历五年，西崖公卒。"①

除了像程乡县杨氏那样获得合法户籍从而在当地重建社会关系网络外，在粤东的平远县，流民则通过其他途径来实现。有的是通过经商致富后，在当地广施恩惠从而获得当地人的认

---

① 梅县《杨氏族谱》卷首《家传·八世祖孝友公家传》。

同，从而顺利融入当地社会。嘉庆《平远县志》载曰："林贵东石人，先世居福建莆田，后移居汀州武平上杭县，洪武初其祖彦英，父国资始居东石，以长厚见推于乡，邑远近仰之。及贵益懋修厥德，好施不倦，岁饥遍给里人牛种，又数运米后岗，分赈贫乏，旋以成市。人感其德，识其事，遂名其居为耀米岗焉。贵之子本清，绳厥祖武，以守兼创，益振家声，富甲邻邑，生九男。后裔蕃衍迄今，人文炳炳，为平望族，人谓皆积德所致云。"① 明初，林贵的祖父和父亲迁入平远县东石，到林贵时，通过"好施不倦，岁饥遍给里人牛种，又数运米后岗，分赈贫乏"，使"人感其德"，从而较顺利地融入当地社会，经过几代的发展成为"富甲邻邑""人文炳炳"平远县的望族。有的则凭借出色的才华而获得地方官的赏识，从而融入当地社会。"徐鹏起，号九万，拔贡生，其父豫章之临川人，有隐德以商贾业来平，因家焉。父逝时，鹏起甫十岁，与弟鹏翔领岁荐者，尚在襁褓，能体母志，食贫力学，十三岁就童子试，邑令袁公（引者注：万历三十八年任，袁世望）欲首拔，因人议其初立籍而止。后李公三浦（引者注：万历四十三年任，李允懋）奇其才，旋饩于庠，会明崇正诏取宿学，贡入成均，居家不仕，教授党塾，游其门者，皆一时誉髦。生平敦孝支尚气节，遇不平事辄侃侃直之。时官兵败流寇于境内，俘幼口七十余人，当事疑为寇党，将歼之，鹏起廉知被掠良民也，力辨白之，生子四俱以文学名。"② 徐鹏举之父本是江西临川人，因经商来到平远县，时间应该是万历年间，这也

---

① 嘉庆《平远县志》卷3《人物》，清嘉庆二十五年（1820）修，民国二十三年（1934）重刊本，台湾成文出版社，1964年，第351页。
② 嘉庆《平远县志》卷3《人物》，第355—356页。

是赣闽流民进入粤东地区的高峰时期。徐鹏举父亲到平远县时就已取得了户籍，徐鹏举十三岁就童子试时只因初立籍而未被首拔，不过才过几年因县令李允懋"奇其才"而"旋饩于庠"。徐鹏举虽"居家不仕"但"教授党塾，游其门者，皆一时誉髦"，可见其在当地已是德高望重的名士。徐鹏举还曾为被当时疑为寇党的七十余人辩白，由此可见其在地方官心中也有相当的威信。

综合以上官方志书与民间族谱的记载来分析，在粤东这些开发较晚的山区，流民在官府平定流民动乱的过程中，有的被招抚为新民并被安插在当地而取得合法身份，有的凭借着与官府的合作并在平乱过程中起到的关键作用而取得合法户籍。这些流民通过合法户籍的取得，而获得社会关系网络的重建。另外还有一些流民因在当地经商致富，并在当地广施恩惠，从而较容易融入当地社会。

粤北山区开发较早，只不过由于元末明初战乱影响，使当地百姓大量流亡，从而造成许多田地荒芜。当地官府采取招徕措施，赣湘闽等省的流民藉此大量进入粤北山区承种田地，并因此取得合法户籍。粤北各府县的方志中对于流民的入籍有较简略的记载，正统四年（1439）任韶州府同知的滕员有允许流民入籍的举措："（韶州）地介江楚之冲，主户少而客户多，少拂其意辄相煽动，而翁源、乳源尤甚，员巡行开谕，许其占籍，遂与编户无异。"①

在翁源县，据嘉庆《翁源县新志》载："翁源元时四乡七十里，洪武初三乡，曰长安、曰宜阳、曰怀德，计里五，经蒙

_____

① 同治《韶州府志》卷28《宦绩录》，第590页。

志昌之变，旧姓残减存者无几，永乐间除怀德乡并于二乡。宣德、正统间，福建江西流民开垦，复渐克积。成化间田里殷盛，增六里，共十一里。"① 翁源县元代有四乡七十里，到明初只剩下三乡五里，且"旧姓残减存者无几"。直到宣德、正统间"福建江西流民开垦"，田里才逐渐增加。这些福建江西流民由于是官府招徕，所以都顺利取得了户籍，他们的子弟也因此入庠就读。县志中记载了流民子弟受教化的情形，"林永龄，字延年，莆田人，天顺三年任教谕。时经寇乱，旧家残破，庠生多流民子弟，人袭獠风。永龄下车，皆徒跣出迎，手执彩旗谒道左。永龄不悦，至则端严整肃，令诸生习礼，三月方训以诗书。数岁人服其化"②。在英德县，明初地旷人稀，其县志载曰："英州号小法场，土旷人稀，为农者择沃土以耕，而于硗确多不用力。"③ 故此有大量江西福建流民来此承耕入籍，"明初地无居人，至成化间，民皆自闽自江右来入籍者，习尚一本故乡，与粤俗差异"④。天顺年间任英德知县的杜宥就曾"招徕流亡，客户占籍者以千数"。⑤

　　不仅粤北各府县志对明初流民入籍有记载，而且粤北各地的族谱也印证这一点。今天乐昌市的西北部的梅辽"客家地区"，俗称"梅辽四地"，包括旧时的梅花、高富、秀水、清洞等四乡镇，不含沙坪，该地区原属乳源县辖地。地质属石灰岩溶蚀山地的地貌，境内有鱼牙河经辽河水流入武江，流露石

---

① 嘉庆《翁源县新志》卷 4《舆地略》，嘉庆二十五年（1820）刻本，台湾成文出版社，1974 年，第 228 页。
② 嘉庆《翁源县新志》卷 11《宦绩》，第 474 页。
③ 道光《英德县志》卷 4《舆地略》，《广东历代方志集成·韶州府部》，岭南美术出版社，2009 年影印本，第 11 册，第 121 页。
④ 道光《英德县志》卷 4《舆地略》，第 121—122 页。
⑤ 道光《英德县志》卷 10《列传上》，第 276 页。

山多，植坡少，可耕面积不到百分之四十，水源缺，东部多林区，种杉木杂树，西南多水田和旱地，民国时期，四地人口总共不过三万人，梅辽界于湘粤赣三省交界之处。这一地区居民大多于明初由江西、湖南、福建等地迁入。在梅花镇附近邓氏就是明初迁入的，据《邓氏族谱》记载："明洪武七年（1374），朱（元璋）皇帝大征边寇，时边寇扰乱乳邑等处，十三年庚申岁复征杨参将事平息，打破梅花石，曾留题记，抛荒七十余载，自始有张礼兵奏闻朝廷，钦命官员至广东田亩过笄，十三道册籍，招民承粮"。① 明初梅花石遭战乱影响，田地大量抛荒"七十余载"，故此"招民承粮"。乐昌邓氏开基祖邓东福原籍福建汀州，正是在这种背景下从福建迁来广东，其族谱对此有这样的描述"广东乳源梅花土地肥沃，抛荒多年，无耕种，标榜告示，招民定居。"② 邓氏迁入广东后，先定居在翁源，然后一支迁居梅花镇。其迁移经过为：明正统四年（1439）东福便从福建汀州带着二弟东禄和妻室儿女共九人，从翁源至梅花定居，在翁源鸭麻陂住了几年后，大约在1443年，东禄定居翁源，而东福与妻邹氏及六子移居乳源梅花大庙下定居，邓东福在此开荒种地，勤劳经营，创家立业，经过几代人的努力，家道有所展。

梅花镇东部笔山村一带居住的杨氏也是从明初天顺年间从由福建汀州上杭迁徙而来。据《杨氏族谱》所载：杨氏迁粤始居翁源，当时杨清率侄杨宗辉、杨宗英、杨宗福等由福建汀州上杭迁徙而来，到广东河源暂住了一段时间。然后于明天顺

---

① 乐昌《邓氏族谱》，转引自《乐昌县的传统经济、宗族与宗教文化》（谭伟伦主编，国际客家学会、法国远东学院、海外华人资料研究中心出版）。
② 前引乐昌《邓氏族谱》。

二年（1458），杨清偕侄宗辉、宗英、宗福与邻居饶成福、石福旺等，从广东河源迁居梅花，建宅于梅花乡笔山村（坊），与王、饶、石三姓承顶绝户张子贤寮庄，将田地山岭各分一份建宅创业。在杨与其他三姓迁居梅花乡之后，曾呈请官府要求认可他们来此承耕的合法性。《杨氏族谱》中保留了一份当时的呈文，其文曰：

大明天顺二年，戊寅岁二月初三日四姓承基。具呈新民饶成福、杨宗辉、王永昌、杨清、杨宗福、饶智、石福旺等，为承居开垦乞天准照，以垂久远事。窃唯圣皇在上，普天均属王土；明君惠下，四海悉属子民。民等身居福建汀州府上杭县，地僻村隅，人众产稀，虽丰年必须移济，遇凶荒难免流亡，仰事无资，俯蓄何赖。用是卖产离乡，携妻带子，登山渡河，不辞跋涉之苦，自东抵西，不畏王道之遥，思公行仁爱之政，愿受一尘而为氓。兹有天台治下，梅花大坪地方，东自平坑飞龙山、帽峰、乐昌坳、大水坑、山川坑、崩冈坑、上下坳、斜岭、杉木崎、岭背斜至老屋场东山坳止，碌潭等处，回头山、水口。南自长冲坳、歇马亭、圆墩、岐山下，长坪、大塘边、山背、杨柳塘牛牯岩、深湖等处，西自亚公岭、狮子大岭、猴古岩、大竹山、岩背、白石下等处，俱面背一向，北自天塘坳、马脐湖、铅锡坑、上龟、高桥、长歪岭、石钟山、老鼠冲、猪鼻冲等处，罗列四围田地山岭，额粮贰石六斗，实系张子贤名下产业。自元末丧乱至国朝洪武年间，田地荒芜，无人耕种纳粮，迄今四十余载，民等自愿承耕，待土熟田治起，户当输纳赋税，永归版图，但恐界址日久，被富豪强占并吞，掘井徒劳，为此陈情冒奏，绘图呈电，伏乞愿异域新民，悯间关劳苦，准给印照金批永管，施经久之仁，注册存案，杜绝后患，庶孤远获安居之乐，室家沐生养之德，将见出作入息，在在咸歌仁风，朝饔夕餐，时时均沾德雨，公侯世祝，子孙永载，上赴大爷批示。①

杨、饶、王、石四姓均系福建流民无疑，他们由于所居上杭县"地僻村隅，人众产稀"，所以生计艰难"虽丰年必须移济，遇凶荒难免流亡，仰事无资，俯蓄何赖"。在这种情况下，他们也只好"卖产离乡，携妻带子，登山渡河，不辞跋涉之苦"从闽流徙来到广东。梅花大坪地方一带田地山岭，本系原有居民张子贤的产业，但"自元末丧乱至国朝洪武年间，田地荒芜，无人耕种纳粮，迄今四十余载"。四姓人户承耕张子贤田产后，由于担心"界址日久，被富豪强占并吞，掘井徒劳"，所以主动表示"待土熟田治起，户当输纳赋税，永归版图"，并要求"准给印照金批永管，施经久之仁，注册存案，杜绝后患"。杨、饶、王、石四姓显然是想官府认可他们所承耕田地的所有权，而田地所有权的实现是以拥有合法的户籍并承担输纳赋税的义务为前提。最后这四姓人户也实现他们的目的，得到官府批文的认可。其批文曰："据新民尧成福等，承顶梅花大坪田地山岭，开垦耕种，该民等三年土熟田治，仍然额例还纳国课，注册永存，至于东西南北四址，仰依罗列图内界限，永远管业，日后不得越界滋事，致干法宪，等语。"② 该

---

① 前引乐昌《杨氏族谱》。
② 前引乐昌《杨氏族谱》。

批文的真实性姑且不论，它至少表明流民们非常急切地想取得合法户籍，以使拥有的田地等财产合法化，也便于他们更好地融入当地社会。

我们可以说，粤东北流民融入当地社会，重建他们的社会关系网络，最关键的一步就是取得合法户籍。流民取得合法户籍途径多种多样，而且在粤东北地区呈现出一定的差异性。粤东山区由于开发较晚，土著力量较弱而流民势力强大，因此社会秩序相对动荡，官府为了维护当地的正常秩序，采取了剿抚兼施的措施。大量的流民在官府的剿抚过程中，被招抚为新民并获得合法户籍。新民还通过与官府合作平乱，不断提升在当地影响力，从而加速了融入当地社会与重建社会关系的进程。另外还有一些流民因在当地经商致富，并在当地广施恩惠，从而较容易融入当地社会。粤北山区相对于粤东山区开发较早，土著力量强大。虽然元末明初土著势力因战乱的因素而受到较大的打击，但土著的影响力仍然很大，因此流民进入该地区阻力较大。流民往往只有在官府的招徕政策下，才能较顺利地取得合法户籍，进而融入当地社会。

粤东北流民融入当地社会的过程和笔者研究过的赣南情况类似。流民通过各种方式融入当地社会，意味着流民结束了其"非法"的身份，而与土著一样成为王朝体制下的编户齐民，正是在共同认可王朝体制的前提下，流民与土著开始争夺户籍、科举名额和土地等资源，流民与土著开始产生冲突，从而形成了土客之间不同的心理认同意识，从而形成一定的族群认同意识。① 当然，正如前面分析指出，从实际情况看来，就赣闽

---

① 赣南所谓的"新客"、"老客"的区分，就是在这个历史背景下产生的。

粤边界地区而言，只有在赣南和粤北的一些地方才有激烈的土客冲突，其他地方土、客之间以相对和平的方式逐渐融入当地社会。

五、结语

通过以上论述，我们可以看到，就赣闽粤边界地区而言，明清时期赣闽粤边界地区普遍经历了一个生态变化过程，即由烟瘴之地转变为人口稠密、人地关系紧张之地的过程。然而，区域之间的流民流动显然并不完全遵循由赣南到闽西再到粤东北的、由北而南的迁徙规律，而是宋元之际主要集聚在汀州，导致了汀州山区的开发和地区的发展，赣南人口第一次大发展也应该是在南宋时期，但只限于盆地和河谷等生态条件较好的县，到了明清时期，流民从汀州等地扩散至赣南和粤东北，促进了赣南和粤东北山地的开发，清初，由于赣南的动乱和田地荒芜，又导致了大量的汀州和粤东北流民再次进入赣南。

这样一幅流民迁徙的图像直接影响了三地的社会文化变迁轨迹。闽西的土客冲突与族群关系的调整可能是在宋元时期完成的，而赣南和粤东北则在明清时期必须面对土客冲突的问题，赣南有些地区由于土著已经有一定的基础，土客之间的冲突与斗争更为激烈，粤东北则由于土著力量相对弱小，土客冲突并不明显，只在若干地区冲突与表现。

影响赣闽粤边界进程的一个很重要的方面是生态变迁带来的族群关系的改变。随着山区开发的进展，原来居住在山区的"化外之民""峒"、"畲"、"瑶"等人群也逐渐与化内之民交混在一起，从而引起各种夹杂着族群色彩的社会动乱，借着官府对动乱的弹压，这些化外的人群逐渐转为化内之民，开始接受正统王朝的统治，到了清代中晚期，已经看不到大面积的"畲"、"瑶"聚集地了，即使有一些曾经特征明显的"畲"、"瑶"之人，其族群特征也和汉人无异，而且，更关键的是，他们不再是"化外"之民，而是与其他人一起编入了正统的王朝体系。因此，可以说，自宋以来，赣闽粤边界山区开发的进程，也是"峒"、"畲"、"瑶"等"化外"人群逐渐纳入王朝正统体系的过程，换言之，"峒"、"畲"、"瑶"的人群身份转变的过程，是自宋以来至清代山区开发逐步进行和国家认同观念进一步扩大的过程和结果。

流民是开发山区的重要力量，随着流民进入，流民与土著之间的冲突不可避免地要产生。由于流民进入的数量并不是很多，我们看到，闽西比较少出现流民与土著之间的冲突。流民与土著之间冲突比较严重的是赣南，特别是在土著势力与流民势均力敌的情况下，两者之间的冲突非常残酷。就粤东北而言，由于粤东地区流民势力比较大，流民与土著之间的冲突虽然有，但是，并不如赣南很明显，粤北则土著势力强大，流民进入阻力较大，冲突也不明显。流民与土著之间的冲突主要表现在对各种资源的竞争上，其中，比较关键的是户籍，获得官方正式承认的户籍是流民被当地社会所认可的关键环节。流民获得户籍的方式有很多种，其中，官方的招抚是很多流民获得户籍的重要手段，另外，清初政府重新编排里甲，也使得很多流民获得户籍。但是，获得户籍仅仅是制度上，被纳入正统的王朝体系，流民要真正融入地方社会，还必须获得土著的心理认同，正是心理上无法相互认同，一些地区的流民与土著长期存在竞争与隔阂，导致土客之争，长期存在，成为"客家"文化的重要特征。但从历史实际情况看来，这样的地区并不多。

以上论述所展现出来的事实，提示我们注意两个事实。

第一，严格地说，"畲"、"瑶"族群特征逐渐消失，不能简单称之为"汉化"，更应该看成是在山区开发逐渐深入和国家认同逐步推广过程中，"化外"无籍之徒转化为"化内"编户齐民的过程。因为如前文所述，"畲"、"瑶"是一种族类的标签，同时也是一种文化和制度上的区分，这些"畲"、"瑶"族群之人未必是纯粹的"非汉"之人，很多逃亡的"汉民"也混杂在其中。因此，所谓的"畲"、"瑶"的汉化，更关键的不是生产方式和民族特性被汉人同化，而是在王朝制度上把这些"化外"之民纳入正统体系之中，是山区逐步开发和国家认同观念在地方社会上的推广的必然产物。

第二，明清时期赣闽粤边界地区流民与土著的冲突虽然在某些地区和某些时期比较突出，但并不如想象中的那么激烈，也没有如清中晚期赣西北和珠江三角洲和粤西那样引起广泛的心理认同，更多的情况是，流民通过官方的招抚和各种手段最终得以融入当地社会。从这个意义上来说，如果我们把"客家"当作一个具有自我认同的族群的话，则我们探讨赣闽粤边界地区"客家形成"问题，晚清广东三大族群之间的互动所导致的"客家"认同心理形成是个关键，除此之外，更应该关注的是，流民融入当地社会的历史进程所导致的当地社会文化风貌及特质。很明显，在这个过程中，生态变迁及国家认同观念推广所带来的地方社会人群身份的认同转变（包括流民入籍及"化外""畲"、"瑶"转为"化内"编户齐民）及对地方文化的发挥和创造，是相当重要的方面。

上述两点事实的揭示有助于我们从新的角度来重新探讨和

认识"客家形成"问题。目前"客家"研究最大的进展就是研究者把"客家"当作一个族群来研究,揭示出"客家"人的族群认同是相当晚近的事情。而"客家学"之所以得以建立也正由于晚清客家人与广府人的冲突与竞争所导致的"客家人"自我族群的需要。正是在这个意义上,研究者质疑罗香林关于"客家"人来自中原汉人,"客家"文化是在赣闽粤边界山区封闭的环境中得以保留的中原正统汉人先进文化。本课题的研究表明,晚清族群斗争形势需要"客家人"自我书写族群历史。"客家人"族群之所以会形成"客家"人来自中原正统汉人的历史书写,并不是凭空产生的,而是具有一定的历史基础。通过前面的论述,可以看到,随着山区开发和流民运动的进展,明清赣闽粤边界山区普遍经过了一轮国家认同逐步推广的过程中。在这个过程中,许多"化外"的"畲"、"瑶"人群逐步被纳入"化内"的官方统治体系,成为编户齐民。同时,许多进入山区的流民开始以各种方式融入当地社会,也重新获得了户籍。在这个过程中,赣闽粤边界社会文化表现出"国家认同"强化与"士绅化"的倾向。"国家认同"强化与"士绅化"倾向使明清时期赣闽粤边界的人们强调自己的"正统"身份,从而不可避免地带来对祖先历史的重新"建构",弘扬其祖先的辉煌历史。在这个逻辑上,祖先来自于"中原正统汉人"的观念很容易产生。正是这一事实,构成晚清时期"客家人"自我书写族群历史的历史基础。当然,要真正地说明这一问题,还需要对客家祖先谱系的建构历史进行深入分析,这即将是笔者下一篇文章的主题。

南昌大学人文学院历史学系

垃圾食品、社会阶层与民族表述置换

——基于南岭民族走廊四村的田野调查分析 *

谭同学

一、引言

当城市中产阶层在互联网、微信圈等现代媒体上，热议"消费降级"，"拼多多"网络平台上假货"多多"，以及榨菜销量明显上升，背后究竟隐含了怎样的社会事实和意义时，某些偏僻乡村中消费级别本就不高的阶层，却向来是沉默的。笔者在乡村调查中，就常碰到垃圾食品。它们价格低廉，很受小孩"欢迎"，销量不小。而其背后，无疑与家长收入水平有密切的关系。从社会分层视角看，虽然不同理论考察社会阶层的指标有别，但收入水平是应用最广泛的指标，其他指标皆与之直接或间接有关联[①]。因此，此类食品消费折射出农户的收入状况，在很大程度上也可标识其社会阶层地位。

当然，消费品乃至收入水平本身，并非判断社会阶层的唯

* 本文系国家社会科学基金一般项目"南岭民族走廊社会分化与治理转型研究"（16BMZ090）阶段性成果。

① 李强：《试析社会分层的十种标准》，《学海》2006年第4期，第40—46页。

一依据。例如，政治权力、社会声望等，也很重要①。同样，消费品与社会阶层也非机械的一一对应关系。如布尔迪厄就曾指出，社会阶层会体现为品味上的区分②，而其背后则是因为不同阶层拥有不同的"文化资本"③。福赛尔也发现，人的社会地位、等级会呈现在看书的格调、审美品味等细节上④。甚至于，如波德里亚所批判，当人们进入着重象征（符号）交换的时候，消费具有"仿真"的性质，商品则成为偶像化的"集体幻想"⑤。在此种状态下，消费品并非人的真实需要，与其社会阶层也不匹配，纯属满足幻觉。

当消费品与社会阶层关系中，叠加了民族因素之后，则更易相互扩展、激化乃至衍生出其他问题。如马戎、马忠才、胡联合等人调查发现，部分地区行业结构、职业结构差异⑥，以及收入水平、职业地位差异⑦，与民族边界存在一定程度重

---

① 格尔哈特・伦斯基：《权力与特权：社会分层的理论》，关信平等译，浙江人民出版社，1988 年，第 455—456 页。
② 皮埃尔・布尔迪厄：《区分：判断力的社会批判》，刘晖译，商务印书馆，2015 年，第 139 页。
③ 皮埃尔・布尔迪厄：《文化资本与社会炼金术》，包亚明译，上海人民出版社，1997 年，第 190 页。
④ 保罗・福赛尔：《格调：社会等级与生活品味》，梁丽真等译，中国社会科学出版社，1998 年，第 148、153 页。
⑤ 让・波德里亚：《象征交换与死亡》，车槿山译，译林出版社，2006 年，第 227 页。
⑥ 马戎：《中国各族群之间的结构性差异》，《社会科学统一战线》2003 年第 4 期，第 174—185 页。
⑦ 马忠才：《民族问题的社会根源》，《北方民族大学学报（哲学社会科学版）》2015 年第 2 期，第 59—62 页。

叠①。陈怀川②、李静与王丽娟③等人则认为，"民族内部分层"比民族间的"民族分层"更显著且具有实质性。陈晶等人提出，应注意两种分层交错和叠加的现象④。吴晓刚与宋曦还从更具体的社会分化途径入手，指出"民族分层"主要发生于体制外领域，拥有体制内工作的不同民族成员收入差别不大⑤。以上观点虽不乏差别，但无疑义的是，民族社会分层可能导致隔阂、抵触的社会心态（心态反应具有模糊特点，收入差别计算准确度，如基尼系数究竟是 0.5 或 0.45，不甚重要），是值得重视的问题。对此，笔者也曾指出，民族意识并不必然对其他民族和族群有排他性，但社会分层产生的"相对剥夺感"，易使之转为情绪化的偏见⑥。

　　以下，本文将尝试结合笔者近年在南岭民族走廊跟踪调查甲、乙、丙、丁村的垃圾食品问题（分别位于桂北、粤北、粤东北和桂东北，均为化名），及其在社会心态上所呈现社会阶层与"民族问题"、话语表述之间的关系，略作探讨。

① 胡联合、胡鞍钢：《民族问题影响社会稳定的机理分析》，《人文杂志》2008 年第 2 期，第 164—174 页。
② 陈怀川：《中国民族社会结构："民族分层"抑或"民族内部分层"》，《广西民族研究》2010 年第 3 期，第 42—47 页。
③ 李静、王丽娟：《新疆各民族间的结构性差异现状分析》，《新疆社会科学》2007 年第 6 期，第 44—48 页。
④ 陈晶：《民族分层抑或民族社会分层》，《西北民族大学学报（哲学社会科学版）》2012 年第 1 期，第 148—156 页。
⑤ 吴晓刚、宋曦：《劳动力市场中的民族分层》，《开放时代》2014 年第 4 期，第 41—60 页。
⑥ 谭同学：《分类、类推、对比与族群意识》，《民族研究》2012 年第 5 期，第 33—42 页。

二、四村垃圾食品的日常表现

在现代都市社会中，"垃圾食品"已成为常见话题，但其概念内涵本身不乏争议。广义上被归作垃圾食品的方便面、汉堡包、炸薯条、油条、碳酸饮料等，性质究竟如何，有正反两方观点、各执一词。中国工程院院士陈君石甚至认为，"没有垃圾的食品，只有垃圾的搭配"①。不过，笔者在甲、乙、丙、丁村调查发现，在此类较闭塞的乡村，诸如此类饮食品，无一例外都被认为属于"正常的"。村民所指的"垃圾食品"是狭义上的，从而的确是有问题的食品，如外包装简陋、渗出了油污、打开包装即可闻到哈喇味的麻花，颜色或红或黑、包装上没有生产厂家及配料表等信息的辣条（豆制品）、豆腐干，等等。

本文讨论中所涉"垃圾食品"，侧重于村民认知清晰的狭义概念。不过，即便是从村民十分在意的"吃了对身体不好"标准出发，他们对垃圾食品的认知也明显不足。经笔者不完全统计，四个村庄中没有人知道人造奶油或其别称乳玛琳、反式脂肪酸、代可可脂、植物黄油、人造黄油、麦淇淋、氢化植物油、氢化脂肪、氢化菜油、氢化棕榈油、精炼植物油、固体菜油、人造酥油、雪白奶油、奶精、起酥油等为何物。因此，村民即使看到面包、饼干、冰激凌等食品包装配料表上有此类成分，也不知道其危害并将之归为垃圾食品（甚至于，有看食

---

① 陈君石：《我对垃圾食品的看法》，《江苏卫生保健》2017年第7期，第52页。

品配料表习惯者也不多）。同样，在四个村庄中均有销售袋装
鸡爪（名为"凤爪""泡椒凤爪""麻辣凤爪"或"五香凤
爪"），颜色雪白，有的外包装有配料表，有的则没有，但均
未标明（有生物学专家为笔者指出），使用了违禁品双氧水，
以至漂白到看似极其"干净"的地步（村民往往将"白"视
作"干净"）。

2010 年 7—8 月，笔者首次到甲村调查时，开始注意到垃
圾食品问题。甲村共有 14 个自然村，分布在海拔 500 米至
1200 米不等的山坡上。在海拔约 900 米的自然村有 1 家小商
店（简称"坳上店"），在 800 米山腰的村委会办公楼旁有 2
家（其中 1 家原是供销社代销点，村民所说"［甲村］商店"
特指此家）。据甲村商店女主人估算，烟酒和零食占到其总经
营额的百分之八九十，其中烟酒约占一半，零食约占三四成。
2017 年 7 月笔者再到该地调查，得知甲村商店经营总额变化
不大（店主未给出具体数字，据其知情亲属说，"最近几年每
年起码卖七八万［货］、赚 2 万元以上"），但由于从山下省道
至村委会公路已硬化，村民常用摩托车到山下买酒，商店售酒
量下降，零食在其经营总额中已占六七成。绝大部分零食卖给
了未成年人，而且除了瓜子、花生之外，主要是鸡爪、豆腐
干、辣条等垃圾食品。它们都有小袋独立包装，价格通常为每
袋 5 角、1 元，也有少量为 1.5 元或 2 元。附近几个自然村大
部分小学生，放学后会到该店消费两三袋甚至更多零食。至于
周末或寒暑假，前来买零食的小孩更是络绎不绝。

2010 年，甲村不少家境一般的家长表示，每天得给自己
的每位小孩 3—5 元，用于买零食（夏天因消费冰棒、冷饮等，
花费更高点，但不属于村民认定的垃圾食品）。即使那些被村

委会统计在贫困户名单之列的家庭，也难以完全杜绝此类开销。言及此现象，有位贫困户家长显得很无奈："这些东西哪有自家的东西好啊，吃了只会有坏处！但小家伙讲不通道理，没办法……人家每天三五块，我们给不起，每个星期三五块总还是要给的吧"。2017年，一般家庭每天给每位小孩的此项花销上升到了7—8元。

2012年7—8月笔者在乙村调查发现，村中每个自然村都有3—4家小商店、共计近20家，但绝大多数主要只经营烟酒、生意也不太好（村民解释道："他们那些不是专门开商店的"），生意较好的四五家商店，经营模式与甲村商店非常相似。其中，一家与村小学隔着约4米宽的马路门对门，八成以上经营为零食，且主要是村民眼中的垃圾食品；一家位于村委会办公楼旁，处于人来人往的路口，垃圾食品占其经营额的四成左右；一家位于村庄深巷中，因其门口为村内少数几个猪肉销售点之一，且店内装有网络电视、不间歇播放动画片，也是"人气"很旺的场所，垃圾食品占经营额一半以上；另有一家位置更偏，但因店内装有4台游戏机，从而"从不缺小孩来玩"，店内同时销售零食，小孩们边吃垃圾食品、边打游戏或看着同伴打游戏，是该店常见的现象。一般家庭每天给每个小孩3—4元买零食。该村垃圾食品的比例明显比甲村更高，且质量更糟糕，除了类似甲村商店的辣条、豆腐干等，还有大量不知名、每小袋2—3角的辣条、面筋。其中销得最快的一种豆腐干，其包装袋上标有生产厂家地址（但无生产日期），后经笔者前往该地查证，根本不存在此厂。

2013年7—8月笔者在丙村调查发现，村中共有4家商店，相对于甲、乙村而言，较少销售垃圾食品。虽然丙村的商店除了烟酒之外，零食也是主要经营范围，但常见的零食是饼干、糖果、果冻、瓜子、花生，且一般属名气较大的品牌，生产日期、厂家地址一应俱全。村民眼中的垃圾食品——辣条、豆腐干之类的数量较少，一般销售量占总经营额的 5% 左右（因距离镇集贸市场只有步行约 20 分钟路程，当地经济发展水平虽比甲、乙村高很多，但村内商店年经营总额差别不大，平均也是七八万元）。言及缘由，几位经营者都有类似的说法：现在生活水平提高了，小孩吃零食，也会挑好一点的。

2015 年 7—8 月和 2017 年 7 月笔者在丁村调查发现，村中每个自然村均有 1—2 家商店、共计 25 家，其中有 12 家在村民看来是"兼职搞一搞的，主要不靠这个"。总体上看，"兼职"商店主要商品是烟酒、化肥（因该村离最近的集贸市场约 30 公里，交通很不便，部分村民并不外出购买农资）。另外 13 家商店除此两项外，其零食经营状况与丙村十分相似，村民眼中的垃圾食品销量，据经营者估算，"一般也就 5% 到 10% 的样子，不超过 10%"（将农资经营计算在内，它们每年经营额为六七万元）。

三、作为社会问题的垃圾食品

毋庸置疑，垃圾食品是一个牵涉面较广的问题。无论从广义还是南岭民族走廊四个村庄村民眼中狭义上的垃圾食品来说，对少年儿童的身体健康都有害无益。虽然笔者在四个村庄调查中，并未碰到垃圾食品导致恶性结果的案例，但却不乏家长提到子女食用垃圾食品后出现腹泻或呕吐的案例（然而这并不能阻止他们过些天再食用)。只不过因医疗条件有限,家长缺乏有说服力的证据,能表明其腹泻、呕吐就是垃圾食品直接导致的。每遇到此类案例,家长都会对销售垃圾食品的商店老板抱怨一通,但由于都是同村熟人、不宜太过声张,即使指责其赚钱"昧良心",也基本上止于背后指指点点。而言及垃圾食品生产商,村民则常在公开场合指责其"黑心肝"、有违"天良",甚至不乏诅咒之词。其理由是,如果没有人生产,就不会有人销售。

生产商之所以如此,在村民看来,逻辑不难理解,无外乎就是唯利是图。村民也普遍认为,单纯靠生产商的道德水平保证零食质量,显然不现实。由此,将垃圾食品生产商批评一通后,他们常会将话题转移到政府监管力度上来。并且,在村民看来,政府对垃圾食品监管不得力,主要是地方基层官员不愿管,甚至本就有可能"官商勾结"。2017 年 7 月在甲村,某家长曾就此对笔者说:"他们(县乡两级官员)不会下决心管的。要真下决心,哪有管不好的?过去那个时候不就管得好好的吗?现在更发达了,国家都有(食品)质量标准的……国家领导人、(广西)自治区和市里头的领导人,都不可能直接管到我们农村。(标准)层层下达,到了他们这里就当摆设了。"可从地方政府的角度看,在农村监管垃圾食品,很显然没有村民说得如此容易。

甲县食品药品监督管理局一位干部表示,从个人渠道所得信息看,当然知道农村商店乃至乡镇一级的集贸市场每天都在销售垃圾食品,但从机构的角度来说,却"只能睁一只眼闭一只眼"。其理由主要有,其一,垃圾食品生产都在外地,在市场经济条件下,对甲县来说,来源很难监管;其二,流通环节中间商五花八门，货物登记、交接手续不规范，也难监管；其三，销售渠道十分分散，无法集中监管；其四，县食药监局作为主管单位人力有限，无法经常下乡检查（其他机构更不愿配合下乡。该干部特别提到，此类案件金额较小，一些部门对查处金额较大的假烟、假酒案件更感兴趣）；其五，即使查到疑似有问题的食品，按照程序，也不能凭主观判断，得要采样、送检，而这又涉及检验技术和成本等问题；此外，还有法不责众，"大错不犯（无大案）、小错不断"等特点，难以处理。作为专业部门的县食药监局尚且如此，其他县乡机构就更难积极监管了。以至于，对于垃圾食品，县、乡两级政府主要侧重于"事后"监管，即接到举报或出现了直接造成焦点性事件的案例，被动式地进行专项治理。其结果，从制度和机构看，垃圾食品并非没人监管，但从乡村治理日常实践看，监管却显然薄弱如"真空"。

从村民角度看，狭义上的垃圾食品问题之所以如影随形，显然也与其收入水平有密切的关系。用甲村商店女主人的话说："我们瑶山里的（经济）生活水平就只有这个样子。真正好的东西（零食），价格太高了，卖不出去。要是卖得出去，（我家）进货的时候当然愿意进点高档货，质量更好，价格更高，赚得也更多啊"。质言之，就农村零售经营者而言，如果村民消费水平足够高，那么即使有生产商、中间商为其提供垃圾食品，在村庄里也不可能有市场。此类"有市场需求才有生产和供应"的逻辑，虽然不乏为垃圾食品生产、销售者开脱之嫌，但从甲、乙、丙、丁四村看，却也并非全无依据。

甲村地处桂北，人均水田约 1.4 亩（全为梯田）、旱地 2分，曾尝试推广种植辣椒、罗汉果等经济作物，但不太成功，极少有农户赚到钱而连年种植。2016年该村2500余人，人均纯收入3300余元，其中780余人在国定贫困线2855元以下，约占总人口32%；乙村地处粤北石灰岩地区，3300余人，人均水田约3分、旱地约4分。2016年人均纯收入3100余元，其中1200余人低于2855元、2200余人在省定贫困线4000元以下，分别约占总人口的36%和66%；丙村地处粤东北河谷地带，3700余人，人均水田约4分、旱地约1分，种藕、养鱼、烧红砖及乡村旅游在附近地区有一定名气。2016年人均纯收入7600余元，仅120余人低于2885元、280余人低于4000元，分别占总人口比例约3%和7%，基本上都是因病、残等原因致贫；丁村地处桂东北山区河谷地带，3100余人，人均水田约6分，旱地5分，罗汉果为当地特产，辣椒、菊花和枫、樟苗木等经济作物也有一定规模。2016年人均纯收入6800余元，270余人低于2855元，约占总人口的8%。

以上四村农民人均纯收入，均为村委会上报给有关部门的数据。四村皆有干部表示，数据并非实打实地测算、而是估算所得，从而有些"水分"。不过，考虑到四村的估算机制大体相仿，农民人均纯收入数据即使有"水分"、不能完全反应农民收入状况，但仍具有一定的相对比较价值。甲、乙村农民收入水平，很显然远远低于丙、丁村。这使得丙、丁村民，相对于甲、乙村村民而言，在经济上更有能力让子女购买质量、价格更高的零食。相反，甲、乙村村民相对低得多的收入，使他们（子女）不得不主要消费垃圾食品。正如有位曾与笔者同往乙村调查的城市人感叹，"（我）长这么大，第一次看到角票还能买到吃的东西，而且还这么普遍"。由此视之，很显然，主要不是认知水平而是收入水平，限制了甲、乙村的家长们对垃圾食品的鉴别力。

四、垃圾食品隐藏社会阶层幻象

以村为单位从总体上看，以上四村经济发展水平不同，使得垃圾食品消费状况，也呈现出了相应的差别。而若从更微观的角度，以农户为单位看，则垃圾食品消费还因农户收入水平不同，而存在显著差别。再加上经营者、消费者（父母）社会地位，以及对社会地位的认知与表达方式差异，垃圾食品与南岭民族走廊中乡村社会阶层形成了错综复杂，甚至令人啼笑皆非的匹配方式。

在甲村，靠山谷的3个自然村村民主要到镇政府所在地购物。靠山顶的几个自然村（坳上）村民常光顾"坳上店"，山腰几个自然村村民则主要到村委会所在地的甲村商店和另一家小店购物。小店店面约8平方米，采光条件不好。甲村商店约40平方米，带有吊脚楼（楼下走廊可遮阳避雨），采光条件好，经营者曾长期担任甲村村主任（2016年开始任村支书）。甲村经济条件中上的家庭，由于给子女零花钱相对较多，其子女吃垃圾食品也较多。经济条件较差者，尤其是部分贫困户，其子反倒很少吃垃圾食品，甚至几乎不吃。另有少数经济条件较好的村民，认为村主任的商店店面大、显得正规，所售零食质量也就更有保障，"吃起来比较放心点"，而较少光顾它旁边的小店。甚至于，有个别"坳上"的家长，为此愿多走二三十分钟山路，到甲村商店为子女买零食。而经笔者粗略比较辣条、豆腐干、鸡爪等几种主要垃圾食品，它们的进货渠道、质量和价格均无任何差别。村主任常会呵斥其孙女尝试吃垃圾食品。村民对此颇有微词，但不妨碍他借此积累财富，加上干部身份优势，争取更多的资源。如 2010 年当地供销系统推行"一村一店"扶贫计划，每村无偿资助 5000 元，用以改善贫困村商品销售渠道。不出村民意料，在其他两家商店根本未得知申报消息的情况下，甲村商店获得了资助。进而，这无疑又更利于它吸引到更多顾客（包括消费垃圾食品的小孩）、赚得更多。2017 年 7 月笔者发现，由于甲村商店提供免费无线网络，每天都有一群小孩拿着手机在门口联网打游戏，直至被家长呵斥回家吃饭。期间，他们也少不了消费几块钱垃圾食品。

在乙村，由于整个村庄经济状况较甲村更差，垃圾食品更常见。同时，相对于甲村而言，乙村贫富分化严重得多。这从村民居住的房屋即可形成粗略判断。甲村 90% 以上房屋仍是木制杆栏式建筑，贫富差别在于有些是旧木房，而富裕家庭则为新木房且外立面刷有清漆，房内已有席梦思床、木沙发及彩电等。在乙村，贫困村民住房仍是上世纪初留下的旧木房，笔者入户调查过几户，家中除了 1 只白炽灯外，别无任何电器。而富裕家庭住房则丝毫不逊于大城市的别墅，混凝土结构外贴瓷砖、陶瓷瓦顶，房内真皮沙发、高档电视和音响等一应俱全。乙村农民家庭贫富分化，在影响孩子消费垃圾食品方面，显得比较复杂。极少数家庭非常贫困的孩子，基本上不到商店买零食吃，从而也就在日常生活中极少接触垃圾食品。多数收入较低家庭的小孩，如前所述，垃圾食品消费量比甲村更大（近年乙村有意发展旅游业，小孩食用垃圾食品后随意丢弃塑料袋，成了村委会再三着重治理却仍难根治的现象）。有些富裕但认知却不到位的家长，甚至将垃圾食品消费当作炫耀自家经济条件的标志。如一位曾任村支书的妇女，常向人带有自夸意味地说："我那个孙子，每天（吃）零食不断，仅'红牛'（牌饮料）就要两三罐"。然而，她孙子所喝饮料虽与"红牛"外包装高度相仿，但细看商标却是"红午"，味道也几乎与廉价糖水相差无几，显属村民所谓"假冒伪劣"、"垃圾"之列。诚然，至少在她和周边相当一部分人看来，在乙村每天能为孙子花一二十元买零食，无疑是象征富有和值得炫耀的事情。但因村庄整体经济水平有限和垃圾食品泛滥，其所炫耀的也无非就是"垃圾"，则又不无讽刺。

在丙、丁村，从总体上看，垃圾食品销售量小得多。而且，从阶层角度看，两村垃圾食品消费的特点也较为相似。就经济收入而言，丙、丁村富裕和贫困家庭都属于少数，大部分农民收入属于小康水平，都住上了混凝土结构房子，家内一般有木沙发、席梦思床、彩电等。贫困家庭的子女除偶尔消费垃圾食品外，并未将之当作日常生活必不可少的一部分；富裕家庭则很少接触垃圾食品，其子女即使在村内商店买零食吃，一般都是价格较高、质量可靠的食品（属常见品牌，有配料表、生产日期、厂址、电话及过期日期等信息）；一般家庭子女消费垃圾食品，属于日常化行为，但常会掺杂一部分价格较高、质量可靠的食品。言及理由，丙、丁村均有家长和商店老板向笔者表达过类似看法：小孩的嘴其实很识货，如果家长能给足够的钱，让他们买价格高、质量好的零食吃，他们虽然年纪小，却也能区别出哪些好、哪些差，会自觉不自觉地挑好东西吃；所以，小孩吃不吃垃圾食品，吃多少，归根结底还是看家长有没有钱。

总之，在甲、乙村，由于总体上农民经济条件差，垃圾食品消费量大，且与村内阶层呈反比直线关系，贫困家庭因拿不出起码的钱给子女买零食，客观上垃圾食品消费量小，而经济条件好的家庭子女有钱买更多零食，从而消费了更多垃圾食品，少部分经济条件特别好的家庭以为可以避开垃圾食品，但往往只是一种自欺欺人的幻象。在丙、丁村，由于总体上农民经济条件步入小康，垃圾食品消费量相对较小，且与村内阶层构成抛物线式关系，贫困和富裕家庭子女很少消费垃圾食品，一般小康家庭子女消费垃圾食品较多，但同时也掺杂着消费高质量零食。

五、社会问题何以被置换成民族问题

从以上两部分论述不难看出，南岭民族走廊乡村中的垃圾食品问题，虽然所涉因素复杂，但在本质上无疑是一个社会问题。它与基层政府监管不便、不力有关，更与经济发展水平有关。从总体上看，徘徊于贫困线的甲、乙村受垃圾食品影响大，而已达小康水平的丙、丁村则受影响小得多。同时，从村庄内部不同农户看，受垃圾食品影响大小，也与其经济上阶层地位高低直接相关。只不过，不同村庄和不同农户经济状况两个因素叠加之后，在农户阶层地位和垃圾食品的认知上，有时会出现错置的幻象。以至于，在甲、乙村皆有经济条件居上层者，消费垃圾食品时，还坚信比其他人消费的质量有保证，甚至将之当作自家阶层地位高的象征。在此类贫困村中，那些根本就无力经常买零食的贫困户子女，垃圾食品对他们反而影响不大。

甲、乙、丁村均为瑶族村寨，丙村为客家村寨。若细分民族支系，前三村分别属红瑶（因传统女装以红色为主而名）、排瑶（因集中居住以村庄称"排"）和平地瑶（因多居平地而名）。同属瑶族，贫困的甲、乙村垃圾食品问题比较突出，而小康的丁村垃圾食品销售量则小得多，无疑可反证，垃圾食品问题不仅与民族边界没有直接联系，也与民族支系边界无关。从村庄内部看，四村经营商店的老板，家庭经济条件都相对比较好，社会阶层地位较高。但是，他们全部都是本村主体民族（支系），而非其他民族（支系）成员。同样，这也可反证，垃圾食品从根本上是一个与社会分层、社会治理密切相关，而与民族因素并无直接关联的社会问题。

不过，在南岭民族走廊乡村日常生活中，笔者调查发现，却不乏将此类社会问题与民族因素牵强关联起来，错置归因，并将之引向所谓"民族问题"的倾向。

例如，甲县常住人口主要有瑶、壮、侗、苗、汉等民族（5 个民族人口大致相当），县城以瑶、壮、汉族为主，甲村山下、镇政府所在地（村民称"镇上"）则主要是汉、壮族。而在甲村，有村民在议论垃圾食品问题时，认为原因就在县城、镇上很多人"脏"、道德败坏。其"证据"是，甲村的垃圾食品都是从县城或镇上进的货。甚至于，甲村村长常呵斥孙女，阻止她吃垃圾食品，也被当作了"证据"。在 2010 年 7 月底的一次闲聊中，有村民对笔者说："你看，他自己家里就卖这些东西（垃圾食品），巴不得别人家的小孩天天去买，但是另一方面呢，叫他自己的孙女别吃。这说明他知道这些东西吃了不好的嘛。没办法，（他的）心肠坏掉了……我们山上这些瑶族人本来很老实的……他当官的，总是跟（县城、镇上）那些人打交道，时间长了，慢慢地也学狡猾了。"接下来，正在参与闲聊的另外几个村民也表示此说有一定道理，并举了几件村长有贪污腐败嫌疑的事情，作为说明他"学狡猾了"的辅助案例。当笔者提示"这些东西好像也不是下面本地（县城、镇上）生产的"时，也有村民表示，的确不知道这些垃圾食品是哪里生产的，"可能是桂林、南宁或者广东人做（生产）的吧"。还有村民则表示，"这也很难讲，现在瑶人贪钱的也不少。你看下面（县城）那些花（篮）瑶……"他举了县里2个因贪污被抓的花篮瑶官员作为例子，并将话题岔开、引向议论反腐败。

再如，乙县及县城居民均多属瑶族、客家人。在乙村村民关于垃圾食品的部分议论中，也可看到与甲村以上闲聊村民几乎同出一辙的逻辑。2012年7—8月，笔者在乙村多次听经营商店的村民表示：他们过于实诚，不懂得拐弯，不太会做生意，赚不到什么钱；与他们相比，三江（县城所在地）那些客家人非常精明，很会做生意，赚钱比他们多得多。说到垃圾食品的来源，这些村民毫无例外地表示，"是三江来的"。还有村民说："这些东西他们在三江不太卖得出去。他们客家（人）不太吃这些。我们这里的瑶族农村小孩，买不起什么好东西吃，就买点这些小东西吃，反正也不贵，一袋就一块把几毛钱。"但作为常到县城去进货的商家，他们应该很清楚，县城并不生产这些东西。就笔者调查而言，该县城只有4条约六七百米的街，徒步一上午即转了个遍，未发现生产此类产品的企业或作坊（当地连用塑料膜密封包装食品的技术都没有）。再者，县城批发垃圾食品给乙村商家的，也并不都是客家人，而有很多瑶族人（排瑶为主，另有少量过山瑶）。由于亲属关系网络、村庄认同以及语言交流便利等因素影响（排瑶话既与客家话不同，也与瑶族其他支系常用的勉语难通。县城多用客家话，但长居于村和年纪较大的排瑶，客家话说得往往不太好），乙村商家最常进货的渠道，恰恰是那些早先从排瑶村庄迁到县城居住的排瑶。至于乙村的普通村民，也有抱怨垃圾食品的。他们既抱怨本村商家靠卖垃圾食品赚钱，同时也认为这是县城的客家人、过山瑶，向他们推销、批发的结果。

不难看出，由于不少垃圾食品标注的生产信息不明或有误，再加上南岭民族走廊乡村中农民的文化水平有限，他们对垃圾食品的来龙去脉，的确不甚了解。信息不透明、不对称，在某种程度上的确是导致他们对垃圾食品问题归因有误的影响因素之一。不过，以上两个案例将原本为社会问题的垃圾食品现象，加入民族因素，归因为民族（支系）差别，则显然并非仅是信息因素所致。如撇开一些情绪化的分析，依据既有显见的信息，可以很容易得知，无论是遥远不明出处的生产商，还是近在县城、乡镇的供货商，并非定向销售垃圾食品给某一民族（支系）。而且，村民即使批评本村商家，同时却又为之开脱，将其过错归为被其他民族（支系）的人带坏了。客观上，这种表述背后折射出了一种以民族（支系）边界为基础，不假思索自我肯定，对"我群"成员有过错行为予以选择性掩饰，对"他群"定向错置归因的"逻辑化"思考过程。正是这种民族表述置换机制，使其无意识地将社会问题置换成了"民族问题"。

作为比较，一个值得注意的现象是，在小康水平的丁村（平地瑶），无论是商家还是普通村民，却从未听说过将垃圾食品问题，看作民族（支系）问题的声音。笔者问过不少商家和普通村民，在此问题上都倾向于认为，（生产商、零售商）做生意不分民族（支系），买东西也是"看菜吃饭"（根据收入水平买不同价位、质量的东西）。

六、结论

综合而细致比较南岭民族走廊乡村垃圾食品销售，及其社会心态反应，其由多层视角、多重因素叠加而成色彩斑驳的画面与底色，得以同时清晰地呈现出来。

首先，垃圾食品总体销售量，从宏观上反映出了村民（子女）零食消费，与其在所在不同区域的经济发展水平密切相关。在经济上已达小康水平的村庄，垃圾食品销售总量小、占零食销售的比例也很低，而在经济贫困的村庄，则不仅总量大、占比也很高。这种对比说明，从宏观上说，垃圾食品问题与村庄乃至区域经济发展总体水平成反比，而与民族（支系）差异无关。

其次，同样从宏观层面上看，垃圾食品在此类乡村大行其道（哪怕有些地方销量不大，也毕竟有、且渠道畅通，只是农民较富裕而相对较少购买），与基层政府及相关机构监管跟不上，有密切的关系。它们当管不愿管、不便管，使得垃圾食品作为一个社会问题，缺乏日常化的治理。这种治理格局及其背后的基层社会治理逻辑，与乡村社会高度分散特征、基层行政体制与效率乃至官员工作风格有关，而且绝非没有问题，但从本质上说，却与民族因素没有直接的联系。

再次，从村庄内部微观层面看，垃圾食品消费与社会阶层也有紧密、但非简单一一对应的关系。在整体经济状况已达小康的村庄，大部分村民已有考虑产品质量的经济能力，客观上使得二者构成了抛物线式关系，富裕家庭消费较少，中等家庭较多，贫困家庭较少。而在整体经济状况贫困的村庄，由于有能力消费垃圾食品在某种程度上成了社会阶层地位较高的象征，二者即构成了反比直线式关系，富裕家庭消费较多，中等家庭次之，贫困家庭较少甚至接近无。在此类村庄某些场合下，垃圾食品甚至成了社会阶层的幻象，村民"精心"选择消费了"地道"的垃圾食品，在心态上却认为享受了高品质的生活。

最后，从区域与民族因素交叉视角看，由于历史上形成民族（支系）居住格局的影响，区域经济发展水平差异与民族（支系）差异或多或少有重叠之处（但由于城镇化、人口流动及扶贫等影响，这种重叠格局正日益被打破和消解）。这在社会心态上，容易形成对社会问题的错置归因。由于基层政府治理不到位，垃圾食品生产、经销商有意隐瞒、混淆信息等客观因素影响，加上自身经济能力和认知水平有限，部分少数民族村民在日常话语表述中，倾向于将社会问题置换为"民族问题"。在主观上，它与以民族（支系）为界，无意识自我肯定，对"我群"选择性掩饰，对"他群"定向错置推定的思维方式有关。而这种思维方式之所以会有市场，除历史上遗留的偏见之外，则又与部分村民阶层地位获得手段不合理（如知假贩假），社会分化过快、过剧等因素交互影响有关。

若就以上所析做一理论性小结，它们或可说明，总体上毋庸置疑，社会阶层与日常消费之间，无论从一般社会分层意义上的收入水平，还是从布尔迪厄意义上的品味角度看，都有盘根错节的联系。不过，似乎并非波德里亚限定的资本制造欲望条件下，消费才会出现"幻想"。相反，在经济水平超低状态下社会阶层攀比中，在阶层心态上也可能出现"波德里亚式幻象"。叠加民族因素后，它们在多民族（支系）杂居地区，往往使得民族（支系）与区域之间的经济差距相互混融、颇难区分。这是不容忽略的事实。不过，民族（支系）内部分层，同样不仅显然存在，而且是近距离形成攀比的标尺。复又因民族意识影响，社会问题即可能被置换表述为"民族问题"（当然，并非所有"民族问题"皆为社会问题置换表述而来）。从此角度看，此类地区的经济发展和日常社会治理，而非泛政治化的思路，才对处理此类"民族问题"有着对症下药的意义。进而可以说，理清民族地区社会分化、社会治理与社会建设的关系，提高防范社会问题转化为"民族问题"的能力，就不仅为当代实践之切实需要，亦是我国民族与社会理论本土化，迫切需要探索的方向之一。

云南大学民族学与社会学学院